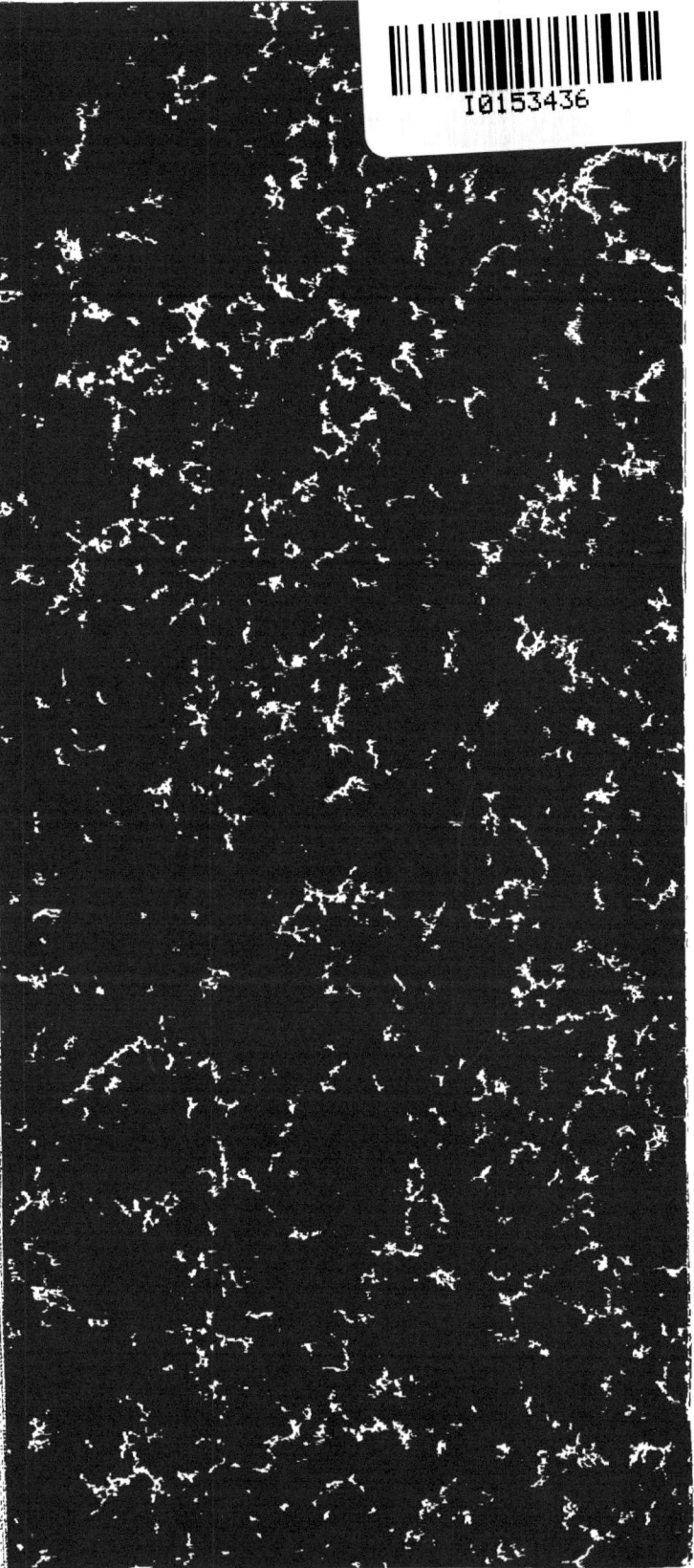

LES
AUTEURS GRECS

EXPLIQUÉS D'APRÈS UNE MÉTHODE NOUVELLE

PAR DEUX TRADUCTIONS FRANÇAISES

L'UNE LITTÉRALE ET JUXTALINÉAIRE PRÉSENTANT LE MOT A MOT FRANÇAIS
EN REGARD DES MOTS GRECS CORRESPONDANTS
L'AUTRE CORRECTE ET FIDÈLE PRÉCÉDÉE DU TEXTE GREC

avec des sommaires et des notes

PAR UNE SOCIÉTÉ DE PROFESSEURS

ET D'HELLÉNISTES

SOPHOCLE

—

PHILOCTÈTE

EXPLIQUÉ ET ANNOTÉ

PAR M. BENLOEW

ET TRADUIT EN FRANÇAIS

PAR M. BELLAGUET

Ancien professeur de rhétorique

PARIS

LIBRAIRIE DE L. HACHETTE

RUE PIERRE-SARRAZIN N° 12

—

1844

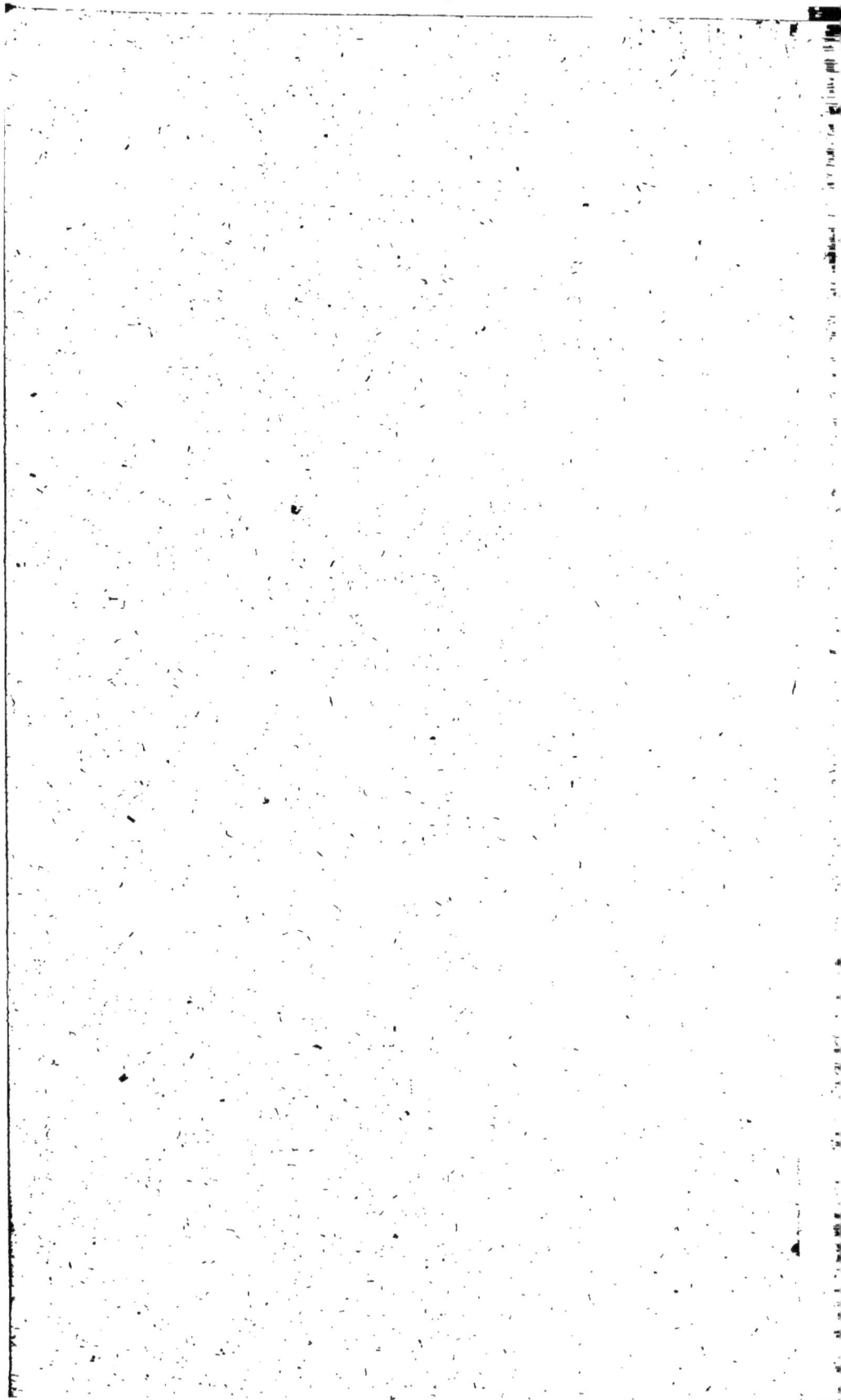

LES
AUTEURS GRECS

EXPLIQUÉS D'APRÈS UNE MÉTHODE NOUVELLE

PAR DEUX TRADUCTIONS FRANÇAISES

Cette tragédie a été expliquée et annotée par M. Benloew, et traduite
en français par M. Bellaguet, ancien professeur de rhétorique, chef
d'institution à Paris.

Paris.— Typographie de Firmin Didot Frères, rue Jacob, 56.

LES
AUTEURS GRECS

EXPLIQUÉS D'APRÈS UNE MÉTHODE NOUVELLE

PAR DEUX TRADUCTIONS FRANÇAISES

L'UNE LITTÉRALE ET JUXTALINÉAIRE PRÉSENTANT LE MOT A MOT FRANÇAIS
EN REGARD DES MOTS GRECS CORRESPONDANTS
L'AUTRE CORRECTE ET FIDÈLE PRÉCÉDÉE DU TEXTE

avec des sommaires et des notes

PAR UNE SOCIÉTÉ DE PROFESSEURS

ET D'HELLÉNISTES

SOPHOCLE

PHILOCTÈTE

PARIS

LIBRAIRIE DE L. HACHETTE

RUE PIERRE-SARRAZIN, N° 12

1844

AVIS.

On a réuni par des traits, dans la traduction juxtalinéaire, les mots français qui traduisent un seul mot grec.

On a imprimé en *italique* les mots qu'il était nécessaire d'ajouter pour rendre intelligible la phrase française, et qui n'avaient pas leur équivalent dans le grec.

Enfin, les mots placés entre parenthèses, dans le français, doivent être toujours considérés comme une seconde explication, plus intelligible que la version littérale.

ARGUMENT ANALYTIQUF

DE PHILOCTÈTE.

Philoctète, fils de Péan, suivit les Grecs au siége de Troie. Pendant la traversée, descendu dans l'île de Chrysa, voisine de Lemnos, il fut mordu au pied par un serpent caché près de l'autel de la déesse à qui cette île était consacrée. Dès ce moment les cris que lui arrachait la douleur, et surtout l'odeur infecte de sa blessure le rendirent insupportable à ses compagnons de voyage. Ils résolurent de l'abandonner. Ulysse l'emmena à Lemnos sous quelque prétexte; le malheureux s'endormit sur le rivage, et le roi d'Ithaque, profitant de son sommeil, remonta sur son vaisseau et partit. Philoctète resta dix ans dans ces lieux déserts, jetant ses plaintes aux rochers et employant les flèches dont Hercule lui avait fait présent, à tuer des oiseaux et quelques animaux sauvages, pour soutenir sa misérable existence. Cependant les Grecs poursuivaient sans fruit le long siége de Troie, lorsque enfin s'étant emparés du devin Hélénus, l'un des fils de Priam, ils apprirent de lui que tous leurs efforts seraient vains, tant qu'ils ne posséderaient pas les flèches fatales qui étaient entre les mains de Philoctète. Ulysse s'offrit pour aller le chercher, et cette expédition est le sujet du drame de Sophocle.

Fidèle à sa prudence ordinaire, le roi d'Ithaque, qui craignait la vengeance de celui qu'il avait si lâchement abandonné, s'était fait accompagner par le jeune Néoptolème, fils d'Achille; il le charge de gagner la confiance de Philoctète par un récit mensonger. Néoptolème se résout avec peine à cette perfidie; mais enfin entraîné par les conseils d'Ulysse, il y consent, et le héros infortuné, joyeux, après tant d'années de solitude, de revoir le visage d'un homme, d'entendre le langage d'un Grec, lui donne bientôt toute son amitié, surtout quand il a appris que ce jeune homme est le fils d'Achille, de son ancien compagnon d'armes. Néoptolème lui conte qu'irrité de l'injustice des Atrides, qui l'avaient privé des armes de son père, pour les donner à Ulysse, il repart pour ses États ; et il lui promet de le ramener dans sa patrie. Le héros crédule ne soupçonne aucune ruse, et, pendant un accès de sa terrible maladie, il laisse sans défiance son arc et ses flèches aux mains de son jeune ami. Alors Ulysse, caché dans les environs, accourt, et Philoctète, revenu à lui, voit le visage odieux du roi d'Ithaque. Il accable le fils d'Achille de justes imprécations. Ulysse lui déclare qu'il faut qu'il s'embarque avec eux pour le rivage troyen, et que, s'il s'y refuse, Néoptolème et lui remonteront dans leur navire et emporteront ses flèches. A ces mots, le désespoir de Philoctète ne connaît plus de bornes ; mais, touché de compassion et de repentir, le fils d'Achille annonce à Ulysse qu'il veut rendre à Philoctète ses armes. Il les lui rend en effet, et Ulysse se retire, en le menaçant du courroux des Grecs, quand tout à coup Hercule apparaissant sur un nuage, ordonne à son ancien ami de partir pour Troie avec les armes qu'il lui a léguées, et qui doivent prendre Ilion une seconde fois.

L'habileté d'Ulysse, qui conduit toute l'intrigue, la franchise de Néoptolème et son généreux repentir, enfin le ressentiment inflexible de Philoctète, tels sont les éléments qui composent cette tragédie simple, sans péripétie, et belle par sa simplicité.

Sophocle a adopté, au sujet de la blessure de Philoctète, une tradition qui n'est pas celle que Fénelon a suivie dans son *Télémaque*. (Voyez *Télémaque*, liv. 15.)

ΣΟΦΟΚΛΕΟΥΣ
ΦΙΛΟΚΤΗΤΗΣ.

—

LE
PHILOCTÈTE
DE SOPHOCLE.

ΣΟΦΟΚΛΕΟΥΣ.

ΦΙΛΟΚΤΗΤΗΣ.

ΤΑ ΤΟΥ ΔΡΑΜΑΤΟΣ ΠΡΟΣΩΠΑ.

ΟΔΥΣΣΕΥΣ.
ΝΕΟΠΤΟΛΕΜΟΣ.
ΧΟΡΟΣ.
ΦΙΛΟΚΤΗΤΗΣ.
ΣΚΟΠΟΣ ὡς ΕΜΠΟΡΟΣ.
ΗΡΑΚΛΗΣ.

ΟΔΥΣΣΕΥΣ.

Ἀκτὴ μὲν [1] ἥδε τῆς περιῤῥύτου χθονὸς,
Λήμνου[2], βροτοῖς[3] ἄστειπτος, οὐδ' οἰκουμένη,
ἔνθ', ὦ κρατίστου πατρὸς [4] Ἑλλήνων τραφεὶς [5],
Ἀχιλλέως παῖ Νεοπτόλεμε [6], τὸν Μηλιᾶ [7]
Ποίαντος υἱὸν ἐξέθηκ' ἐγώ ποτε,   5
ταχθεὶς τόδ' ἔρδειν τῶν ἀνασσόντων ὕπο,
νόσῳ [8] καταστάζοντα διαβόρῳ πόδα,
ὅτ' οὔτε λοιβῆς [9] ἡμῖν, οὔτε θυμάτων
παρῆν ἑκήλοις προσθιγεῖν· ἀλλ' ἀγρίαις
κατεῖχ' ἀεὶ πᾶν στρατόπεδον δυσφημίαις,   10

ULYSSE. Voici le rivage désert et inhabité de Lemnos que les flots
environnent ; fils d'Achille, du plus vaillant des Grecs, Néoptolème,
c'est ici que, par l'ordre des chefs de l'armée, j'abandonnai autrefois
le fils de Péan, dont le pied était dévoré par un affreux ulcère. Nous
ne pouvions plus offrir en paix les libations et les sacrifices ; tout le
camp retentissait sans cesse de ses cris, de ses gémissements et de

SOPHOCLE.

PHILOCTÈTE.

PERSONNAGES DE LA PIÈCE.

ULYSSE.
NEOPTOLÈME.
LE CHOEUR.
PHILOCTÈTE.
UN ESPION se disant UN MARCHAND.
HERCULE

ΟΔΥΣΣΕΥΣ. Ἥδε μὲν
ἀκτὴ ἄστειπτος βροτοῖς,
οὐδὲ οἰκουμένη
χθονὸς περιῤῥύτου
Λήμνου, ἔνθα,
ὦ τραφεὶς πατρὸς
κρατίστου Ἑλλήνων,
Νεοπτόλεμε, παῖ Ἀχιλλέως,
ἐγὼ ἐξέθηκά ποτε
υἱὸν Ποίαντος, τὸν Μηλιᾶ,
καταστάζοντα πόδα
νόσῳ διαβόρῳ,
ταχθεὶς ἔρδειν τόδε,
ὑπὸ τῶν ἀνασσόντων,
ὅτι παρῆν ἡμῖν
προσθιγεῖν ἐκήλοις
οὔτε λοιβῆς, οὔτε θυμάτων·
ἀλλὰ βοῶν, στενάζων
κατεῖχεν ἀεὶ
πᾶν στρατόπεδον
δυσφημίαις

ULYSSE. Voici en effet
le rivage non-foulé par les mortels
et non habité
de la terre entourée-des-flots (de l'île)
de Lemnos, où,
ô engendré d'un père
le plus brave des Grecs,
Néoptolème, fils d'Achille,
moi j'ai exposé un jour
le fils de Pœan, le Malien,
distillant (de l'humeur) par le pied
à cause d'une maladie qui-ronge,
ayant été chargé de faire cela', ·
par ceux qui-commandent,
parce qu'il n'était permis à nous
de toucher tranquilles
ni libation, ni parfums ;
mais criant, gémissant,
il occupait (remplissait) toujours
tout le camp
de paroles-de-mauvais-augure

βοῶν, στενάζων. Ἀλλὰ ταῦτα μὲν τί δεῖ
λέγειν; ἀκμὴ γὰρ οὐ μακρῶν ἡμῖν λόγων·
μὴ καὶ [1] μάθῃ μ' ἥκοντα, κἀκχέω [2] τὸ πᾶν
σόφισμα, τῷ νιν αὐτίχ' αἱρήσειν δοκῶ.
Ἀλλ' ἔργον [3] ἤδη σὸν τὰ λοίφ' ὑπηρετεῖν [4],   15
σκοπεῖν θ' ὅπου 'στ' ἐνταῦθα δίστομος πέτρα [5]
τοιάδ', ἵν' ἐν ψύχει μὲν ἡλίου διπλῆ
πάρεστιν ἐνθάκησις, ἐν θέρει δ' ὕπνον
δι' ἀμφιτρῆτος αὐλίου πέμπει πνοή.
Βαιὸν δ' ἔνερθεν [6] ἐξ ἀριστερᾶς τάχ' ἂν   20
ἴδοις ποτὸν κρηναῖον, εἴπερ ἐστὶ σῶν.
Ἅ [7] μοι, προσελθὼν σῖγα, σήμαιν' εἴτ' ἔχει
χῶρον πρὸς αὐτὸν τόνδε γ', εἴτ' ἄλλῃ κυρεῖ,
ὡς τἀπίλοιπα τῶν λόγων σὺ μὲν κλύῃς,
ἐγὼ δὲ φράζω, κοινὰ δ' ἐξ ἀμφοῖν ἴῃ.   25

ΝΕΟΠΤΟΛΕΜΟΣ.

Ἄναξ Ὀδυσσεῦ, τοὔργον οὐ μακρὰν λέγεις·
δοκῶ γὰρ οἷον εἶπας ἄντρον εἰσορᾶν.

ses sauvages imprécations. Mais que sert de rappeler ce souvenir? Ce
n'est pas le moment des longs discours : Philoctète pourrait découvrir mon arrivée, et je trahirais en même temps le piége où j'espère
bientôt le prendre. C'est à toi maintenant de me seconder et de chercher des yeux une caverne à deux ouvertures, que le soleil échauffe
de deux côtés pendant l'hiver, et où, durant l'été, le zéphyr envoie
le sommeil par un double passage. Un peu au-dessous, à gauche, tu
verras une source d'eau limpide, si toutefois elle coule encore. Avance
sans bruit et indique-moi si tout cela se trouve dans le lieu où nous
sommes, ou s'il faut le chercher ailleurs, afin que tu apprennes ce que
j'ai encore à te dire, et qu'après cet entretien nous agissions de concert.

NÉOPTOLÈME. Roi Ulysse, il est aisé de te satisfaire; je crois
apercevoir la caverne dont tu parles.

ἀγρίαις.   sauvages.

Ἀλλὰ τί δεῖ λέγειν   Mais qu'est-il besoin de dire
ταῦτα μέν;   ces choses à-la-vérité?
ἀκμὴ γὰρ   car un temps-opportun
μακρῶν λόγων   pour de longs discours
οὐχ ἡμῖν·   n'*est* pas à nous,
μὴ καὶ μάθῃ   *de peur* et qu'il n'apprenne
μὲ ἥκοντα   moi étant venu
καὶ ἐκχέω   et que je ne laisse-échapper
τὸ πᾶν σόφισμα,   tout l'artifice
τῷ δοκῶ αἱρήσειν   par lequel je pense devoir prendre
αὐτίκα νιν.   tout-à-l'heure lui.

Ἀλλὰ ἤδη σὸν ἔργον   Mais maintenant c'est ton affaire
ὑπηρετεῖν τὰ λοιπά,   de *m*'aider dans le reste
σκοπεῖν τε ὅπου ἐστὶ ἐνταῦθα   et de voir où est ici
πέτρα δίστομος τοιάδε,   un rocher à-deux-issues, tel:
ἵνα διπλῆ ἐνθάκησις ἡλίου   où un double siége *exposé* au soleil
πάρεστιν ἐν ψύχει μὲν,   se trouve pendant le froid d'un côté,
ἐν θέρει δὲ   et *où* pendant l'été
πνοὴ πέμπει ὕπνον   la brise envoie le sommeil
διὰ αὐλίου   à travers la grotte
ἀμφιτρῆτος.   ouverte-de-deux-côtés.

Ἴδοις δὲ ἂν τάχα   Et tu verras probablement
ποτὸν κρηναῖον   une boisson (une eau) de-source
βαιὸν ἔνερθεν ἐξ ἀριστερᾶς,   un peu au-dessous à gauche,
εἴπερ ἐστὶ σῶν.   si-toutefois elle est sauve.

Ἃ προσελθὼν   Lesquelles choses, t'étant approché
σῖγα,   en silence,
σήμαινέ μοι,   indique à moi,
εἴτε ἔχει πρὸς τόνδε γε αὐτὸν χῶρον,   si elles sont près de ce même endroit,
εἴτε κυρεῖ ἄλλῃ,   ou si elles se trouvent ailleurs,
ὡς σὺ μὲν κλύῃς,   afin que toi d'un côté tu entendes
ἐγὼ δὲ φράζω   et moi de l'autre côté je dise,
τὰ ἐπίλοιπα τῶν λόγων,   le reste des paroles,
ἴῃ δὲ·   et que *l'entreprise* procède
κοινὰ ἐξ ἀμφοῖν.   en commun par *nous*-deux.

ΝΕΟΠΤΟΛΕΜΟΣ. Ἄναξ Ὀδυσ-   NÉOPTOLÈME. Roi Ulysse,
λέγεις τὸ ἔργον οὐ μακράν·   [σεῦ tu dis la chose non éloignée;
δοκῶ γὰρ εἰσορᾶν   car je pense voir
ἄντρον οἷον εἶπας.   une grotte telle que tu as dit.

ΟΔΥΣΣΕΥΣ.
Ἄνωθεν, ἢ κάτωθεν; οὐ γὰρ ἐννοῶ.
ΝΕΟΠΤΟΛΕΜΟΣ.
Τόδ' ἐξύπερθε, καὶ στίβου γ' οὐδεὶς τύπος [1].
ΟΔΥΣΣΕΥΣ.
Ὅρα [2] καθ' ὕπνον μὴ καταυλισθεὶς κυρῇ.   30
ΝΕΟΠΤΟΛΕΜΟΣ.
Ὁρῶ κενὴν οἴκησιν ἀνθρώπων δίχα.
ΟΔΥΣΣΕΥΣ.
Οὐδ' ἔνδον οἰκοποιός ἐστί τις τροφή;
ΝΕΟΠΤΟΛΕΜΟΣ.
Στειπτή γε φυλλὰς, ὡς ἐναυλίζοντί [3] τῳ.
ΟΔΥΣΣΕΥΣ.
Τὰ δ' ἄλλ' ἔρημα, κοὐδέν ἐσθ' ὑπόστεγον;
ΝΕΟΠΤΟΛΕΜΟΣ.
Αὐτόξυλόν γ' ἔκπωμα, φλαυρούργου τινὸς   35
τεχνήματ' ἀνδρὸς, καὶ πυρεῖ' ὁμοῦ τάδε.
ΟΔΥΣΣΕΥΣ.
Κείνου τὸ θησαύρισμα σημαίνεις τόδε.
ΝΕΟΠΤΟΛΕΜΟΣ.
Ἰοὺ, ἰού· καὶ ταῦτά γ' [4] ἄλλα θάλπεται
ῥάκη, βαρείας του νοσηλείας πλέα.
ΟΔΥΣΣΕΥΣ.
Ἀνὴρ κατοικεῖ τούσδε τοὺς τόπους σαφῶς,   40
κἄστ' οὐχ ἑκάς που. Πῶς γὰρ ἂν νοσῶν ἀνὴρ
κῶλον παλαιᾷ κηρὶ προσβαίη μακράν;

ULYSSE. Est-ce en haut ou en bas? Je ne distingue point.

NÉOPTOLÈME. C'est en haut, et je n'entends aucun bruit de pas.

ULYSSE. Regarde : il est peut-être couché ou endormi.

NÉOPTOLÈME. Je vois une habitation vide et déserte.

ULYSSE. N'y a-t-il pas dans l'intérieur quelques ustensiles de ménage?

NÉOPTOLÈME. Non, mais du feuillage foulé, qui semble servir de lit.

ULYSSE. Est-ce tout? n'y vois-tu rien de plus ?

NÉOPTOLÈME. Une coupe de bois, ouvrage de quelque artiste inhabile, et de plus ces matières combustibles.

ULYSSE. C'est à lui sans doute que tous ces objets appartiennent.

NÉOPTOLÈME. Ah dieux! je vois encore étendus au soleil quelques lambeaux teints d'un sang impur.

ULYSSE. Il n'en faut plus douter, c'est ici qu'il habite, et il n'est pas éloigné. Boiteux et souffrant depuis tant d'années, pourrait-il faire

ΟΔΥΣΣΕΥΣ. Ἄνωθεν,
ἢ κάτωθεν;
οὐ γὰρ ἐννοῶ.
ΝΕΟΠΤΟΛΕΜΟΣ. Τόδε
ἐξύπερθε,
καὶ οὐδεὶς τύπος στίβου γε.
ΟΔΥΣΣΕΥΣ. Ὅρα
μὴ κυρῇ καταυλισθεὶς
κατὰ ὕπνον.
ΝΕΟΠΤΟΛΕΜΟΣ. Ὁρῶ
οἴκησιν κενὴν
δίχα ἀνθρώπων.
ΟΔΥΣΣΕΥΣ. Οὐδὲ ἐστὶν ἔνδον
τροφή τις
οἰκοποιός;
ΝΕΟΠΤΟΛΕΜΟΣ. Φυλλάς γε
στειπτὴ ὡς
ἐναυλίζοντί τῳ.
ΟΔΥΣΣΕΥΣ. Τὰ δὲ ἄλλα
ἔρημα, καὶ οὐδὲν
ἔστιν ὑπόστεγον;
ΝΕΟΠΤΟΛΕΜΟΣ. Ἔκπωμά γε
αὐτόξυλον,
τεχνήματά τινος ἀνδρὸς
φλαυρούργου,
καὶ ὁμοῦ
τάδε πυρεῖα.
ΟΔΥΣΣΕΥΣ. Σημαίνεις τόδε
τὸ θησαύρισμα κείνου.
ΝΕΟΠΤΟΛΕΜΟΣ. Ἰοὺ, ἰού·
καὶ ταῦτά γε ῥάκη ἄλλα
θάλπεται, πλέα
νοσηλείας του βαρείας.
ΟΔΥΣΣΕΥΣ. Ἀνὴρ κατοικεῖ
τούσδε τοὺς τόπους· σαφῶς,
καὶ ἔστί που οὐχ ἑκάς.
Πῶς γὰρ ἀνὴρ
νοσῶν κῶλον
κηρὶ παλαιᾷ
προσβαίη ἂν μακράν;

ULYSSE. En haut,
ou en bas ?
car je ne distingue pas.
NÉOPTOLÈME. Celle-ci
est en haut,
et aucun bruit de pas.
ULYSSE. Vois
s'il ne se trouve pas couché
en sommeil.
NÉOPTOLÈME. Je vois
une habitation vide
sans hommes.
ULYSSE. Et il n'y a pas dedans
quelque appareil
formant-une-habitation ?
NÉOPTOLÈME. Du feuillage certes
foulé comme
par quelqu'un qui-prépare-*sa*-couche.
ULYSSE. Mais les autres *parties*
sont-elles vides, et rien
n'est-il sous-le-toit ?
NÉOPTOLÈME. *Il y a* une coupe
de-bois-brut,
ouvrage de quelque homme
ouvrier-maladroit,
et en-même-temps
ces matières-combustibles.
ULYSSE. Tu indiques ceci
étant le trésor de lui.
NÉOPTOLÈME. Hélas ! hélas !
et ces lambeaux en-outre
qui sèchent, pleins
d'une maladie (d'un pus) grave.
ULYSSE. L'homme habite
ces lieux évidemment,
et il est quelque-part non loin.
Car comment un homme
souffrant au pied
d'une maladie invétérée
approcherait-il (irait-il) loin ?

ι.

Ἀλλ' ἢ 'πὶ φορβῆς νόστον ἐξελήλυθεν,
ἢ φύλλον εἴ τι νώδυνον κάτοιδέ που.
Τὸν οὖν παρόντα ¹ πέμψον ἐς κατασκοπὴν,   45
μὴ καὶ ² λάθῃ με προσπεσών· ὡς μᾶλλον ἂν
ἕλοιτό μ' ἢ τοὺς πάντας Ἀργείους λαβεῖν.

NΕΟΠΤΟΛΕΜΟΣ.

Ἀλλ' ἔρχεταί ³ τε, καὶ φυλάξεται στίβος.
Σὺ δ', εἴ τι χρήζεις, φράζε δευτέρῳ λόγῳ ⁴.

ΟΔΥΣΣΕΥΣ.

Ἀχιλλέως παῖ, δεῖ σ' ἐφ' οἷς ἐλήλυθας   5o
γενναῖον εἶναι, μὴ μόνον τῷ σώματι,
ἀλλ', ἤν τι καινὸν, ὧν πρὶν οὐκ ἀκήκοας,
κλύῃς, ὑπουργεῖν, ὡς ὑπηρέτης πάρει.

NΕΟΠΤΟΛΕΜΟΣ.

Τί δῆτ' ἄνωγας;

ΟΔΥΣΣΕΥΣ.

Τὴν Φιλοκτήτου σε δεῖ
ψυχὴν ὅπως ⁵ λόγοισιν ἐκκλέψεις λέγων,   55
ὅταν σ' ἐρωτᾷ, τίς τε καὶ πόθεν πάρει,
λέγειν ⁶· Ἀχιλλέως παῖς· τόδ' οὐχὶ κλεπτέον·
πλεῖς δ' ὡς πρὸς οἶκον, ἐκλιπὼν τὸ ναυτικὸν

une longue marche? Peut-être est-il sorti pour aller chercher de la nourriture, ou quelque plante, s'il en connaît, propre à calmer ses douleurs. Envoie donc cet homme à la découverte, de peur que Philoctète ne me surprenne; car il aimerait mieux s'emparer de moi que de tous les Grecs ensemble.

NÉOPTOLÈME. Il t'obéit et observera ses pas. A présent achève de m'apprendre ce que tu attends de moi.

ULYSSE. Fils d'Achille, pour l'œuvre qui t'amène, il ne suffit pas de faire preuve de courage, il faut encore me seconder, si tu entends quelque chose de nouveau, d'imprévu ; car c'est pour cela que tu m'accompagnes.

NÉOPTOLÈME. Eh bien, qu'ordonnes-tu?

ULYSSE. Il faut par un adroit langage tromper Philoctète. Lorsqu'il te demandera qui tu es et d'où tu viens, réponds-lui que tu es fils d'Achille ; il n'est pas besoin de le lui cacher. Mais ajoute que tu retournes dans ta patrie, après avoir abandonné la flotte des Grecs,

Ἀλλὰ ἢ ἐξελήλυθεν	Mais, ou il est sorti
ἐπὶ νόστον	pour le voyage (pour aller chercher)
φορϐῆς,	de la nourriture,
ἢ εἰ κάτοιδέ που	ou, s'il connaît quelque part
φύλλον τι	quelque herbe
νώδυνον.	propre-à-calmer-la-douleur.
Πέμψον οὖν τὸν παρόντα	Envoie donc l'*homme ici* présent
εἰς κατασκοπὴν,	à la découverte,
μὴ καὶ λάθῃ με	de peur qu'il ne soit pas aperçu de moi,
προσπεσών ·	*me* surprenant;
ὡς ἕλοιτο ἂν μᾶλλον	car il choisirait plutôt
λαϐεῖν με ἢ τοὺς πάντας Ἀργείους·	de prendre moi que tous les Argiens.
ΝΕΟΠΤΕΛΕΜΟΣ. Ἀλλὰ ἔρχεταί	NÉOPTOLÈME. Mais et il s'en va
καὶ στίϐος φυλάξεται. [τε	et le sentier sera surveillé.
Σὺ δὲ, εἰ χρῄζεις τι,	Mais toi, si tu désires quelque chose,
φράζε δευτέρῳ λόγῳ.	dis-le dans un second discours.
ΟΔΥΣΣΕΥΣ. Παῖ Ἀχιλλέως,	ULYSSE. Fils d'Achille,
δεῖ σε εἶναι γενναῖον	il faut toi être courageux
ἐπὶ οἷς	*pour les choses* pour lesquelles
ἐλήλυθας,	tu es venu,
μὴ μόνον τῷ σώματι,	non-seulement avec le corps,
ἀλλὰ ὑπουργεῖν,	mais prêter-ton-ministère
ἢν κλύῃς	quand tu entendrais
καινόν τι	quelque chose de nouveau
ὧν οὐκ ἀκήκοας πρὶν,	que tu n'as pas entendu auparavant,
ὡς πάρει ὑπηρέτης.	car tu es-ici *mon* aide.
ΝΕΟΠΤΟΔΕΜΟΣ. Τί δῆτα	NÉOPTOLÈME. Quoi donc
ἄνωγας;	ordonnes-tu ?
ΟΔΥΣΣΕΥΣ. Δεῖ σε,	ULYSSE. Il faut toi,
ὅπως λέγων	afin qu'en discourant
ἐκκλέψεις	tu dérobes (tu trompes)
λόγοισι	par *tes* discours
ψυχὴν τὴν Φιλοκτήτου,	l'âme de Philoctète,
ὅταν σε ἐρωτᾷ·	quand il te demande,
τίς τε καὶ πόθεν πάρει,	et qui *étant* et d'où *venant* tu es-ici
λέγειν, παῖς Ἀχιλλέως ·	dire *que tu es* le fils d'Achille;
τόδε οὐχὶ κλεπτέον ·	cela n'*est* pas à dérober,
πλεῖς δὲ	et *que* tu navigues
ὡς πρὸς οἶκον	comme vers *ta* maison,
ἐκλιπὼν	avant abandonné

στράτευμ' Ἀχαιῶν, ἔχθος ἐχθήρας μέγα[1],
οἵ σ' ἐν λιταῖς στείλαντες ἐξ οἴκων μολεῖν,   60
μόνην ἔχοντες τήνδ' ἅλωσιν Ἰλίου,
οὐκ ἠξίωσαν[2] τῶν Ἀχιλλείων ὅπλων
ἐλθόντι δοῦναι κυρίως αἰτουμένῳ,
ἀλλ' αὔτ' Ὀδυσσεῖ παρέδοσαν· λέγων ὅσ' ἂν
θέλῃς καθ' ἡμῶν ἔσϰατ' ἐσϰάτων κακά.   65
Τούτων γὰρ οὐδέν μ' ἀλγυνεῖς· εἰ δ' ἐργάσει
μὴ ταῦτα, λύπην πᾶσιν Ἀργείοις βαλεῖς.
Εἰ γὰρ τὰ τοῦδε τόξα μὴ ληφθήσεται,
οὐκ ἔστι πέρσαι σοι τὸ Δαρδάνου[3] πέδον
ὡς δ' ἔστ' ἐμοὶ μὲν οὐϰὶ, σοὶ δ', ὁμιλία   70
πρὸς τόνδε πιστὴ καὶ βέβαιος, ἔϰμαθε.
Σὺ μὲν πέπλευκας, οὔτ' ἔνορκος οὐδενὶ[4],
οὔτ' ἐξ ἀνάγκης[5], οὔτε τοῦ πρώτου στόλου·
ἐμοὶ δ' τούτων οὐδέν ἐστ' ἀρνήσιμον.
Ὥστ', εἰ με τόξων ἐγκρατὴς αἰσθήσεται   75
ὄλωλα, καὶ σὲ προσδιαφθερῶ ξυνών[6].
Ἀλλ' αὐτὸ τοῦτο δεῖ σοφισθῆναι, κλοπεὺς

animé contre eux d'une violente haine : les ingrats, diras-tu, leurs prières me font quitter ma patrie; ils ne pouvaient sans moi prendre Ilion, et lorsqu'à mon arrivée je réclame les armes d'Achille, les armes de mon père, ils me les refusent et les livrent à Ulysse. Là tu pourras à ton gré m'accabler d'invectives; elles ne me feront aucune peine; mais en agissant autrement tu affligerais tous les Grecs. Car tant que les armes de Philoctète ne seront pas en notre pouvoir, tu ne pourras détruire la ville de Dardanus. Or voici pourquoi tu peux l'aborder avec assurance, tandis que je ne puis le faire sans danger. Tu es venu à Troie sans être lié par un serment, ni conduit par la nécessité, et tu n'étais pas de la première expédition : moi, je ne puis rien nier de tout cela. Si donc Philoctète, encore maître de ses armes, apprend mon arrivée, je suis mort et je te perds avec moi. Ainsi, il

τὸ ναυτικὸν στράτευμα Ἀχαιῶν	la navale armée des Achéens
ἐχθήρας ἔχθος μέγα,	*les* haïssant d'une haine grande,
οἳ στείλαντές σε	*eux* qui, ayant mandé toi
ἐν λιταῖς	avec des supplications,
μολεῖν ἐξ οἴκων,	pour venir de *tes* demeures,
ἔχοντες τήνδε μόνην	ayant cette unique
ἅλωσιν Ἰλίου,	prise d' (moyen de prendre) Ilion,
οὐκ ἠξίωσαν	n'ont pas jugé-digne
τῶν Ἀχιλλείων ὅπλων	des armes d'Achille
δοῦναι ἐλθόντι	pour *les* donner à *toi* étant venu
αἰτουμένῳ κυρίως,	*et les* demandant avec-justice,
ἀλλὰ παρέδοσαν αὐτὰ Ὀδυσσεῖ·	mais ont données elles à Ulysse ;
λέγων κατὰ ἡμῶν	en disant contre nous
κακὰ ἔσχατα ἐσχάτων	les injures dernières des dernières,
ὅσα θέλῃς ἄν.	toutes-celles-que tu voudras.
Ἀλγυνεῖς γάρ με	Car tu n'offenseras moi
οὐδὲν τούτων ·	en aucune de ces choses :
εἰ δὲ μὴ ἐργάσει ταῦτα	mais si tu ne fais pas ces choses
βαλεῖς λύπην	tu jetteras de la douleur
πᾶσιν Ἀργείοις.	à tous les Argiens.
Εἰ γὰρ τόξα τὰ τοῦδε	Car si les flèches de celui-ci
μὴ ληφθήσεται,	ne sont pas prises,
οὐκ ἔσται σοι πέρσαι	il ne sera pas en toi de dévaster,
πέδον τὸ Δαρδάνου·	la plaine de Dardanus ;
ἔκμαθε δὲ,	mais apprends,
ὡς ὁμιλία πρὸς τόνδε	que l'entretien avec celui-ci
ἐστὶ πιστὴ καὶ βέβαιος	est sans-défiance et sûr
ἐμοὶ μὲν οὐχὶ, σοὶ δέ.	non certes à moi, mais à toi.
Σὺ μὲν πέπλευκας	D'une part toi tu as navigué
οὔτε ἔνορκος οὐδενὶ,	ni lié-par-serment à personne,
οὔτε ἐξ ἀνάγκης,	ni *forcé* par la nécessité,
οὔτε τοῦ πρώτου στόλου·	ni *étant* de la première expédition ;
οὐδὲν δὲ τούτων	d'autre part aucune de ces choses
ἐστὶν ἀρνήσιμον ἐμοί.	n'est niable à moi.
Ὥστε ὄλωλα,	De-sorte-que je suis perdu,
εἰ ἐγκρατὴς τόξων	si étant-maître de *ses* flèches
αἰσθήσεταί με, καὶ ξυνὼν	il aperçoit moi, et étant-avec *toi*
προσδιαφθερῶ σε.	je perdrai-en-outre toi.
Ἀλλὰ δεῖ σοφισθῆναι τοῦτο αὐτὸ,	Mais il faut inventer ceci même,
ὅπως γενήσει κλοπεὺς	comment tu deviendras voleur

ὅπως γενήσει τῶν ἀνικήτων ὅπλων.

Ἔξοιδα καὶ φύσει σε μὴ πεφυκότα
τοιαῦτα φωνεῖν, μηδὲ τεχνᾶσθαι κακά·   80
ἀλλ' ἡδὺ γάρ τοι κτῆμα [1] τῆς νίκης λαβεῖν,
τόλμα· δίκαιοι δ' αὖθις ἐκφανούμεθα.

Νῦν δ' εἰς ἀναιδὲς, ἡμέρας μέρος βραχὺ,
δός μοι σεαυτὸν, κᾆτα τὸν λοιπὸν χρόνον
κέκλησο πάντων εὐσεβέστατος βροτῶν.   85

ΝΕΟΠΤΟΛΕΜΟΣ.

Ἐγὼ μὲν, οὓς ἂν τῶν λόγων ἀλγῶ κλύων,
Λαερτίου [2] παῖ, τοὺς δὲ καὶ πράσσειν στυγῶ.

Ἔφυν γὰρ οὐδὲν ἐκ τέχνης πράσσειν κακῆς,
οὔτ' αὐτὸς, οὔθ', ὥς φασιν, οὑκφύσας ἐμέ.

Ἀλλ' εἴμ' ἔτοιμος πρὸς βίαν τὸν ἄνδρ' ἄγειν,   90
καὶ μὴ δόλοισιν. Οὐ γὰρ, ἐξ ἑνὸς ποδὸς,
ἡμᾶς τοσούσδε [3] πρὸς βίαν χειρώσεται.

Πεμφθείς γε μέντοι σοὶ ξυνεργάτης, ὀκνῶ
προδότης καλεῖσθαι· βούλομαι δ', ἄναξ, καλῶς
δρῶν, ἐξαμαρτεῖν μᾶλλον, ἢ νικᾶν κακῶς.   95

ΟΔΥΣΣΕΥΣ.

Ἐσθλοῦ πατρὸς παῖ, καὐτὸς, ὢν νέος ποτὲ,
γλῶσσαν μὲν ἀργὸν, χεῖρα δ' εἶχον ἐργάτιν·

faut employer la ruse pour lui soustraire ces armes invincibles. Je sais
que ton caractère se refuse à tenir ce langage et à user d'artifice;
mais la victoire est douce à obtenir. Ose seulement; nous serons
justes une autre fois. Livre-toi à moi sans réserve pour quelques ins-
tants de la journée, et pendant le reste de ta vie, sois appelé le plus
vertueux des hommes.

NÉOPTOLÈME. Ce que je n'aime pas à entendre, fils de Laërte, je
répugne à l'exécuter. Je ne suis pas né pour employer de lâches arti-
fices; ce n'était pas non plus, dit-on, le caractère de celui à qui je
dois la vie. Je suis prêt à emmener Philoctète par la force et non par
la ruse. Faible et boiteux, il ne pourra vaincre des adversaires aussi
nombreux. C'est qu'envoyé pour te seconder, je ne veux pas être
appelé traître. J'aime mieux échouer en agissant avec honneur, que
de réussir par une perfidie.

ULYSSE. Fils d'un héros, et moi aussi dans ma jeunesse j'étais
ent à parler et prompt à agir. Aujourd'hui l'expérience m'a appris

ὅπλων τῶν ἀνικήτων. des armes invincibles.

Ἔξοιδά σε μὴ πεφυκότα Je sais-bien toi n'étant-pas fait

καὶ φύσει même de *ton* naturel

φωνεῖν τοιαῦτα κακά, pour proférer de telles injures,

μηδὲ τεχνᾶσθαι· ἀλλὰ τόλμα, ni pour *les* inventer ; mais ose,

ἡδὺ γάρ τοι λαβεῖν car certes *il est* doux de prendre

κτῆμα τῆς νίκης· possession de la victoire :

ἐκφανούμεθα δὲ et nous paraîtrons

δίκαιοι αὖθις. *ensuite* justes de nouveau

Νῦν δὲ δὸς σαυτόν μοι Mais à présent donne toi à moi

εἰς ἀναιδὲς, pour une *action* effrontée,

μέρος βραχὺ ἡμέρας, une partie courte de la journée,

καὶ εἶτα κέκλησο et après sois appelé

εὐσεβέστατος πάντων βροτῶν le plus pieux de tous les mortels

τὸν λοιπὸν χρόνον. pendant le reste du temps.

ΝΕΟΠΤΟΛΕΜΟΣ. Ἐγὼ μὲν, NÉOPTOLÈME. Pour moi,

παῖ Λαερτίου, τῶν λόγων οὓς fils de Laërte, des discours *ceux* que

ἀλγῶ ἂν κλύων, je souffre en entendant,

τοὺς δὲ καὶ στυγῶ ceux-là aussi je déteste

πράσσειν. de *les* accomplir.

Ἔφυν γὰρ πράσσειν οὐδὲν Car je suis-né pour ne rien faire

ἐκ τέχνης κακῆς, avec un art mauvais,

οὔτε αὐτὸς, οὔτε, ὥς φασιν, ni moi-même, ni, comme ils disent,

ὁ ἐκφύσας ἐμέ. celui-qui-a-engendré moi.

Ἀλλὰ εἰμὶ ἕτοιμος Mais je suis prêt

ἄγειν τὸν ἄνδρα πρὸς βίαν, à emmener l'homme par la force,

καὶ μὴ δόλοισιν. et non pas par des ruses.

Οὐ γὰρ χειρώσεται πρὸς βίαν, Car il ne vaincra pas par la force,

ἐξ ἑνὸς ποδὸς, ἡμᾶς τοσούσδε. avec un seul pied, nous si-nombreux.

Πεμφθείς γε μέντοι Ayant été envoyé cependant

ξυνεργάτης σοι, collaborateur à toi,

ὀκνῶ καλεῖσθαι προδότης· je crains d'être appelé traître;

βούλομαι δὲ μᾶλλον, ἄναξ, mais je veux plutôt, ô roi,

ἐξαμαρτεῖν, δρῶν καλῶς, échouer, en-agissant bien,

ἢ νικᾶν, κακῶς. que vaincre, *en agissant* mal.

ΟΔΥΣΣΕΥΣ. Παῖ πατρὸς ἐσθλοῦ, ULYSSE. Fils d'un père honnête,

καὶ αὐτὸς εἶχον moi aussi j'avais

γλῶσσαν μὲν ἀργὸν, d'un côté une langue oisive

χεῖρα δὲ ἐργάτιν de l'autre une main active,

ὢν νέος ποτέ· étant jeune autrefois;

νῦν δ', εἰς ἔλεγχον ἐξιὼν, ὁρῶ βροτοῖς
τὴν γλῶσσαν, οὐχὶ ταργα, πάνθ' ἡγουμένην.

ΝΕΟΠΤΟΛΕΜΟΣ.

Τί·οὖν μ' ἄνωγας ἄλλο πλὴν ψευδῆ λέγειν;   100

ΟΔΥΣΣΕΥΣ.

Λέγω σ' ἐγὼ δόλῳ Φιλοκτήτην λαβεῖν.

ΝΕΟΠΤΟΛΕΜΟΣ.

Τί δ' ἐν δόλῳ δεῖ μᾶλλον ἢ πείσαντ' ἄγειν;

ΟΔΥΣΣΕΥΣ.

Οὐ μὴ πίθηται· πρὸς βίαν δ' οὐκ ἂν λάβοις.

ΝΕΟΠΤΟΛΕΜΟΣ.

Οὕτως ἔχει τι δεινὸν ἰσχύος θράσος;

ΟΔΥΣΣΕΥΣ.

Ἰοὺς ἀφύκτους καὶ προπέμποντας φόνον.   105

ΝΕΟΠΤΟΛΕΜΟΣ.

Οὐκ ἆρ' ἐκείνῳ γ' οὐδὲ προσμῖξαι θρασύ;

ΟΔΥΣΣΕΥΣ.

Οὐ, μὴ δόλῳ λαβόντα γ', ὡς ἐγὼ λέγω.

ΝΕΟΠΤΟΛΕΜΟΣ.

Οὐκ αἰσχρὸν ἡγεῖ δῆτα τὰ ψευδῆ ¹ λέγειν;

ΟΔΥΣΣΕΥΣ.

Οὐκ, εἰ τὸ σωθῆναί γε τὸ ψεῦδος φέρει.

ΝΕΟΠΤΟΛΕΜΟΣ.

Πῶς οὖν βλέπων τις ταῦτα τολμήσει λαλεῖν;   110

ΟΔΥΣΣΕΥΣ.

Ὅταν τι δρᾷς ἐς κέρδος, οὐκ ὀκνεῖν πρέπει.

que c'est la langue et non le bras qui conduit tout parmi les hommes.
NÉOPTOLÈME. Que m'ordonnes-tu, sinon de mentir?
ULYSSE. Je veux que tu prennes Philoctète par la ruse.
NÉOPTOLÈME. Pourquoi la ruse plutôt que la persuasion?
ULYSSE. Tu ne le persuaderas pas, et la violence sera sans succès.
NÉOPTOLÈME. Qu'a-t-il pour compter ainsi sur sa force?
ULYSSE. Des flèches inévitables et qui lancent au loin la mort.
NÉOPTOLÈME. Il n'est donc pas sûr même de l'aborder?
ULYSSE. Non, à moins de le prendre par ruse, comme je le dis.
NÉOPTOLÈME. N'est-ce pas à tes yeux une honte de mentir?
ULYSSE. Non, si le mensonge peut nous sauver.
NÉOPTOLÈME. De quel front ose-t-on tenir ce langage?
ULYSSE. Quand une action est avantageuse, il ne faut pas hésiter.

νῦν δὲ, ἐξιὼν   mais à présent sortant
εἰς ἔλεγχον,   à (faisant) l'épreuve,
ὁρῶ τὴν γλῶσσαν ἡγουμένην   je vois la langue conduisant
πάντα βροτοῖς,   toutes choses parmi les mortels,
οὐχὶ τὰ ἔργα.   *et* non pas les actions.

ΝΕΟΠΤΟΛΕΜΟΣ.   NÉOPTOLÈME.
Τί οὖν ἄλλο   Quoi d'autre donc
ἄνωγάς με λέγειν   ordonnes-tu moi dire
πλὴν ψευδῆ;   sinon des mensonges ?

ΟΔΥΣΣΕΥΣ. Ἐγὼ λέγω σε   ULYSSE. Moi je dis toi
λαβεῖν δόλῳ Φιλοκτήτην.   devoir prendre par ruse Philoctète.

ΝΕΟΠΤΟΛΕΜΟΣ. Τί δὲ δεῖ   NÉOPTOLÈME. Mais pourquoi faut-il
ἄγειν μᾶλλον ἐν δόλῳ   *l'*emmener plutôt par ruse
ἢ πείσαντα;   que *l'*ayant persuadé ?   [der,

ΟΔΥΣΣΕΥΣ. Οὐ μὴ πίθηται·   ULYSSE. Il ne se laissera pas persua·
λάβοις δὲ οὐκ ἂν πρὸς βίαν.   et tu ne pourrais *le* prendre de force.

ΝΕΟΠΤΟΛΕΜΟΣ. Ἔχει οὕτως   NÉOPTOLÈME. A-t-il à ce point
δεινόν τι θράσος ἰσχύος;   une immense confiance en *sa* force ?

ΟΔΥΣΣΕΥΣ.   ULYSSE.
Ἰοὺς ἀφύκτους   *Il a* des flèches inévitables
καὶ προπέμποντας φόνον.   et qui-lancent-au-loin la mort.

ΝΕΟΠΤΟΛΕΜΟΣ.   NÉOPTOLÈME.
Οὐκ ἄρα θρασὺ   *Il* n'*est* donc pas sûr
οὐδὲ προσμῖξαι ἐκείνῳ γε·   même d'aborder lui ?

ΟΔΥΣΣΕΥΣ. Οὐ,   ULYSSE. Non,
μὴ λαβόντα γε δόλῳ,   du moins en ne *le* prenant pas par ruse,
ὡς ἐγὼ λέγω.   comme je dis.

ΝΕΟΠΤΟΛΕΜΟΣ. Ἡγεῖ δῆτα   NÉOPTOLÈME. Tu crois donc
οὐκ αἰσχρὸν   *qu'il* n'*est* pas honteux
λέγειν τὰ ψευδῆ;   de dire des mensonges ?

ΟΔΥΣΣΕΥΣ. Οὐκ,   ULYSSE. Non (cela n'est pas honteux),
εἴ γε τὸ ψεῦδος   si du moins le mensonge
φέρει τὸ σωθῆναι.   apporte le être sauvé.

ΝΕΟΠΤΟΛΕΜΟΣ; Πῶς οὖν   NÉOPTOLÈME. Comment donc
τολμήσει τις   quelqu'un osera-t-il
λαλεῖν ταῦτα βλέπων;   dire ces choses en regardant ?

ΟΔΥΣΣΕΥΣ.   ULYSSE.
Οὐ πρέπει ὀκνεῖν,   Il ne convient pas d'hésiter
ὅταν ὁρᾷς τι.   quand tu fais quelque chose
ἐς κέρδος.   pour un profit.

ΝΕΟΠΤΟΛΕΜΟΣ.
Κέρδος δέ μοι τί τοῦτονὲς Τροίαν ¹ μολεῖν;
ΟΔΥΣΣΕΥΣ.
Αἱρεῖ τὰ τόξα ταῦτα τὴν Τροίαν μόνα.
ΝΕΟΠΤΟΛΕΜΟΣ.
Οὐκ ἆρ' ὁ πέρσων γ', ὡς ἐφάσκετ', εἴμ' ἐγώ;
ΟΔΥΣΣΕΥΣ.
Οὔτ' ἂν σὺ κείνων χωρὶς, οὔτ' ἐκεῖνα σοῦ.   115
ΝΕΟΠΤΟΛΕΜΟΣ.
Θηρατέ' οὖν γίγνοιτ' ἂν, εἴπερ ὧδ' ἔχει.
ΟΔΥΣΣΕΥΣ.
Ὡς, τοῦτό γ' ἔρξας, δύο φέρει δωρήματα.
ΝΕΟΠΤΟΛΕΜΟΣ.
Ποίω; μαθὼν γὰρ, οὐκ ἂν ἀρνοίμην τὸ δρᾶν.
ΟΔΥΣΣΕΥΣ.
Σοφός τ' ἂν αὐτὸς κἀγαθὸς κεκλῇ' ἅμα.
ΝΕΟΠΤΟΛΕΜΟΣ.
Ἴτω², ποιήσω, πᾶσαν.αἰσχύνην ἀφείς.   120
ΟΔΥΣΣΕΥΣ.
Ἦ μνημονεύεις οὖν ἅ σοι παρήνεσα;
ΝΕΟΠΤΟΛΕΜΟΣ.
Σάφ'ἴσθ'³, ἐπείπερ εἰσάπαξ ξυνήνεσα.
ΟΔΥΣΣΕΥΣ.
Σὺ μὲν μένων νυν κεῖνον ἐνθάδ' ἐκδέχου,
ἐγὼ δ' ἄπειμι μὴ κατοπτευθῶ παρών.
Καὶ τὸνσκοπὸν ⁴ πρὸς ναῦν ἀποστελῶ πάλιν,   125

NÉOPTOLÈME. Et quel avantage pour moi d'emmener Philoctète à Troie?

ULYSSE. Ces flèches seules pourront la prendre.

NÉOPTOLÈME. Ce n'est donc pas moi, comme vous le disiez, qui dois la détruire?

ULYSSE. Tu ne peux rien sans ces armes, ni ces armes sans toi.

NÉOPTOLÈME. Il faut donc les enlever, s'il en est ainsi.

ULYSSE. Un double prix suivra cette action.

NÉOPTOLÈME. Quel prix? parle, je ne refuserai plus d'agir.

ULYSSE. La réputation d'un homme sage et celle d'un guerrier courageux.

NÉOPTOLÈME. Allons, j'agirai. Je n'ai plus de scrupules.

ULYSSE. Tu te souviens de mes avis?

NÉOPTOLÈME. Il suffit : tu as ma parole.

ULYSSE. Demeure ici pour l'attendre ; moi, je me retire, afin d'éviter ses regards. Je vais aussi renvoyer au vaisseau l'homme qui épie son arrivée. Si tu me parais tarder trop longtemps, je t'enverrai de nou-

PHILOCTÈTE. 19

ΝΕΟΠΤΟΛΕΜΟΣ. Μοὶ δὲ
τί κέρδος
τοῦτον μολεῖν ἐς Τροίαν;
ΟΔΥΣΣΕΥΣ. Ταῦτα τὰ τόξα μόνα
αἱρεῖ τὴν Τροίαν.
ΝΕΟΠΤΟΛΕΜΟΣ. Οὐκ ἄρα ἐγὼ
εἰμὶ ὁ πέρσων γε,
ὡς ἐφάσκετο.
ΟΔΥΣΣΕΥΣ. Οὔτε ἂν σὺ
χωρὶς κείνων,
οὔτε ἐκεῖνα σοῦ.
ΝΕΟΠΤΟΛΕΜΟΣ. Γίγνοιτο ἂν
θηρατέα,   [οὖν
εἴπερ ἔχει ὧδε.
ΟΔΥΣΣΕΥΣ. Ὡς φέρει
δύο δωρήματα,
ἔρξας τοῦτό γε.
ΝΕΟΠΤΟΛΕΜΟΣ. Ποίω;
μαθὼν γὰρ
οὐκ ἂν ἀρνοίμην τὸ δρᾶν.
ΟΔΥΣΣΕΥΣ. Αὐτός
κεκλῇο ἂν ἅμα
σοφός τε καὶ ἀγαθὸς.
ΝΕΟΠΤΟΛΕΜΟΣ. Ἴτω·
ποιήσω, ἀφεὶς
πᾶσαν αἰσχύνην.
ΟΔΥΣΣΕΥΣ. Ἦ μνημονεύεις οὖν
ἃ παρῄνεσά σοι;
ΝΕΟΠΤΟΛΕΜΟΣ. Ἴσθι σάφα,
ἐπείπερ ξυνήνεσα εἰσάπαξ.
ΟΔΥΣΣΕΥΣ. Σὺ μέν νυν
μένων ἐνθάδε ἐκδέχου κεῖνον·
ἐγὼ δὲ ἄπειμι,
μὴ κατοπτευθῶ
παρών· καὶ ἀποστελῶ πάλιν
πρὸς ναῦν τὸν σκοπὸν,
καὶ ἐκπέμψω
αὖθις πάλιν δεῦρο
τοῦτον τὸν αὐτὸν ἄνδρα,
ἐὰν δοκῆτέ μοι

NÉOPTOLÈME. Mais pour moi
quel profit
celui-ci aller à Troie?
ULYSSE. Ces flèches seules
prennent (peuvent prendre) Troie.
NÉOPTOLÈME. Ce n'est donc pas moi
qui suis celui-qui-doit la détruire
comme il était dit.
ULYSSE. Ni toi
sans celles-là (ces flèches),
ni celles-là sans toi.
NÉOPTOLÈME. Elles seraient donc
dignes-d'être chassées [recherchées],
s'il en est ainsi.
ULYSSE. De sorte que tu remportes
deux dons (récompenses),
du moins ayant fait cela.
NÉOPTOLÈME. Lesquels?
car l'ayant appris
je ne refuserais pas d'agir.
ULYSSE. Étant le même
tu serais appelé en même temps
et adroit et courageux.
NÉOPTOLÈME. Allons:
je le ferai, ayant laissé
toute pudeur.
ULYSSE. Te rappelles-tu donc
les choses que j'ai conseillées à toi?
NÉOPTOLÈME. Sache-le clairement,
puisque j'ai promis une-fois.
ULYSSE. Toi donc d'un côté
restant ici accueille-le;
moi, de l'autre côté, je m'en vais,
de-peur-que je ne sois aperçu
étant présent; et j'enverrai en arrière
au vaisseau le guetteur,
et j'enverrai-dehors
encore de nouveau ici
ce même homme,
si vous paraissez à moi

καὶ δεῦρ', ἐάν μοι τοῦ χρόνου δοκῆτέ τι
κατασχολάζειν, αὖθις ἐκπέμψω πάλιν
τοῦτον τὸν αὐτὸν ἄνδρα, ναυκλήρου τρόποις
μορφὴν δολώσας [1], ὡς ἂν ἀγνοία προσῇ.
Οὗ δῆτα, τέκνον, ποικίλως αὐδωμένου,   130
δέχου τὰ συμφέροντα τῶν ἀεὶ λόγων.
Ἐγὼ δὲ πρὸς ναῦν εἶμι, σοὶ παρεὶς τάδε.
Ἑρμῆς δ' ὁ πέμπων Δόλιος ἡγήσαιτο νῶν,
Νίκη [2] τ' Ἀθάνα Πολιὰς, ἣ σώζει μ' ἀεί.

ΧΟΡΟΣ.
(Στροφὴ α'.)
Τί χρὴ, τί χρή με, δέσποτ', ἐν ξένα ξένον   135
στέγειν, ἢ τί λέγειν πρὸς ἄνδρ' ὑπόπταν;
Φράζε μοι. Τέχνα [3] γὰρ τέχνας
ἑτέρας προὔχει
καὶ γνώμα [4], παρ' ὅτῳ τὸ θεῖον
Διὸς σκῆπτρον ἀνάσσεται.   140
Σὲ δ', ὦ τέκνον, τόδ' ἐλήλυθεν
πᾶν κράτος ὠγύγιον· τό [5] μοι ἔννεπε,
τί σοι χρεὼν ὑπουργεῖν.

ΝΕΟΠΤΟΛΕΜΟΣ.
Νῦν μὲν (ἴσως γὰρ τόπον ἐσχατιαῖς
προσιδεῖν ἐθέλεις ὅντινα κεῖται)   145
δέρχου θαρσῶν· ὁπόταν δὲ μόλη
δεινὸς ὁδίτης τῶνδ' ἐκ μελάθρων [6]

veau ce même homme déguisé en pilote, pour qu'il ne puisse être
connu. A travers l'obscurité de son langage tu saisiras ce qui peut te
servir. Je vais au vaisseau et te confie le reste. Puisse le dieu de la
ruse, Mercure, qui nous envoie, nous servir de guide, ainsi que la
déesse de la victoire, Minerve, qui veille toujours sur moi !

LE CHŒUR. Étranger sur cette terre étrangère, roi, que faut-il
taire ou dire à un homme défiant? Parle, toute sagesse humaine le
cède à la sagesse et aux lumières de celui qui tient en main le sceptre
de Jupiter. O mon fils, tu as reçu de tes aïeux cette puissance souve-
raine; dis-moi donc quels services je dois te rendre.

NÉOPTOLÈME. Tu veux sans doute pénétrer jusqu'au fond de la
demeure qu'il habite; eh bien, observe avec confiance; mais lorsqu'approchera l'habitant de cette caverne à la démarche pénible,

κατασχολάζειν τι τοῦ χρόνου,	perdre *une partie* de *votre* temps,
δολώσας μορφὴν	ayant déguisé *sa* forme
τρόποις ναυκλήρου	sous les dehors d'un pilote,
ὡς ἂν προσῇ ἀγνοία·	afin que s'*y* joigne l'incognito;
οὗ δῆτα, τέκνον,	lequel donc, ô *mon* enfant,
αὐδωμένου ποικίλως,	parlant d'une-mánière-artificieuse,
δέχου τὰ συμφέροντα	reçois les utiles
λόγων τῶν ἀεί.	d'entre *ses* paroles de chaque fois.
Ἐγὼ δὲ εἶμι πρὸς ναῦν	Pour moi je vais au vaisseau,
παρεὶς τάδε σοι·	ayant laissé ces *soins* à toi :
Ἑρμῆς δὲ δόλιος	et *que* Mercure dieu-de-la-ruse
ὁ πέμπων	qui *nous* accompagne,
ἡγήσαιτο νῷν,	conduise nous,
Ἀθάνα τε Νίκη Πολιὰς,	ainsi que Minerve victorieuse, Poliade,
ἣ σώζει με ἀεί.	qui sauve moi toujours.
(Στροφὴ α.)	(*Strophe I.*)
ΧΟΡΟΣ. Δέσποτα,	LE CHOEUR. Maître,
τί χρή με	que faut-il moi,
ξένον ἐν ξένᾳ,	étranger dans *une terre*-étrangère
τί χρὴ στέγειν,	que faut-il cacher,
ἢ τί λέγειν	ou que *faut-il* dire
πρὸς ἄνδρα ὑπόπταν;	à un homme soupçonneux ?
Φράζε μοι. Τέχνα γὰρ προύχει	Dis-moi. Car l'art l'emporte
τέχνας ἑτέρας,	sur l'art des-autres,
καὶ γνώμα,	*l'*intelligence *l'emporte*
παρὰ ὅτῳ	à *celui* chez lequel
σκῆπτρον τὸ θεῖον Διὸς	le sceptre divin de Jupiter
ἀνάσσεται.	est gouverné.
Πᾶν δὲ τόδε κράτος	Or toute cette puissance
ἐλήλυθε σὲ ὠγύγιον,	est venue à toi très-ancienne,
ὦ τέκνον· τὸ ἔννεπέ μοι	ô *mon* fils; c'est pourquoi dis-moi
τί χρεὼν ὑπουργεῖν σοι.	en quoi il faut aider toi.
ΝΕΟΠΤΟΛΕΜΟΣ. Νῦν μὲν	NÉOPTOLÈME. Pour le moment
δέρχου θαρσῶν	regarde ayant-de-l'assurance
(ἐθέλεις γὰρ ἴσως προσιδεῖν	(car tu veux sans-doute regarder
τόπον ἐσχατιαῖς	l'endroit jusqu'à *ses* extrémités
ὅντινα κεῖται)·	dans lequel il repose);
ὁπόταν δὲ μόλῃ	mais lorsque viendra
δεινὸς ὁδίτης	le terrible promeneur
ἐκ τῶνδε μελάθρων,	de ces demeures,

πρὸς ἐμὴν αἰεὶ χεῖρα προχωρῶν,
πειρῶ τὸ παρὸν θεραπεύειν.

ΧΟΡΟΣ.
('Αντιστροφὴ α΄.)
Μέλον πάλαι μέλημά μοι λέγεις, ἄναξ,   150
φρουρεῖν ὄμμ.' ¹ ἐπὶ σῷ μάλιστα καιρῷ.
Νῦν δέ μοι λέγ' αὐλὰς ² ποίας
ἔνεδρος ναίει,
καὶ χῶρον τίν' ἔχει. Τὸ γάρ μοι
μαθεῖν οὐκ ἀποκαίριον,   155
μὴ προσπεσών με λάθῃ ποθὲν,
τίς τόπος ἢ τίς ἕδρα, τίν' ἔχει στίβον,
ἔναυλον, ἢ θυραῖον.

ΝΕΟΠΤΟΛΕΜΟΣ.
Οἶκον μὲν ὁρᾷς τόνδ' ἀμφίθυρον
πετρίνης ³ κοίτης.   160

ΧΟΡΟΣ.
Ποῦ γὰρ ὁ τλήμων αὐτὸς ἄπεστιν;

ΝΕΟΠΤΟΛΕΜΟΣ.
Δῆλον ἔμοιγ' ὡς φορβῆς χρείᾳ
στίβον ὀγμεύει τόνδε πέλας που.
Ταύτην γὰρ ἔχειν βιοτῆς αὐτὸν
λόγος ἐστὶ φύσιν, θηροβολοῦντα   165
πτηνοῖς ἰοῖς σμυγερὸν σμυγερῶς,
οὐδέ τιν' αὐτῷ
παιῶνα κακῶν ἐπινωμᾶν ⁴.

attentif au moindre signe, sois prêt à faire ce que la circonstance exigera.

LE CHOEUR. Prince, depuis longtemps l'habitude m'a appris à avoir sans cesse les yeux ouverts sur tes intérêts. Dis-moi maintenant quelle est sa demeure, et quel lieu il occupe. Il importe que j'en sois instruit, afin qu'il ne puisse me surprendre par son arrivée soudaine. Quel endroit habite-t-il? quel est le chemin qu'il suit? Est-il dans sa grotte, ou en est-il sorti?

NÉOPTOLÈME. Tu vois sa demeure; c'est ce rocher qui présente une double ouverture.

LE CHOEUR. Où l'infortuné a-t-il tourné ses pas?

NÉOPTOLÈME. Il est sorti, je n'en puis douter, pour chercher de la nourriture, en se traînant dans le sentier voisin. Car on dit qu'il n'a d'autre moyen de soutenir son existence que de percer avec peine quelques animaux de ses flèches rapides, et qu'il n'a pu trouver encore aucun remède à ses douleurs.

προχωρῶν αἰεὶ
πρὸς ἐμὴν χεῖρα,
πειρῶ θεραπεύειν
τὸ παρόν.

t'avançant toujours
vers ma main,
essaie de prêter-aide
pour la chose présente.

(Ἀντιστροφὴ α'.)

(Antistrophe I.)

ΧΟΡΟΣ. Ἄναξ,
λέγεις μέλημα
μέλον μοι πάλαι,
φρουρεῖν ὄμμα
μάλιστα ἐπὶ σῷ καιρῷ·
νῦν δὲ λέγε ἐμοὶ
ποίας αὐλὰς ναίει
ἔνεδρος,
καὶ τίνα χῶρον ἔχει.
Τὸ γὰρ μαθεῖν
τίς τόπος
ἢ τίς ἕδρα,
τίνα στίβον ἔχει,
ἔναυλον ἢ θυραῖον,
οὐκ ἀποκαίριόν μοι,
μὴ λάθῃ με
προσπεσών ποθεν.
ΝΕΟΠΤΟΛΕΜΟΣ. Ὁρᾷς μὲν
τόνδε οἶκον ἀμφίθυρον
κοίτης πετρίνης.
ΧΟΡΟΣ. Ποῦ γὰρ ἄπεστιν
ὁ τλήμων αὐτός;
ΝΕΟΠΤΟΛΕΜΟΣ. Δῆλον
ἔμοιγε, ὡς ὀγμεύει
τόνδε στίβον πέλας που
χρείᾳ φορβῆς.
Λόγος γάρ ἐστιν
αὐτὸν ἔχειν
ταύτην φύσιν βιοτῆς,
θηροβολοῦντα
σμυγερὸν σμυγερῶς
ἰοῖς πτηνοῖς,
οὐδὲ ἐπινωμᾶν αὐτῷ
τινὰ παιῶνα κακῶν.

LE CHOEUR. O roi,
tu dis un soin
qui-occupe moi depuis-longtemps,
de veiller de *mon* œil
surtout à ton avantage ;
mais maintenant dis-moi
quelles retraites il habite
y *étant* domicilié,
et quel lieu il occupe.
Car le apprendre
quel *est* l'endroit,
ou quel *est* le siége *de lui*,
quel sentier il a (il suit),
en-dedans ou dehors,
n'est pas inopportun à moi,
de peur qu'il ne soit caché à moi
survenant de quelque part.
NÉOPTOLÈME. Tu vois
cette demeure à-deux-portes
de la couche de-pierre ?
LE CHOEUR. Alors, où s'en-est-allé
l'infortuné lui-même?
NÉOPTOLÈME. Il est évident
à moi du-moins qu'il sillonne
ce sentier quelque part près *d'ici*
à cause du besoin de nourriture.
Car le discours est (on dit)
lui avoir
cette nature de vie
frappant-(tuant)-les-animaux
triste *lui-même et* d'une manière-
avec des flèches ailées,   [triste,
et ne *pouvoir* amener à lui
quelque guérisseur de *ses maux*.

ΧΟΡΟΣ.
(Στροφὴ β').

Οἰκτείρω νιν ἔγωγ', ὅπως,
μή του κηδομένου βροτῶν,
μηδὲ ξύντροφον ὄμμ' ἔχων,
δύστανος, μόνος αἰεὶ,
νοσεῖ μὲν νόσον ἀγρίαν,
ἀλύει δ' ἐπὶ παντί τῳ
χρείας ἱσταμένῳ. Πῶς ποτε, πῶς
δύσμορος ἀντέχει;
Ὦ παλάμαι βροτῶν,
ὦ δύστανα γένη βροτῶν,
οἷς μὴ μέτριος αἰών.

(Ἀντιστροφὴ β'.)

Οὖτος, πρωτογόνων ἴσως
οἴκων οὐδενὸς ὕστερος,
πάντων ἄμμορος ἐν βίῳ
κεῖται μοῦνος ἀπ' ἄλλων,
στικτῶν ἢ λασίων μετὰ
θηρῶν, ἔν τ' ὀδύναις ὁμοῦ
λιμῷ τ' οἰκτρὸς ἀνήκεστα μερι-
μνήμματ' ἔχων βαρεῖ.
Ἃ δ' ἀθυρόστομος
ἀχὼ τηλεφανὴς [1] πικρᾶς
οἰμωγᾶς ὑπόκειται [2].

ΝΕΟΠΤΟΛΕΜΟΣ.

Οὐδὲν τούτων θαυμαστὸν ἐμοί.
Θεῖα γὰρ, εἴπερ κἀγώ τι φρονῶ,
καὶ τὰ παθήματα κεῖνα πρὸς αὐτὸν

170

175

180

185

190

LE CHOEUR. Le malheureux ! que je le plains ! Personne ne s'inté-
resse à lui, ses regards ne se reposent pas sur un ami. Toujours seul,
affligé d'un mal cruel, les besoins sans cesse renaissants abattent son
courage. Comment, hélas ! comment peut-il résister ? ô luttes de la vie
humaine ! Malheureux les mortels dont les épreuves dépassent la
mesure !

Cet homme qui ne le cède peut-être à personne par la noblesse de
sa famille, privé de tout ce qui est nécessaire à la vie, languit dans la
solitude, sans autre société que celle des animaux sauvages, tourmenté à la fois par la faim, par la douleur, et par des inquiétudes insupportables ; et sans cesse l'écho plaintif répète au loin ses gémissements douloureux.

NÉOPTOLÈME. Son sort n'a rien qui m'étonne : autant que j'en
puis juger, son malheur vient des dieux ; c'est la cruelle Chrysa qui

(Στροφὴ β.)   (*Strophe II.*)

ΧΟΡΟΣ. Ἔγωγε   LE CHOEUR. Pour moi
οἰκτείρω νιν,   je plains lui,
ὅπως, μή του βροτῶν   comment, ni quelqu'un des mortels
κηδομένου, μηδὲ ἔχων   prenant-soin *de lui*, ni ayant
ὄμμα ξύντροφον,   un œil compagnon (un ami),
δύστανος, μόνος αἰεὶ,   malheureux, seul toujours,
νοσεῖ μὲν   d'une part il est malade
νόσον ἀγρίαν,   d'une maladie sauvage (cruelle).
ἀλύει δὲ   de l'autre il erre
ἐπὶ παντί τῳ   pour toute espèce
χρείας ἱσταμένῳ.   de besoin qui-s'élève.
Πῶς ποτε,   Comment enfin,
πῶς δύσμορος   comment l'infortuné
ἀντέχει; Ὦ παλάμαι βροτῶν,   résiste-t-il? O habileté des hommes,
ὦ δύστανα γένη βροτῶν,   ô malheureuses générations des hom-
οἷς αἰὼν   auxquels la vie   [mes,
μὴ μέτριος.   n'*est* pas médiocre!

(Ἀντιστροφὴ β'.)   (*Antistrophe II.*)

Οὗτος ἴσως   Celui-ci sans doute
ὕστερος οὐδενὸς   venant-après aucun *homme*
οἴκων πρωτογόνων,   des maisons les-plus-anciennes,
ἄμμορος πάντων   privé de toutes choses
ἐν βίῳ κεῖται   dans la vie, se trouve
μοῦνος ἀπὸ ἄλλων,   isolé des autres
μετὰ θηρῶν   avec des animaux
στικτῶν ἢ λασίων,   tâchetés ou vélus,
οἰκτρὸς ὁμοῦ   digne-de-pitié à la fois
ἔν τε ὀδύναις   et dans les souffrances
λιμῷ τε βαρεῖ,   et *dans* la faim cruelle,
ἔχων μεριμνήματα   ayant des soucis
ἀνήκεστα. Ἀχὼ δὲ   insupportables. Et l'écho
ἀθυρόστομος   à-la-bouche-sans-porte (l'écho bavard)
οἰμωγᾶς πικρᾶς   *l'écho* de la plainte perçante,
ὑπόκειται τηλεφανής.   est-placé-dessous paraissant-de-loin.
ΝΕΟΠΤΟΛΕΜΟΣ. Οὐδὲν τούτων   NÉOPTOLÈME. Aucune de ces choses
θαυμαστὸν ἐμοί.   n'*est* étonnante pour moi.
Εἴπερ γὰρ καὶ ἐγὼ φρονῶ τι,   Car si, moi aussi, j'ai quelque bon-sens
καὶ τὰ παθήματα κεῖνα   ces souffrances mêmes

τῆς ὠμόφρονος Χρύσης [1] ἐπέβη.
Καὶ νῦν ἃ πονεῖ δίχα κηδεμόνων,   195
οὐκ ἔσθ᾽ ὡς οὐ θεῶν του μελέτῃ,
τοῦ μὴ [2] πρότερον τόνδ᾽ ἐπὶ Τροίᾳ
τεῖναι τὰ θεῶν ἀμάχητα βέλη [3],
πρὶν ὅδ᾽ ἐξήκοι χρόνος, ᾧ λέγεται
χρῆναί σφ᾽ ὑπὸ τῶνδε δαμῆναι.   200

ΧΟΡΟΣ.
(Στροφὴ γ΄.)
Εὔστομ᾽ ἔχε, παῖ.

ΝΕΟΠΤΟΛΕΜΟΣ.
Τί τόδε;

ΧΟΡΟΣ.
Προὐφάνη κτύπος
φωτὸς σύντροφος, ὡς τειρομένου του.

ΝΕΟΠΤΟΛΕΜΟΣ.
Ἦ που τῇδ᾽ ἢ τῇδε τόπων;
Βάλλει, βάλλει μ᾽ ἐτύμα φθογγά   205
του στίβου κατ᾽ ἀνάγκαν
ἕρποντος· οὐδέ με λάθει βαρεῖα
τηλόθεν αὐδὰ τρυσάνωρ.
Διάσημα γὰρ θρηνεῖ.

ΧΟΡΟΣ.
(Ἀντιστροφὴ γ΄.)
Ἀλλ᾽ ἔχε, τέκνον

ΝΕΟΠΤΟΛΕΜΟΣ.
Λέγ᾽ ὅ, τι.   210

lui a envoyé ces douleurs. Les maux qu'il souffre maintenant, sans y trouver de remède, sont l'ouvrage des immortels; ils ne veulent pas qu'il lance contre Troie les flèches invincibles d'un dieu, avant le temps que les destins ont marqué pour sa ruine.

LE CHOEUR. Fais silence, mon fils.

NÉOPTOLÈME. Qu'y a-t-il?

LE CHOEUR. J'ai entendu un bruit semblable à des gémissements.

NÉOPTOLÈME. De quel côté? J'entends, oui, j'entends la voix d'un homme qui se traîne avec effort. Le bruit lointain de ses gémissements plaintifs est venu jusqu'à moi; ils frappent clairement mon oreille.

LE CHOEUR Songe, mon fils...

NÉOPTOLÈME. Que veux-tu dire?

τῆς ὠμόφρονος Χρύσης , | *causees* par la cruelle Chrysa ,
ἐπέβη πρὸς αὐτὸν | sont survenues à lui
θεῖα. | divines (envoyées par une divinité).
Καὶ οὐκ ἔστιν | Et il n'est pas *possible*
ὡς ἃ πονεῖ νῦν | que ce qu'il endure maintenant,
δίχα κηδεμόνων | sans *hommes*-qui-*le*-soignent,
οὐ μελέτῃ | n'*ait* pas *lieu* par le soin
τοῦ θεῶν , | de quelqu'un des dieux,
τοῦ τόνδε μὴ τεῖναι | pour le : cet *homme* ne pas diriger
ἐπὶ Τροίᾳ πρότερον βέλη | contre Troie auparavant les traits
τὰ ἀμάχητα θεῶν , | invincibles des dieux ,
πρὶν ἐξήκοι | avant que ne soit arrivé
ὅδε χρόνος, ᾧ λέγεται | ce temps où l'on dit
χρῆναί σφε . | être-nécessaire elle (Troie)
δαμῆναι ὑπὸ τῶνδε. | être domptée par ces *traits*.

(Στροφὴ γ΄.)   (Strophe III.)

ΧΟΡΟΣ. Παῖ, | LE CHOEUR. *Mon* fils,
ἔχε εὔστομα. | aie la-bouche-pure (tais-toi).
ΝΕΟΠΤΟΛΕΜΟΣ. Τί τόδε ; | NÉOPTOLÈME. Qu'*est*-ce ?
ΧΟΡΟΣ. Κτύπος | LE CHOEUR. Un bruit
προὐφάνη | a paru (s'est fait entendre)
ὡς σύντροφος | comme *celui qui est* particulier
φωτός του τειρομένου. | à un homme qui-souffre.
ΝΕΟΠΤΟΛΕΜΟΣ. Ἤ που | NÉOPTOLÈME. Est-ce
τῇδε τόπων | de ce côté des lieux,
ἢ τῇδε. | ou de celui-là?
Φθογγὰ ἐτύμα | *Ouï*, le bruit véritable
βάλλει με, | frappe moi,
βάλλει , | frappe *moi* ,
του ἕρποντος | *le bruit* de quelqu'un qui-marche
κατὰ ἀνάγκαν στίβου. | avec difficulté de route.
Οὐδὲ αὐδὰ τηλόθεν , | Ni une voix *venant* de-loin
βαρεῖα τρυσάνωρ | perçante, affligeant-les-hommes ,
λάθει με· | n'échappe à moi ;
θρηνεῖ γὰρ διάσημα. | car il se lamente distinctement.

(Ἀντιστροφὴ γ΄.)   (Antistrophe III.)

ΧΟΡΟΣ. Τέχνον, ἀλλὰ ἔχε.... | LE CHOEUR. *Mon* fils, eh bien, aie..
ΝΕΟΠΤΟΛΕΜΟΣ. Λέγε ὅ, τι. | NÉOPTOLÈME. Dis, quoi ?

ΧΟΡΟΣ.

Φροντίδας νέας,
ὡς οὐκ ἔξεδρος, ἀλλ' ἔντοπος ἀνὴρ,
οὐ μολπὰν σύριγγος ἔχων,
ὡς ποιμὴν ἀγροβότας· ἀλλ', ἢ
    που πταίων, ὑπ' ἀνάγκας   215
βοᾷ τηλωπὸν ἰωὰν, ἢ ναὸς
ἄξενον αὐγάζων ὅρμον.
    Προβοᾷ τι γὰρ δεινόν.

ΦΙΛΟΚΤΗΤΗΣ.

    Ἰὼ ξένοι
τίνες ποτ' ἐς γῆν τήνδε ναυτίλῳ πλάτῃ   220
κατέσχετ', οὔτ' εὔορμον, οὔτ' οἰκουμένην;
ποίας πάτρας ὑμᾶς ἂν ἢ γένους ποτὲ
τύχοιμ' ἂν εἰπών; Σχῆμα μὲν γὰρ Ἑλλάδος [1]
στολῆς ὑπάρχει προσφιλεστάτης ἐμοί·
φωνῆς δ' ἀκοῦσαι βούλομαι. Καὶ μή μ' ὄκνῳ   225
δείσαντες ἐκπλαγῆτ' ἀπηγριωμένον [2]·
ἀλλ', οἰκτίσαντες ἄνδρα δύστηνον, μόνον,
ἔρημον ὧδε, κἄφιλον, καλούμενον [3],
φωνήσατ', εἴπερ ὡς φίλοι προσήκετε.
Ἀλλ' ἀνταμείψασθ'· οὐ γὰρ εἰκὸς οὔτ' ἐμὲ   230
ὑμῶν ἁμαρτεῖν τοῦτό γ', οὔθ' ὑμᾶς ἐμοῦ.

LE CHOEUR. Songe à ce que tu dois faire. Il n'est plus éloigné; le voici près de nous. Ce ne sont pas les doux sons de la flûte que le berger fait répéter aux campagnes, ce sont des cris de douleur qui annoncent au loin son approche, soit qu'il ait heurté son pied dans sa marche, ou qu'il ait vu le vaisseau sur cette côte inhospitalière; car il jette des cris affreux.

PHILOCTÈTE. O étrangers, qui êtes-vous? Comment avez-vous pu aborder dans cette île sans port et déserte? Quelle est votre patrie; votre nation? Je reconnais les vêtements grecs dont la vue m'est si chère; mais il me tarde d'entendre votre voix. Ne soyez point effrayés de mon aspect sauvage; ayez pitié d'un malheureux qui, abandonné dans ces lieux, seul et sans amis, vous appelle. Parlez, si vous venez en amis. Répondez-moi : j'ai le droit d'attendre de vous cette grâce, et je suis prêt aussi à vous répondre

ΧΟΡΟΣ. Φροντίδας νέας,
ὡς ὁ ἀνὴρ
οὐκ ἔξεδρος
ἀλλὰ ἔντοπος, οὐκ ἔχων
μολπὰν σύριγγος,
ὡς ποιμὴν
ἀγροβότας·
ἀλλὰ βοᾷ
ἰωὰν τηλωπὸν,
ἢ ὑπὸ ἀνάγκας,
πταίων που,
ἢ αὐγάζων
ὅρμον ἄξενον
ναός· προβοᾷ γὰρ
τι δεινόν.

ΦΙΛΟΚΤΗΤΗΣ. Ἰὼ ξένοι,
τίνες ποτὲ κατέσχετε
πλάτῃ ναυτίλῳ ἐς τήνδε γῆν,
οὔτε εὔορμον
οὔτε οἰκουμένην;
Ποίας πάτρας ποτὲ
ἢ γένους
εἰπὼν ὑμᾶς
τύχοιμι ἄν;
Ὑπάρχει μὲν γὰρ
σχῆμα στολῆς Ἑλλάδος
προσφιλεστάτης ἐμοί·
βούλομαι δὲ ἀκοῦσαι
φωνῆς. Καὶ μὴ ἐκπλαγῆτε
ὄκνῳ με
δείσαντες ἀπηγριωμένον·
ἀλλὰ, οἰκτίσαντες
ἄνδρα δύστηνον, μόνον,
ὧδε ἔρημον καὶ ἄφιλον,
καλούμενον, φωνήσατε,
εἴπερ προσήκετε ὡς φίλοι.
Ἀλλὰ ἀνταμείψασθε·
οὐ γὰρ εἰκὸς οὔτε ἐμὲ ἁμαρτεῖν
τοῦτό γε ὑμῶν,
οὔτε ὑμᾶς ἐμοῦ.

LE CHOEUR. Des soucis nouveaux ;
car l'homme
n'*est* pas loin-de-*sa*-demeure,
mais à-*sa*-maison, n'ayant pas
la mélodie d'un chalumeau
comme un pâtre
qui-fait-paître-dans-les-champs ;
mais il crie (pousse)
une clameur qui-retentit-au-loin,
soit à cause de la douleur
se-heurtant quelque part,
soit apercevant
la station inhospitalière
du vaisseau ; car il profère
quelque chose de terrible.

PHILOCTÈTE. Oh! étrangers,
qui donc *étant* avez-vous abordé
avec la rame navale à cette terre,
ni pourvue-de-bons-ports,
ni habitée ?
De quelle patrie donc
ou de *quelle* race
ayant dit vous *être*,
rencontrerais-je *la vérité* ?
car d'un côté se trouve
la forme du vêtement grec,
très-cher à moi ;
de l'autre côté je veux entendre
votre voix ; et ne soyez-pas-saisis
de répugnance pour moi,
craignant *moi* devenu-sauvage ;
mais prenant-en-pitié
un homme malheureux, isolé,
ainsi abandonné et sans-amis,
qui-appelle *vous*, parlez,
si vous êtes venus comme amis,
mais répondez *donc* ;
car il n'*est* juste ni moi ne-pas-obtenir
cela du moins de vous
ni vous de moi.

ΝΕΟΠΤΟΛΕΜΟΣ.

Ἀλλ' ὦ ξέν', ἴσθι τοῦτο πρῶτον, οὕνεκα
Ἕλληνές ἐσμεν. Τοῦτο γὰρ βούλει μαθεῖν.

ΦΙΛΟΚΤΗΤΗΣ.

Ὦ φίλτατον φώνημα· φεῦ [1] τὸ καὶ λαβεῖν
πρόσφθεγμα τοιοῦδ' ἀνδρὸς ἐν χρόνῳ μακρῷ.   235
Τίς σ', ὦ τέκνον, προσέσχε, τίς προσήγαγε
χρεία, τίς ὁρμή, τίς ἀνέμων ὁ φίλτατος;
Γέγωνέ μοι πᾶν τοῦθ', ὅπως εἰδῶ τίς εἶ.

ΝΕΟΠΤΟΛΕΜΟΣ.

Ἐγὼ γένος [2] μέν εἰμι τῆς περιῤῥύτου
Σκύρου, πλέω δ' ἐς οἶκον, αὐδῶμαι·δὲ παῖς   240
Ἀχιλλέως Νεοπτόλεμος· οἶσθα δὴ τὸ πᾶν.

ΦΙΛΟΚΤΗΤΗΣ.

Ὦ φιλτάτου παῖ πατρός, ὦ φίλης χθονὸς,
ὦ τοῦ γέροντος θρέμμα Λυκομήδους, τίνι
στόλῳ προσέσχες τήνδε γῆν πόθεν πλέων;

ΝΕΟΠΤΟΛΕΜΟΣ.

Ἐξ Ἰλίου τοι δὴ τανῦν γε ναυστολῶ.   245

ΦΙΛΟΚΤΗΤΗΣ.

Πῶς εἶπας; οὐ γὰρ δὴ σύ γ' ἦσθα ναυβάτης
ἡμῖν κατ' ἀρχὴν τοῦ πρὸς Ἰλιον στόλου.

ΝΕΟΠΤΟΛΕΜΟΣ.

Ἦ γὰρ μετέσχες καὶ σὺ τοῦδε τοῦ πόνου;

NÉOPTOLÈME. Eh bien, étranger, sache d'abord ce que tu veux apprendre : nous sommes Grecs.

PHILOCTÈTE. O douce parole! que j'aime à entendre ces accents, après tant d'années de silence! O mon fils, quel besoin t'amène en ces lieux? Quelle entreprise, ou plutôt quel vent favorable t'a jeté sur ces bords? Ne me cache rien; que je sache qui tu es.

NÉOPTOLÈME. Je suis né dans l'île de Scyros; j'y retourne. On m'appelle le fils d'Achille, Néoptolème; tu sais tout.

PHILOCTÈTE. O fils d'un père que j'ai tant aimé! Enfant d'une terre chérie! nourrisson du vieux Lycomède, comment as-tu abordé dans cette île? D'où viens-tu?

NÉOPTOLÈME. J'arrive en ce moment de Troie.

PHILOCTÈTE. Que dis-tu? Tu n'étais pas avec nous au commencement de l'expédition.

NÉOPTOLÈME. Et toi, étais-tu donc de cette expédition?

ΝΕΟΠΤΟΛΕΜΟΣ. Ἀλλὰ,
ὦ ξένε, ἴσθι τοῦτο πρῶτον,
οὕνεκά ἐσμεν Ἕλληνες·
τοῦτο γὰρ βούλει μαθεῖν.

NÉOPTOLÈME. Eh bien,
ô étranger, sache ceci d'abord,
que nous sommes Grecs;
car c'est ce que tu veux apprendre.

ΦΙΛΟΚΤΗΤΗΣ. Ὦ
φώνημα φίλτατον·
φεῦ καὶ τὸ λαβεῖν
πρόςφθεγμα τοιοῦδε ἀνδρὸς
ἐν χρόνῳ μακρῷ.
τίς, ὦ τέκνον,
τίς χρεία προσέσχε σε,
τίς προσήγαγε; τίς ὁρμή;
τίς ὁ φίλτατος ἀνέμων;
γέγωνέ μοι πᾶν τοῦτο,
ὅπως εἰδῶ τίς εἶ.

PHILOCTÈTE. O
parole très-chère!
ah (qu'il est doux) même d'avoir reçu
l'allocution d'un tel homme
dans (après) un temps si long!
quel besoin, ô mon enfant,
quel besoin a fait aborder toi,
quel besoin t'a amené, quelle intention?
quel vent, le plus cher des vents?
dis à moi tout cela,
afin que je sache qui tu es.

ΝΕΟΠΤΟΛΕΜΟΣ. Γένος μὲν
ἐγώ εἰμι τῆς περιῤῥύτου Σκύρου,
πλέω δὲ ἐς οἶκον·
αὐδῶμαι δὲ παῖς Ἀχιλλέως,
Νεοπτόλεμος·
οἶσθα δὴ τὸ πᾶν.

NÉOPTOLÈME. Quant à l'origine,
je suis de l'île de Scyros,
et je navigue vers ma demeure;
de l'autre je suis nommé fils d'Achille,
Néoptolème;
tu sais donc tout.

ΦΙΛΟΚΤΗΤΗΣ. Ὦ παῖ
πατρὸς φιλτάτου,
ὦ χθονὸς φίλης,
ὦ θρέμμα
τοῦ γέροντος Λυκομήδους,
τίνι στόλῳ,
πόθεν πλέων
προσέσχες τήνδε γῆν;

PHILOCTÈTE. O fils
d'un père très-chéri,
ô enfant d'une terre amie,
ô nourrisson
du vieillard Lycomède,
par quelle expédition,
d'où naviguant
as-tu abordé à cette terre?

ΝΕΟΠΤΟΛΕΜΟΣ. Τανῦν γε
ναυστολῶ τοι δὴ
ἐξ Ἰλίου.

NÉOPTOLÈME. Maintenant certes
je viens-avec-ma-flotte
de Troie.

ΦΙΛΟΚΤΗΤΗΣ. Πῶς εἶπας;
σὺ γὰρ δὴ σύ γε ἦσθα
ναυβάτης ἡμῖν,
κατὰ ἀρχὴν στόλου
τοῦ πρὸς Ἴλιον.

PHILOCTÈTE. Comment as-tu dit?
car certes tu n'étais pas
navigateur avec nous
au commencement de l'expédition
contre Troie.

ΝΕΟΠΤΟΛΕΜΟΣ. Ἦ γὰρ
καὶ σὺ μετέσχες
τοῦδε τοῦ πόνου;

NÉOPTOLÈME. Est-ce donc
que toi aussi tu as-pris-part
à cette lutte-pénible?

ΦΙΛΟΚΤΗΤΗΣ.

Ὦ τέκνον, οὐ γὰρ οἶσθά μ’, ὅντιν’ εἰσορᾷς ;

ΝΕΟΠΤΟΛΕΜΟΣ.

Πῶς γὰρ κάτοιδ’ ὅν γ’ εἶδον οὐδεπώποτε; 250

ΦΙΛΟΚΤΗΤΗΣ.

Οὐδ’ ὄνομ’ ἄρ’, οὐδὲ τῶν ἐμῶν κακῶν κλέος
ἤσθου ποτ’ οὐδὲν, οἷς ἐγὼ διωλλύμην;

ΝΕΟΠΤΟΛΕΜΟΣ.

Ὡς μηδὲν εἰδότ’ ἴσθι μ’ ὧν ἀνιστορεῖς.

ΦΙΛΟΚΤΗΤΗΣ.

Ὦ πόλλ’ ἐγὼ μοχθηρός, ὦ πικρὸς θεοῖς,
οὗ μηδὲ ¹ κληδὼν ὧδ’ ἔχοντος οἴκαδε, 255
μήθ’ Ἑλλάδος γῆς μηδαμοῦ διῆλθέ που.
Ἀλλ’ οἱ μὲν, ἐκβαλόντες ἀνοσίως ἐμὲ,
γελῶσι σῖγ’ ἔχοντες· ἡ δ’ ἐμὴ νόσος
ἀεὶ τέθηλε, κἀπὶ μεῖζον ἔρχεται.
Ὦ τέκνον, ὦ παῖ πατρὸς ἐξ Ἀχιλλέως, 260
ὅδ’ εἴμ’ ἐγώ σοι κεῖνος, ὃν κλύεις ἴσως
τῶν Ἡρακλείων ὄντα δεσπότην ὅπλων,
ὁ τοῦ Ποίαντος παῖς Φιλοκτήτης, ὃν οἱ
δισσοὶ στρατηγοὶ χὠ Κεφαλλήνων ² ἄναξ

PHILOCTÈTE. O mon fils, tu ne connais donc pas celui qui est devant tes yeux ?

NÉOPTOLÈME. Comment te connaîtrais-je? Je ne t’ai jamais vu.

PHILOCTÈTE. Tu ne sais donc point mon nom, et la renommée ne t’a point appris les maux qui m’accablent?

NÉOPTOLÈME. Rien de ce que tu me dis ne m’est connu.

PHILOCTÈTE. Hélas ! suis-je assez infortuné, assez haï des dieux ! Le bruit de mes malheurs n’est pas arrivé dans ma patrie, la Grèce entière les ignore; mais les impies qui m’ont abandonné se rient de moi en gardant le silence, tandis que mon mal s’accroît et s’irrite chaque jour. Mon enfant, digne fils d’Achille, je suis cet homme dont tu as entendu parler peut-être, qui possède les armes d’Hercule, je suis Philoctète, fils de Péan, que les Atrides et le roi des Céphalléniens ont indi-

ΦΙΛΟΚΤΗΤΗΣ. Ὦ τέκνον
οὐ γὰρ οἶσθα
ὅντινα εἰσορᾷς με;
ΝΕΟΠΤΟΛΕΜΟΣ.
Πῶς γὰρ κάτοιδα
ὅν γε εἶδον οὐδεπώποτε;
ΦΙΛΟΚΤΗΤΗΣ. Ἤσθου ἄρα
οὐδὲ ὄνομά ποτε
οὐδὲ οὐδὲν κλέος
τῶν ἐμῶν κακῶν,
οἷς ἐγὼ διωλλύμην;
ΝΕΟΠΤΟΛΕΜΟΣ. Ἴσθι με
ὡς εἰδότα μηδὲν
ὧν ἀνιστορεῖς.
ΦΙΛΟΚΤΗΤΗΣ.
Ὦ μοχθηρὸς ἐγὼ
πολλά,
ὦ πικρὸς θεοῖς,
οὗ ἔχοντος ὧδε
μηδὲ κληδὼν
διῆλθεν οἴκαδέ που,
μήτε μηδαμοῦ
γῆς Ἑλλάδος.
Ἀλλὰ οἱ μὲν ἐκβαλόντες
ἐμὲ ἀνοσίως
γελῶσιν ἔχοντες σῖγα·
ἡ δὲ ἐμὴ νόσος
τέθηλεν ἀεὶ,
καὶ ἔρχεται ἐπὶ μεῖζον.
Ὦ τέκνον, ὦ παῖ
ἐκ πατρὸς Ἀχιλλέως,
ἐγὼ ὅδε
εἰμί σοι κεῖνος,
ὃν κλύεις ἴσως
ὄντα δεσπότην
τῶν Ἡρακλείων ὅπλων,
Φιλοκτήτης,
παῖς ὁ τοῦ Ποίαντος,
ὃν οἱ δισσοὶ στρατηγοὶ
καὶ ὁ Κεφαλλήνων ἄναξ

PHILOCTÈTE. O *mon* enfant,
tu ne sais donc pas
qui tu vois *en* moi?
NÉOPTOLÈME.
Comment en effet connaîtrais-je
celui que je n'ai jamais vu.
PHILOCTÈTE. Tu n'as donc appris
ni *mon* nom jamais,
ni aucune renommée
de mes malheurs,
par lesquels j'ai été perdu.
NÉOPTOLÈME. Sache moi
comme ne sachant aucune
des choses que tu demandes.
PHILOCTÈTE.
O malheureux *que je suis*,
en beaucoup de choses,
ô amer aux (haï des) dieux,
duquel ayant (étant) ainsi,
pas même un bruit
a pénétré chez moi quelque part,
ni nulle-part
dans la terre hellénique!
Mais d'une part *ceux* qui-ont-rejeté
moi d'une-manière-infâme,
rient en se tenant en-silence;
de l'autre ma maladie
pousse (s'accroît) toujours,
et va de *plus grande* en plus grande.
O *mon* enfant, ô fils
d'un père *tel qu'*Achille,
moi, cet *homme que tu vois*
je suis pour toi celui-là,
que tu as entendu peut-être
étant maître
des armes d'Hercule,
Philoctète,
le fils de Poean,
que les doubles (deux) chefs
et le roi des Céphalléniens

2.

ἔῤῥιψαν αἰσχρῶς ὧδ' ἔρημον, ἀγρίᾳ   265
νόσῳ καταφθίνοντα, τῆς ἀνδροφθόρου
πληγέντ' ἐχίδνης ἀγρίῳ χαράγματι ·
ξὺν ᾗ ¹ μ' ἐκεῖνοι, παῖ, προθέντες ἐνθάδε
ᾤχοντ' ἔρημον, ἡνίκ' ἐκ τῆς ποντίας
Χρύσης ² κατέσχον δεῦρο ναυβάτῃ στόλῳ ·   270
τότ' ἄσμενοί μ' ὡς εἶδον ἐκ πολλοῦ σάλου
εὕδοντ' ἐπ' ἀκτῆς ἐν κατηρεφεῖ πέτρῳ,
λιπόντες ᾤχονθ', οἷα φωτὶ δυσμόρῳ
ῥάκη προθέντες βαιὰ, καί τι καὶ βορᾶς
ἐπωφέλημα σμικρὸν, οἷ' αὐτοῖς τύχοι ³.   275
Σὺ δὴ, τέκνον, ποίαν μ' ἀνάστασιν δοκεῖς,
αὐτῶν βεβώτων, ἐξ ὕπνου στῆναι τότε;
ποῖ' ἐκδακρῦσαι; ποῖ' ἀποιμῶξαι κακά;
ὁρῶντα μὲν ναῦς, ἃς ἔχων ἐναυστόλουν,
πάσας βεβώσας, ἄνδρα δ' οὐδέν' ἔντοπον,   280
οὐχ ὅστις ἀρκέσειεν, οὐδ' ὅστις νόσου
κάμνοντι συλλάβοιτο. Πάντα δὲ σκοπῶν,

gnement jeté sur cette côte déserte, consumé par un mal affreux et
déchiré par la morsure cruelle d'un serpent homicide. C'est dans cet
état qu'ils m'ont abandonné ici seul, lorsqu'en venant de l'île de Chrysa
ils abordèrent à Lemnos. A peine virent-ils que, cédant à la fa-
tigue de la mer, je m'étais endormi sur le rivage dans le creux d'un
rocher, joyeux ils partirent, ils m'abandonnèrent, en me lais-
sant, comme au dernier des malheureux, quelques lambeaux pour
me couvrir, et quelques aliments pour soutenir ma vie. Que les
dieux le leur rendent!

Juge, mon fils, quel fut mon réveil après leur départ; que de
pleurs je versai, combien je gémis sur mon malheur, en voyant
que les vaisseaux qui m'avaient amené étaient tous partis, et qu'il
n'y avait personne en ce lieu pour subvenir à mes besoins ou
soulager mes souffrances! Promenant de tous côtés mes regards,

ἐῤῥιψαν αἰσχρῶς	ont jeté-dehors honteusement
ἔρημον ὧδε,	délaissé ainsi,
καταφθίνοντα,	dépérissant
νόσῳ ἀγρίᾳ,	par une maladie cruelle,
πληγέντα χαράγματι ἀγρίῳ	atteint par la morsure cruelle
τῆς ἀνδροφθόρου ἐχίδνης·	de l'homicide vipère ;
ξὺν ᾗ ἐκεῖνοι, παῖ,	avec laquelle (maladie) ceux-là, ô mon
προθέντες ἐνθάδε	ayant exposé ici [fils,
μὲ ἔρημόν, ᾤχοντο,	moi délaissé, ils s'en sont allés,
ἡνίκα κατέσχον δεῦρο	quand ils abordèrent ici
ἐκ τῆς ποντίας Χρύσης	venant de la maritime Chrysa,
στόλῳ ναυβάτῃ·	avec une expédition navale;
τότε ὡς ἄσμενοι	alors quand joyeux
εἶδόν με εὕδοντα	ils virent moi dormant
ἐκ σάλου πολλοῦ	après un roulis considérable
ἐπὶ ἀκτῆς ἐν πέτρῳ κατηρεφεῖ,	sur le rivage dans un rocher abritant,
ᾤχοντο λιπόντες,	ils s'en allèrent m'abandonnant,
προθέντες	ayant mis-devant moi
οἷα φωτὶ δυσμόρῳ	comme à un homme malheureux
βαιὰ ῥάκη,	quelques lambeaux,
καί τι σμικρὸν ἐπωφέλημα	et quelque petit secours
καὶ βορᾶς, οἷα	aussi de nourriture, choses telles que
αὐτοῖς τύχοι.	puissent en échoir à eux !
Σὺ δὴ, τέκνον,	Toi donc, mon enfant,
ποίαν ἀνάστασιν	de quel lever
δοκεῖς στῆναί με	crois-tu moi m'être relevé
ἐξ ὕπνου τότε,	du sommeil alors,
αὐτῶν βεβώτων;	eux étant partis?
ποῖα ἐκδακρῦσαι;	de quelles (larmes) avoir pleuré?
ποῖα ἀποιμῶξαι	de quelles (plaintes) avoir gémi
κακά;	sur mes maux ?
ὁρῶντα μὲν ναῦς,	voyant d'un côté les navires,
ἃς ἔχων ἐναυστόλουν,	lesquels ayant j'avais navigué
πάσας βεβώσας,	tous partis,
οὐδένα δὲ ἄνδρα	de l'autre côté aucun homme
ἔντοπον,	habitant-du-lieu,
οὐχ ὅστις ἀρχέσειεν,	ni qui m'assistât,
οὐδὲ ὅστις συλλάβοιτο	ni qui aidât
κάμνοντι νόσου.	à moi souffrant de la maladie.
Σκοπῶν δὲ πάντα,	Mais considérant toutes choses,

εὕρισκον οὐδὲν πλὴν ἀνιᾶσθαι παρὸν[1],
τούτου δὲ πολλὴν εὐμάρειαν, ὦ τέκνον.
Ὁ μὲν χρόνος δὴ διὰ χρόνου [2]προὔβαινέ μοι,   · 285
χἄδει τι βαιᾷ τῇδ' ὑπὸ στέγῃ μόνον
διακονεῖσθαι[3]. Γαστρὶ μὲν τὰ σύμφορα
τόξον τόδ' ἐξεύρισκε, τὰς ὑποπτέρους
βάλλον πελείας· πρὸς δὲ τοῦθ', ὅ μοι βάλοι
νευροσπαδὴς ἄτρακτος, αὐτὸς[4] ἂν τάλας   290
εἰλυόμην, δύστηνος ἐξέλκων πόδα
πρὸς τοῦτ' ἄν. Εἴ τ' ἔδει τι καὶ ποτὸν λαβεῖν,
καί που πάγου χυθέντος, οἷα χείματι,
ξύλον τι θραῦσαι, ταῦτ' ἂν ἐξέρπων τάλας
ἐμηχανώμην· εἶτα πῦρ ἂν οὐ παρῆν,   295
ἀλλ' ἐν πέτροισι πέτρον ἐκτρίβων, μόλις
ἔφην' ἄφαντον φῶς[b], ὃ καὶ σώζει μ' ἀεί.
Οἰκουμένη γὰρ οὖν στέγη πυρὸς μέτα
πάντ' ἐκπορίζει, πλὴν τὸ μὴ νοσεῖν ἐμέ.
Φέρ', ὦ τέκνον, νῦν καὶ τὸ τῆς νήσου μάθῃς.   300

je ne trouvai que la douleur, ô mon fils, et une douleur inépuisable. Cependant les jours succédèrent aux jours ; il me fallut, seul dans cette étroite caverne, pourvoir à ma subsistance. Cet arc me fournissait la nourriture ; je perçais les colombes qui volaient autour de cette roche ; et lorsque mes flèches avaient abattu quelque oiseau, je me traînais avec effort pour aller ramasser ma proie. Fallait-il aussi chercher de l'eau pour apaiser ma soif, ou couper un peu de bois lorsque les glaces de l'hiver couvraient ces rivages, ce n'était qu'en rampant avec peine que je pouvais satisfaire ces besoins. Je manquais de feu ; alors en frappant des cailloux l'un contre l'autre, j'en arrachai avec peine la flamme cachée qui me conserve la vie. Car avec le feu et le couvert, cette caverne me donne tout, excepté la guérison. A présent, mon fils, apprends quelle est cette

εὕρισχον οὐδὲν παρὸν	je ne trouvai rien de présent,
πλὴν ἀνιᾶσθαι,	excepté le être affligé,
πολλὴν δὲ εὐμάρειαν	mais une grande abondance
τούτου,	de cela,
ὦ τέχνον.	ô mon enfant.
Ὁ μὲν χρόνος δὴ	Cependant le temps
προέβαινέ μοι	s'avançait à moi
διὰ χρόνου,	à travers le temps,
καὶ ἔδει μόνον	et il fallait moi seul
διακονεῖσθαί τι	apprêter-à-moi quelque-chose
ὑπὸ τῇδε στέγῃ βαιᾷ.	sous ce toit exigu.
Τόδε τόξον μὲν	D'un côté cet arc
ἐξεύρισχε γαστρὶ	procurait à mon estomac
τὰ σύμφορα,	les choses utiles,
βάλλον πελείας τὰς ὑποπτέρους·	frappant les colombes ailées;
πρὸς δὲ τοῦτο, ὃ ἄτρακτος	et vers ce que la flèche
νευροσπαδὴς	lancée-par-la-corde
βάλοι μοι,	atteignait pour moi,
πρὸς τοῦτο τάλας,	vers cela malheureux,
εἰλυόμην ἂν αὐτὸς,	je me traînais moi-même,
δύστηνος ἐξέλκων πόδα.	infortuné traînant le pied.
Εἴ τε ἔδει λαβεῖν	Et soit qu'il fallut prendre
καί τι ποτὸν,	aussi quelque boisson,
καί που, πάγου χυθέντος,	et peut-être la glace étant répandue
οἷα χείματι,	comme en hiver,
θραῦσαί τι ξύλον,	casser quelque bois,
ἐμηχανώμην ἂν ταῦτα	j'effectuais ces choses
ἐξέρπων τάλας·	en rampant-dehors, malheureux;
εἶτα πῦρ οὐ παρῆν ἂν,	puis le feu n'était pas présent,
ἀλλὰ ἐκτρίβων	mais frottant
πέτρον ἐν πέτροισιν,	une pierre contre des pierres
ἔφηνα μόλις	je faisais paraître avec-peine
φῶς ἄφαντον,	la lumière cachée,
ὃ καὶ σώζει με ἀεί.	qui aussi sauve moi toujours.
Στέγη γὰρ οὖν οἰκουμένη	Car enfin le toit habité
μετὰ πυρὸς ἐκπορίζει πάντα,	avec le feu fournit toutes choses
πλὴν τὸ ἐμὲ μὴ νοσεῖν.	hormis le: moi n'être pas malade.
Φέρε, ὦ τέχνον,	Eh bien, ô mon fils,
μάθῃς νῦν	apprends maintenant
καὶ τὸ τῆς νήσου.	aussi ce-qui-concerne l'île.

Ταύτη πελάζει ναυβάτης οὐδεὶς ἑκών·
οὐ γάρ τις ὅρμος ἐστὶν, οὐδ' ὅποι πλέων
ἐξεμπολήσει κέρδος, ἢ ξενώσεται.
Οὐκ ἐνθάδ' οἱ πλοῖ τοῖσι σώφροσι βροτῶν.
Τάχ' οὖν τις ἄκων ǀ ἔσχε· πολλὰ γὰρ τάδε   305
ἐν τῷ μακρῷ γένοιτ' ἂν ἀνθρώπων χρόνῳ·
οὗτοί μ', ὅταν μόλωσιν, ὦ τέκνον, λόγοις
ἐλεοῦσι μὲν, καί πού τι καὶ βορᾶς μέρος
προσέδοσαν οἰκτείραντες, ἤ τινα στολήν·
ἐκεῖνο δ' οὐδεὶς, ἡνίκ' ἂν μνησθῶ, θέλει,   310
σῶσαί μ' ἐς οἴκους· ἀλλ' ἀπόλλυμαι τάλας,
ἔτος τόδ' ἤδη δέκατον, ἐν λιμῷ τε καὶ
κακοῖσι βόσκων τὴν ἀδηφάγον νόσον.
Τοιαῦτ' Ἀτρεῖδαί μ' ἥ τ' Ὀδυσσέως βία,
ὦ παῖ, δεδράκασ'· οἷς Ὀλύμπιοι θεοὶ   315
δοῖέν ποτ' αὐτοῖς ² ἀντίποιν' ἐμοῦ παθεῖν.

ΧΟΡΟΣ.

Ἔοικα κἀγὼ τοῖς ἀφιγμένοις ἴσα
ξένοις ³ ἐποικτείρειν σε, Ποίαντος τέκνον.

île. Aucun pilote n'y aborde volontairement; elle est sans port, et on ne peut y trouver ni commerce ni hospitalité. Les navigateurs prudents évitent ces parages. Quelques-uns cependant y sont jetés malgré eux; car ces accidents sont inévitables dans un long espace de temps. Lorsque ces étrangers abordent ici, ils paraissent plaindre mon sort, et leur compassion m'accorde quelques aliments ou quelques habits. Mais aussitôt que je parle de me ramener dans ma patrie, aucun n'y veut consentir, et depuis dix ans je me consume dans le besoin et dans la douleur, nourrissant le mal qui me dévore. Voilà ce que m'ont fait les Atrides et le cruel Ulysse. Que les dieux de l'Olympe me vengent en leur envoyant de semblables malheurs !

LE CHOEUR. Fils de Péan, moi aussi, comme ceux qui ont abordé dans cette île, je ressens de la compassion pour toi.

Οὐδεὶς ναυβάτης πελάζει	Aucun navigateur n'approche
ἑκὼν ταύτῃ·	volontairement d'elle,
οὐ γάρ τις ὅρμος ἐστὶν,	car quelque port n'est pas,
οὐδὲ ὅποι πλέων,	ni *un lieu* où naviguant,
ἐξεμπολήσει κέρδος,	il trafiquera pour un bénéfice,
ἢ ξενώσεται.	ou recevra-l'hospitalité.
Οἱ πλοῖ οὐκ ἐνθάδε	Les navigations ne *sont* pas ici
τοῖσι σώφροσι βροτῶν.	pour les prudents d'entre les mortels.
Τάχα οὖν τις	Peut-être donc quelqu'un
ἔσχεν ἄκων·	aborda-t-il malgré-lui ;
τάδε γὰρ γένοιτο ἂν	car ces choses pourraient arriver
πολλὰ ἐν τῷ μακρῷ χρόνῳ	fréquentes dans le long temps (âge)
ἀνθρώπων·	des hommes ;
οὗτοι, ὦ τέκνον,	ceux-là, ô *mon* enfant,
ὅταν μόλωσιν,	quand ils viennent,
ἐλεοῦσι μὲν λόγοις,	plaignent à la vérité par des paroles,
καί που προσέδοσαν	et peut-être ont-ils donné-en-sus
καί τι μέρος βορᾶς,	aussi quelque portion de nourriture,
ἤ τινα στολὴν,	ou quelque vêtement
οἰκτείραντές·	ayant eu pitié ;
οὐδεὶς δὲ θέλει ἐκεῖνο,	mais aucun ne veut ceci,
ἡνίκα μνησθῶ ἄν,	lorsque j'*en* fais-mention,
σῶσαί με	*à savoir :* conduire-en-sûreté moi
ἐς οἴκους·	vers *mes* demeures ;
ἀλλὰ τάλας ἀπόλλυμαι	mais malheureux je dépéris,
ἤδη τόδε δέκατον ἔτος,	déjà cette dixième année,
βόσκων νόσον τὴν ἀδηφάγον	nourrissant la maladie dévorante
ἐν λιμῷ τε καὶ κακοῖσι.	et dans la faim et *dans* les maux.
Τοιαῦτα, ὦ παῖ,	Tels sont, ô *mon* fils,
Ἀτρεῖδαι	*les maux que* les Atrides
βία τε ἡ Ὀδυσσέως	et la violence d'Ulysse
δεδράκασί με·	ont faits à moi,
οἷς αὐτοῖς	auxquels mêmes
θεοὶ Ὀλύμπιοι	les dieux Olympiens
δοῖέν ποτε παθεῖν	puissent donner un jour à souffrir
ἀντίποινα ἐμοῦ.	des peines-égales à *celles* de moi.
ΧΟΡΟΣ. Τέκνον Ποίαντος	LE CHŒUR. Fils de Péan,
καὶ ἐγὼ ἔοικα	moi aussi il me semble
ἐποικτείρειν σε ἴσα	avoir compassion de toi autant
ξένοις τοῖς ἀφιγμένοις.	que les étrangers arrivés.

ΝΕΟΠΤΟΛΕΜΟΣ.

Ἐγὼ δὲ χαὐτὸς, τοῖσδε μάρτυς ἐν λόγοις,
ὡς εἴσ' ἀληθεῖς οἶδα, συντυχὼν κακῶν
ἀνδρῶν Ἀτρειδῶν, τῆς τ' Ὀδυσσέως βίας.   320

ΦΙΛΟΚΤΗΤΗΣ.

Ἦ γάρ τι καὶ σὺ τοῖς πανωλέθροις ἔχεις
ἔγκλημ' Ἀτρείδαις, ὥστε θυμοῦσθαι παθών;

ΝΕΟΠΤΟΛΕΜΟΣ.

Θυμὸν γένοιτο χειρὶ πληρῶσαί ποτε,
ἵν' αἱ Μυκῆναι γνοῖεν ἡ Σπάρτη θ', ὅτι   325
χἠ Σκῦρος ἀνδρῶν ἀλκίμων μήτηρ ἔφυ.

ΦΙΛΟΚΤΗΤΗΣ.

Εὖ γ', ὦ τέκνον· τίνος γὰρ ὦδε τὸν μέγαν
χόλον κατ' αὐτῶν ἐγκαλῶν ἐλήλυθας;

ΝΕΟΠΤΟΛΕΜΟΣ.

Ὦ παῖ Ποίαντος, ἐξερῶ, μόλις δ' ἐρῶ,
ἃ 'γωγ' ὑπ' αὐτῶν ἐξελωβήθην μολών.   330
Ἐπεὶ γὰρ ἔσχε μοῖρ' Ἀχιλλέα θανεῖν

ΦΙΛΟΚΤΗΤΗΣ.

Οἴ μοι· φράσῃς μοι μὴ πέρα, πρὶν ἂν μάθω
πρῶτον τόδ', ἦ τέθνηχ' ὁ Πηλέως γόνος;

ΝΕΟΠΤΟΛΕΜΟΣ.

Τέθνηκεν, ἀνδρὸς οὐδενὸς, θεοῦ δ' ὕπο,
τοξευτὸς, ὡς λέγουσιν, ἐκ Φοίβου δαμείς ¹.   335

NÉOPTOLÈME. Et moi aussi je puis attester la justice de tes plaintes, je ne connais que trop la violence des Atrides et d'Ulysse.

PHILOCTÈTE. Aurais-tu aussi quelque sujet de ressentiment contre ces infâmes Atrides?

NÉOPTOLÈME. Puisse mon bras satisfaire un jour ma colère, pour que Mycènes et Sparte apprennent que Scyros aussi nourrit des hommes courageux!

PHILOCTÈTE. Bien, mon fils : mais quel est le motif du violent courroux qui t'anime contre eux?

NÉOPTOLÈME. Fils de Péan, je vais te retracer, si toutefois je le puis, les outrages que j'ai reçus d'eux à mon arrivée. Après que le destin eut fait périr Achille...

PHILOCTÈTE. Arrête. O ciel! est-il bien vrai? Le fils de Pélée n'est plus?

NÉOPTOLÈME. Il est mort, non de la main d'un mortel, mais de la main d'un dieu; c'est Apollon lui-même qui l'a, dit-on, percé de ses traits.

ΝΕΟΠΤΟΛΕΜΟΣ. Ἐγὼ δὲ
καὶ αὐτὸς
μάρτυς ἐν τοῖσδε λόγοις,
οἶδα ὡς εἰσὶν ἀληθεῖς,
συντυχὼν Ἀτρειδῶν
βίας τε τῆς Ὀδυσσέως
ἀνδρῶν κακῶν.

NÉOPTOLÈME. Mais moi,
moi-même aussi,
étant témoin dans ces paroles,
je sais qu'elles sont vraies,
ayant rencontré les Atrides
et la violence d'Ulysse,
hommes méchants.

ΦΙΛΟΚΤΗΤΗΣ. Ἦ γὰρ
καὶ σὺ ἔχεις τι ἔγκλημα
Ἀτρείδαις
τοῖς πανωλέθροις,
ὥστε θυμοῦσθαι παθών;

PHILOCTÈTE. Est-ce donc que
toi aussi tu as quelque reproche
à faire aux Atrides,
tout-à-fait-funestes,
au point d'être irrité ayant souffert ?

ΝΕΟΠΤΟΛΕΜΟΣ. Γένοιτο
χειρί ποτε
πληρῶσαι θυμὸν,
ἵνα αἱ Μυκῆναι ἡ Σπάρτη τε γνοῖεν,
ὅτι καὶ ἡ Σκῦρος ἔφυ
μήτηρ ἀνδρῶν ἀλκίμων.

NÉOPTOLÈME. Puisse-t-il-advenir
à *ma* main un jour
de remplir (assouvir) *ma* colère,
afin que Mycènes et Sparte apprennent
que Scyros aussi est
mère d'hommes vaillants.

ΦΙΛΟΚΤΗΤΗΣ. Εὖ γε ὦ τέκνον·
τὸν γὰρ μέγαν χόλον τίνος
ἐγκαλῶν κατὰ αὐτῶν
ἐλήλυθας ὧδε;

PHILOCTÈTE. Bien, ὃ *mon* enfant !
car la grande colère de quoi
alléguant contre eux
es-tu venu ici ?

ΝΕΟΠΤΟΛΕΜΟΣ.
Ὦ παῖ Ποίαντος, ἐξερῶ,
ἐρῶ δὲ μόλις,
ἃ ἔγωγε
ἐξελωβήθην ὑπὸ αὐτῶν
μολών. Ἐπεὶ γὰρ
μοῖρα ἔσχεν Ἀχιλλέα
θανεῖν

NÉOPTOLÈME.
O fils de Péan, je dirai,
mais je dirai avec peine
les choses par lesquelles moi
j'ai été insulté par eux
étant venu. Car lorsque
le destin eut Achille
pour *le faire* mourir...

ΦΙΛΟΚΤΗΤΗΣ. Οἴ μοι·
μὴ φράσῃς πέρα μοι,
πρὶν ἂν μάθω
τόδε πρῶτον,
ἢ γόνος ὁ Πηλέως τέθνηκεν;

PHILOCTÈTE. Hélas !
ne *d*is pas au-delà à moi,
avant que je n'ai appris
ceci en-premier-lieu,
est-ce-que le fils de Pélée est mort?

ΝΕΟΠΤΟΛΕΜΟΣ. Τέθνηκεν
ὑπὸ οὐδενὸς ἀνδρὸς,
θεοῦ δὲ,
δαμεὶς, ὡς λέγουσι,
τοξευτὸς ἐκ Φοίβου.

NÉOPTOLÈME. Il est mort
tué par aucun homme,
mais par un dieu,
ayant été dompté, comme ils disent,
atteint-d'un-trait *venu* d'Apollon.

ΦΙΛΟΚΤΗΤΗΣ.

Ἀλλ' εὐγενὴς μὲν ὁ κτανών τε χὡ θανών·
ἀμηχανῶ δὲ, πότερον, ὦ τέκνον, τὸ σὸν
πάθημ' ἐλέγχω πρῶτον, ἢ κεῖνον στένω.

ΝΕΟΠΤΟΛΕΜΟΣ.

Οἶμαι μὲν ἀρκεῖν σοί γε καὶ τὰ σ', ὦ τάλας,
ἀλγήμαθ', ὥστε μὴ τὰ τῶν πέλας στένειν.   340

ΦΙΛΟΚΤΗΤΗΣ.

Ὀρθῶς ἔλεξας· τοιγαροῦν τὸ σὸν φράσον
αὖθις πάλιν μοι πρᾶγμ', ὅτῳ σ' ἐνύβρισαν.

ΝΕΟΠΤΟΛΕΜΟΣ.

Ἦλθόν με νηῒ ποικιλοστόλῳ μέτα
δῖός [1] τ' Ὀδυσσεὺς χὡ τροφεὺς τοῦ 'μοῦ πατρὸς,
λέγοντες, εἴτ' ἀληθὲς, εἴτ' [2] ἄρ' οὖν μάτην,   345
ὡς οὐ θέμις γίγνοιτ', ἐπεὶ κατέφθιτο
πατὴρ ἐμὸς, τὰ Πέργαμ' [3] ἄλλον ἢ μ' ἑλεῖν.
Ταῦτ' ὦ ξέν', οὕτως ἐννέποντες, οὐ πολὺν
χρόνον μ' ἐπέσχον, μή με ναυστολεῖν ταχὺ,
μάλιστα μὲν δὴ τοῦ θανόντος ἱμέρῳ,   350
ὅπως ἴδοιμ' ἄθαπτον· οὐ γὰρ εἰδόμην [4]·
ἔπειτα μέντοι χὡ λόγος καλὸς προσῆν,

PHILOCTÈTE. Certes le vainqueur est illustre ainsi que le vaincu ; ô mon fils, je ne sais si je dois te demander le récit de tes outrages, ou pleurer d'abord ce héros.

NÉOPTOLÈME. Infortuné, il me semble que tu as bien assez de tes propres souffrances, sans gémir encore sur les maux d'autrui.

PHILOCTÈTE. Il est vrai ; continue donc de raconter comment ils t'ont outragé.

NÉOPTOLÈME. Ulysse et celui qui avait élevé mon père vinrent me chercher sur un vaisseau magnifique, disant, soit vérité, soit imposture, qu'après la mort d'Achille nul autre que moi ne pouvait prendre Ilion. Par de tels discours, ils m'eurent bientôt décidé à partir avec eux, plein du désir de voir mon père avant qu'on l'eût enseveli, car je ne l'avais jamais vu, et séduit en même temps par la

ΦΙΛΟΚΤΗΤΗΣ. Ἀλλὰ
εὐγενὴς μὲν
ὁ κτανών τε
καὶ ὁ θανών·
ἀμηχανῶ δὲ, ὦ τέκνον,
πότερον ἐλέγχω
τὸ σὸν πάθημα πρῶτον,
ἢ στένω κεῖνον.

PHILOCTÈTE. Mais
noble d'un côté
est et celui-qui-a-tué
et celui-qui-est-mort ;
mais je suis embarrassé, ô *mon* enfant,
si je questionnerai *toi*
sur ton malheur en-premier-lieu,
ou *si* je plaindrai celui-là.

ΝΕΟΠΤΟΛΕΜΟΣ. Ὦ τάλας,
οἶμαι μὲν
καὶ τὰ σὰ ἀλγήματα
ἀρκεῖν σοί γε,
ὥστε μὴ στένειν
τὰ τῶν πέλας.

NÉOPTOLÈME. O malheureux,
je pense à la vérité
même tes souffrances
suffire à toi,
de manière à ne pas gémir
sur celles de ceux *qui sont* près.

ΦΙΛΟΚΤΗΤΗΣ. Ἔλεξας ὀρθῶς·
τοιγαροῦν φράσον μοι
αὖθις πάλιν τὸ σὸν πρᾶγμα,
ὅτῳ ἐνύβρισάν σε.

PHILOCTÈTE. Tu as parlé bien ;
c'est-pourquoi dis-moi
encore de nouveau ton affaire,
par laquelle ils ont insulté toi.

ΝΕΟΠΤΟΛΕΜΟΣ. Ὀδυσσεύς τε
δῖος
καὶ ὁ τροφεὺς τοῦ ἐμοῦ πατρὸς
μετῆλθόν με νηῒ
ποικιλοστόλῳ,
λέγοντες, εἴτε ἀληθὲς,
εἴτε ἄρα οὖν μάτην,
ὡς οὐ γίγνοιτο θέμις
ἄλλον ἤ με
ἑλεῖν τὰ Πέργαμα,
ἐπεὶ ἐμὸς πατὴρ κατέφθιτο.
Ἐννεπόντες ταῦτα
οὕτως, ὦ ξένε,
οὐκ ἐπέσχον με
πολὺν χρόνον,
μή με ναυστολεῖν ταχὺ,
μάλιστα μὲν δὴ
ἱμέρῳ τοῦ θανόντος,
ὅπως ἴδοιμι ἄθαπτον·
οὐ γὰρ εἰδόμην·
ἔπειτα μέντοι προσῆν
καὶ ὁ καλὸς λόγος,

NÉOPTOLÈME. Et Ulysse
le divin
et l'instituteur de mon père
sont venus chercher moi sur un vais-
peint-de-diverses-couleurs,   [seau
disant, soit vraiment,
soit donc faussement,
qu'il n'était pas permis
un autre que moi
prendre Pergame,
après que mon père était mort.
Ayant dit ces choses
ainsi, ô étranger,
ils ne retinrent pas moi
longtemps,
pour moi ne pas naviguer prompte-
surtout d'ailleurs   [ment,
à cause du regret du mort,
afin que je visse *lui* non-enseveli ;
car je ne *l'*avais pas vu ;
puis cependant il s'y joignait
aussi la belle parole (espérance),

εἰ τἀπὶ Τροίᾳ πέργαμ' αἱρήσοιμ' ἰών.
Ἦν δ' ἦμαρ ἤδη δεύτερον πλέοντί μοι,
κἀγὼ πικρὸν Σίγειον οὐρίῳ πλάτῃ   355
κατηγόμην· καί μ' εὐθὺς ἐν κύκλῳ στρατὸς
ἐκβάντα πᾶς ἠσπάζετ', ὀμνύντες βλέπειν
τὸν οὐκ ἔτ' ὄντα ζῶντ' Ἀχιλλέα πάλιν.
Κεῖνος μὲν οὖν ἔκειτ'· ἐγὼ δ' ὁ δύσμορος,
ἐπεὶ 'δάκρυσα κεῖνον, οὐ μακρῷ χρόνῳ   360
ἐλθὼν Ἀτρείδας πρὸς φίλους, ὡς εἰκὸς ἦν,
τά θ' ὅπλ' ἀπήτουν τοῦ πατρὸς, τά τ' ἄλλ' ὅσ' ἦν.
Οἱ δ' εἶπον, οἴμοι, τλημονέστατον λόγον·
Ὦ σπέρμ' Ἀχιλλέως, τἄλλα μὲν πάρεστί σοι
πατρῷ' ἑλέσθαι· τῶν δ' ὅπλων κείνων ἀνὴρ   365
ἄλλος κρατύνει νῦν, ὁ Λαέρτου γόνος.
Κἀγὼ, δακρύσας, εὐθὺς ἐξανίσταμαι
ὀργῇ βαρείᾳ, καὶ καταλγήσας λέγω·
Ὦ σχέτλι' ², ἢ τολμήσατ' ἀντ' ἐμοῦ τινι
δοῦναι τὰ τεύχη τἀμὰ, πρὶν μαθεῖν ἐμοῦ;
Ὁ δ' εἶπ' Ὀδυσσεύς· πλησίον γὰρ ἦν κυρῶν·
Ναὶ, παῖ, δεδώκασ' ἐνδίκως οὗτοι τάδε.

gloire d'aller renverser les remparts de Troie. Après deux jours de
navigation, un vent favorable me fit aborder aux funestes rivages de
Sigée. A peine suis-je descendu, que toute l'armée m'environne ; on
m'accueille avec empressement ; chacun jure qu'il revoit Achille vivant.
Achille était donc étendu sur son lit funèbre ; et moi, malheureux, après
l'avoir pleuré, j'allai bientôt vers les Atrides, croyant trouver en eux
des amis, comme ils auraient dû l'être, et je réclamai les armes et tout
l'héritage de mon père. Avec quelle insolence, ô ciel ! ils me répondi-
rent ! « Fils d'Achille, tu peux prendre le reste de ce qui appartenait
« à ton père ; mais pour ses armes, un autre que toi, le fils de Laërte
« les possède. » Aussitôt, les yeux baignés de larmes, je leur dis en-
flammé de colère et de douleur : « Malheureux, avez-vous osé, sans
« moi, sans mon aveu, disposer de cés armes qui m'appartiennent ? »
Ulysse alors prenant la parole, car il était auprès de moi ; « Oui, jeune

εἰ ἰὼν αἱρήσοιμι	si allant, je-pourrais-prendre
πέργαμα τὰ ἐπὶ Τροίᾳ.	la citadelle *qui est* au-dessus de Troie.
Ἤδη δὲ δεύτερον ἦμαρ	Et déjà le second jour
ἦν μοι πλέοντι,	était à moi naviguant,
καὶ ἐγὼ κατηγόμην	et moi j'abordai
πικρὸν Σίγειον	au triste Sigée
πλάτῃ οὐρίῳ · καὶ εὐθὺς	avec une rame heureuse ; et de suite
πᾶς στρατὸς ἐν κύκλῳ	toute l'armée en cercle
ἠσπάζετό με ἐκβάντα,	saluait moi descendu,
ὀμνύντες βλέπειν ζῶντα πάλιν	jurant voir vivant de nouveau
Ἀχιλλέα τὸν οὐκ ἔτι ὄντα.	Achille qui n'était plus.
Κεῖνος μὲν οὖν ἔκειτο ·	Lui donc, d'un côté gisait,
ἐγὼ δὲ ὁ δύσμορος,	de l'autre, moi malheureux,
ἐπεὶ ἐδάκρυσα κεῖνον,	après que j'eus pleuré lui,
ἐλθὼν χρόνῳ οὐ μακρῷ	étant allé après un temps non long
πρὸς Ἀτρείδας φίλους,	vers les Atrides *mes* amis,
ὡς ἦν εἰκός,	comme il était convenable,
ἀπῄτουν τά τε ὅπλα τοῦ πατρὸς,	je réclamai et les armes de *mon* père,
τά τε ἄλλα	et les autres choses,
ὅσα ἦν.	autant qu'elles étaient.
Οἱ δὲ εἶπον, οἴμοι,	Mais eux dirent, hélas !
λόγον τλημονέστατον·	une parole très-impudente :
Ὦ σπέρμα Ἀχιλλέως,	« O semence (rejeton) d'Achille,
πάρεστι μέν σοι	à la vérité il est-permis à toi [les;
ἑλέσθαι τὰ ἄλλα πατρῷα ·	de prendre les autres choses-paternel-
τῶν δὲ κείνων ὅπλων ἄλλος ἀνὴρ	mais de ces armes un autre homme
κρατύνει νῦν,	est-maître à-présent,
γόνος ὁ Λαέρτου. Καὶ ἐγὼ δακρύσας	le fils de Laërte. » Et moi pleurant
ἐξανίσταμαι εὐθὺς	je suis-hors-de-moi tout-de-suite
ὀργῇ βαρείᾳ,	par une colère violente,
καὶ λέγω καταλγήσας ·	et je dis, affligé :
Ὦ σχέτλιε, ἦ τολμήσατε	« O misérable, avez vous osé
δοῦναί τινι ἀντὶ ἐμοῦ	donner à quelqu'un au lieu de moi
τὰ τεύχη τὰ ἐμὰ	les armes miennes
πρὶν μαθεῖν ἐμοῦ ;	avant d'avoir demandé à moi ? »
Ὁ δὲ Ὀδυσσεὺς εἶπεν ·	Mais Ulysse dit
ἦν γὰρ κυρῶν πλησίον ·	(car il était se trouvant près) :
Ναὶ, παῖ,	« Oui, jeune-homme,
οὗτοι δεδώκασι	ceux-ci *m*'ont donné
τάδε ἐνδίκως.	ces *armes* justement.

Ἐγὼ γὰρ αὖτ' ἔσωσα κἀκεῖνον παρών [1].
Κἀγὼ, χολωθεὶς, εὐθὺς ἤρασσον κακοῖς
τοῖς πᾶσιν, οὐδὲν ἐνδεὲς ποιούμενος,　　　　　　375
εἰ τἀμὰ κεῖνος ὅπλ' ἀφαιρήσοιτό με.
Ὁ δ', ἐνθάδ' ἥκων, καίπερ οὐ δύσοργος ὢν,
δηχθεὶς πρὸς ἃ 'ξήκουσεν, ὧδ' ἠμείψατο·
Οὐκ ἦσθ' ἵν' ἡμεῖς, ἀλλ' ἀπῆσθ' ἵν' οὔ σ' ἔδει.
Καὶ ταῦτ', ἐπειδὴ καὶ λέγεις θρασυστομῶν,　　　380
οὐ μή ποτ' ἐς τὴν Σκῦρον ἐκπλεύσῃς ἔχων.
Τοιαῦτ' ἀκούσας κἀξονειδισθεὶς κακὰ,
πλέω πρὸς οἴκους, τῶν ἐμῶν τητώμενος
πρὸς τοῦ κακίστου κἀκ κακῶν [2] Ὀδυσσέως.
Κοὐκ αἰτιῶμαι κεῖνον, ὡς τοὺς ἐν τέλει·　　　385
πόλις γάρ ἐστι πᾶσα τῶν ἡγουμένων,
στρατός τε σύμπας· οἱ δ' ἀκοσμοῦντες βροτῶν,
διδασκάλων λόγοισι γίγνονται κακοί.
Λόγος λέλεκται πᾶς. Ὁ δ' Ἀτρείδας στυγῶν
ἐμοί θ' ὁμοίως καὶ θεοῖς εἴη φίλος.　　　　　　390

« homme, me dit-il, c'est avec raison que les Grecs m'ont donné ces ar-
« mes; c'est moi qui les ai sauvées, en sauvant le corps de ton père.» Dans
ma fureur, je l'accablai aussitôt d'injures, je le chargeai de mille imprécations, s'il persistait à m'enlever mes armes. Irrité, malgré sa
modération ordinaire, et blessé au vif par mes paroles, il me ré-
pondit : « Tu n'étais pas avec nous, tu étais où tu ne devais pas être;
« et puisque tu parles avec tant d'arrogance, jamais tu ne remporteras
« ces armes à Scyros. » Après une telle injure, après un tel outrage,
je retourne dans ma patrie, injustement dépouillé par Ulysse, le plus
méchant des hommes, bien digne de son père. Et cependant, je ne l'accuse pas autant que les chefs de l'armée ; car une ville, une armée
dépend tout entière de ceux qui commandent, et souvent les hommes
ne deviennent coupables que par l'exemple de ceux qui les gouvernent.
J'ai tout dit. Que celui qui hait les Atrides soit mon ami et l'ami des
dieux.

Ἐγὼ γὰρ
ἔσωσα αὐτὰ καὶ ἐκεῖνον
παρών.
Καὶ ἐγὼ, χολωθεὶς,
ἤρασσον εὐθὺς
τοῖς πᾶσι κακοῖς,
ποιούμενος οὐδὲν ἐνδεὲς,
εἰ κεῖνος ἀφαιρήσοιτό με
τὰ ἐμὰ ὅπλα.
Ὁ δὲ, ἥκων ἐνθάδε,
καίπερ οὐκ ὢν δύσοργος,
δηχθεὶς, ἠμείψατο ὧδε
πρὸς ἃ ἐξήκουσεν.
Οὐκ ἦσθα ἵνα ἡμεῖς,
ἀλλὰ ἀπῆσθα
ἵνα οὐκ ἔδει σε.
Καὶ, ἐπειδὴ καὶ λέγεις
θρασυστομῶν,
οὐ μή ποτε
ἐκπλεύσῃς
ἐς τὴν Σκῦρον ἔχων ταῦτα.
Ἀκούσας τοιαῦτα κακὰ
καὶ ἐξονειδισθεὶς,
πλέω πρὸς οἴκους,
τητώμενος τῶν ἐμῶν
πρὸς Ὀδυσσέως τοῦ κακίστου
καὶ ἐκ κακῶν.
Καὶ οὐκ αἰτιῶμαι κεῖνον,
ὡς τοὺς ἐν τέλει·
πᾶσα γὰρ πόλις
ἐστὶ τῶν ἡγουμένων,
σύμπας τε στρατός·
οἱ δὲ βροτῶν
ἀκοσμοῦντες,
γίγνονται κακοὶ
λόγοισι διδασκάλων.
Πᾶς λόγος λέλεκται.
Ὁ δὲ στυγῶν Ἀτρείδας
εἴη φίλος ὁμοίως
ἐμοί τε καὶ θεοῖς.

« Car moi
j'ai sauvé elles et lui,
étant présent (par ma présence). »
Et moi, irrité,
je *le* frappai tout-de-suite
de toutes les injures,
ne faisant rien d'incomplet,
si lui devait enlever à moi
mes armes.
Mais lui, *en* étant venu là,
quoique n'étant pas emporté,
ayant été mordu (piqué), répliqua ainsi
aux choses qu'il avait entendues :
«Tu n'étais pas où nous *étions*,
mais tu étais-absent,
étant là où il ne fallait pas toi *être.*
Et, puisque en outre tu parles
ayant-la-bouche-hardie,
je ne *crains* pas que jamais
tu mettes-à-la-voile
pour Scyros, ayant ces *armes.* »
Ayant entendu de telles injures,
et ayant été insulté,
je navigue vers *mes* demeures,
privé des choses miennes
par Ulysse le très-méchant
et *qui est né* de méchants.
Et je n'accuse pas lui,
comme ceux *qui sónt* en dignité;
car toute ville
est à ceux-qui-commandent,
ainsi que toute armée;
mais ceux des mortels
qui-se-comportent-indécemment,
deviennent méchants
par les paroles de *leurs* maîtres.
Tout *mon* discours est dit.
Mais celui-qui-hait les Atrides,
puisse-t-il être ami semblablement
et à moi et aux dieux.

ΧΟΡΟΣ.

(Στροφή.)

Ὀρεστέρα ¹, παμϐῶτι Γᾶ,
μᾶτερ αὐτοῦ Διός,
ἂ τὸν μέγαν Πακτωλὸν ² εὔχρυσον νέμεις,
σὲ κἀκεῖ ³, μᾶτερ
πότνι᾽, ἐπηυδώμαν,   395
ὅτ᾽ ἐς τόνδ᾽ Ἀτρειδᾶν
ὕϐρις πᾶσ᾽ ἐχώρει,
ὅτε τὰ πάτρια τεύ-
χεα παρεδίδοσαν,
ἰὼ μάκαιρα ταυροκτόνων λεόντων   400
ἔφεδρε, τῷ Λαερτίου
σέϐας ὑπέρτατον ⁴.

ΦΙΛΟΚΤΗΤΗΣ.

Ἔχοντες, ὡς ἔοικε, σύμϐολον σαφὲς
λύπης, πρὸς ἡμᾶς, ὦ ξένοι, πεπλεύκατε,
καί μοι προσᾴδεθ᾽, ὥστε γιγνώσκειν ⁵ ὅτι   405
ταῦτ᾽ ἐξ Ἀτρειδῶν ἔργα κἀξ Ὀδυσσέως.
Ἔξοιδα γάρ νιν παντὸς ἂν λόγου κακοῦ
γλώσσῃ θιγόντα καὶ πανουργίας, ἀφ᾽ ἧς
μηδὲν δίκαιον ἐς τέλος μέλλει ποιεῖν.
Ἀλλ᾽ οὔ τι τοῦτο θαῦμ᾽ ἔμοιγ᾽, ἀλλ᾽ εἰ παρὼν   410
Αἴας ὁ μείζων ⁶ ταῦθ᾽ ὁρῶν ἠνείχετο.

LE CHOEUR. Déesse, amie des montagnes, nourrice de tout ce qui respire, mère de Jupiter lui-même, toi qui habites les rives du Pactole aux flots d'or, ô Cybèle, mère vénérable, dont le char est traîné par des lions vainqueurs des taureaux, nous aussi, nous t'avons imploré en Phrygie, lorsque les Atrides firent à ce héros le plus cruel outrage, en lui ravissant les armes de son père pour donner au fils de Laërte ce prix glorieux.

PHILOCTÈTE. Étrangers, vous apportez, je le vois, des signes certains de votre ressentiment, vos plaintes s'accordent avec les miennes, et je reconnais ici les œuvres des Atrides et d'Ulysse. Je sais qu'il a toujours sur les lèvres le mensonge et la fraude, et que ses paroles ne produisent que des crimes. Aussi ce récit ne me surprend-il pas; mais ce qui m'étonne, c'est que l'aîné des Ajax ait pu voir ces injustices et les souffrir.

(Στροφή.)	(Strophe.)
ΧΟΡΟΣ. Γᾶ	LE CHOEUR. Terre
ὀρεστέρα,	qui-aimes-les-montagnes,
παμβῶτι,	qui nourris-tout,
μᾶτερ Διὸς αὐτοῦ,	mère de Jupiter lui-même,
ἃ νέμεις τὸν μέγαν Πακτωλὸν	qui habites le grand Pactole,
εὔχρυσον,	riche-en-or,
ἐπηυδώμαν σε καὶ ἐκεῖ,	j'ai imploré toi aussi là-bas,
μᾶτερ πότνια, ὅτε	mère vénérable, lorsque
πᾶσα ὕβρις Ἀτρειδᾶν	toute l'insolence des Atrides
ἐχώρει ἐς τόνδε,	s'avançait contre celui-ci,
ὅτε παρεδίδοσαν	quand ils livraient
τὰ πάτρια τεύχεα,	les armes paternelles,
σέβας ὑπέρτατον,	honneur suprême,
τῷ Λαερτίου,	au *fils* de Laërte,
ἰὼ μάκαιρα	ô bienheureuse,
ἔφεδρε λεόντων	qui-es-assise sur des lions
ταυροκτόνων.	tueurs-de-bœufs.
ΦΙΛΟΚΤΗΤΗΣ. Ὦ ξένοι,	PHILOCTÈTE. O étrangers,
πεπλεύκατε πρὸς ἡμᾶς	vous avez navigué vers nous
ἔχοντες σύμβολον σαφὲς,	ayant un gage certain
λύπης, ὡς ἔοικε,	de tristesse, comme il paraît,
καὶ προσᾴδετέ μοι,	et vous êtes-d'accord-avec moi,
ὥστε γιγνώσκειν	de manière à reconnaître
ὅτι ταῦτα ἔργα	que ces choses *sont* les œuvres
ἐξ Ἀτρειδῶν	des Atrides
καὶ ἐξ Ὀδυσσέως.	et d'Ulysse.
Ἔξοιδα γάρ νιν	Car je sais bien lui
θιγόντα ἂν	touchant-ordinairement
γλώσσῃ	de la langue
παντὸς κακοῦ λόγου	toute mauvaise parole
καὶ πανουργίας,	et *toute* scélératesse,
ἀπὸ ἧς	de laquelle *étant parti*
μέλλει ποιεῖν	il doit faire
μηδὲν δίκαιον ἐς τέλος. Ἀλλὰ τοῦτο	rien de juste à la fin. Mais cela
οὔ τι θαῦμα	n'*est* en rien un sujet-d'étonnement
ἔμοιγε, ἀλλὰ	pour moi, mais *c'en serait un*
εἰ Αἴας ὁ μείζων παρὼν	si Ajax le plus grand, étant-présent,
ἠνείχετο ταῦτα ὁρῶν.	avait supporté ces choses *les* voyant.

ΝΕΟΠΤΟΛΕΜΟΣ.

Οὐκ ἦν ἔτι ζῶν, ὦ ξέν᾽ · οὐ γὰρ ἄν ποτε,
ζῶντός γ᾽ ἐκείνου, ταῦτ᾽ ἐσυλήθην ἐγώ.

ΦΙΛΟΚΤΗΤΗΣ.

Πῶς εἶπας ; ἀλλ᾽ ἦ χοῦτος οἴχεται θανών ;

ΝΕΟΠΤΟΛΕΜΟΣ.

Ὡς μηκέτ᾽ ὄντα κεῖνον ἐν φάει νόει.   415

ΦΙΛΟΚΤΗΤΗΣ.

Οἴμοι τάλας, ἀλλ᾽ οὐχ ὁ Τυδέως γόνος [1],
οὐδ᾽ οὑμπολητὸς Σισύφου Λαερτίου,
οὐ μὴ θάνωσι. Τούσδε γὰρ μὴ ζῆν ἔδει.

ΝΕΟΠΤΟΛΕΜΟΣ.

Οὐ δῆτ᾽ · ἐπίστω τοῦτό γ᾽ · ἀλλὰ καὶ μέγα
θάλλοντές εἰσι νῦν ἐν Ἀργείων στρατῷ.   420

ΦΙΛΟΚΤΗΤΗΣ.

Τί δ᾽ ὃς παλαιὸς κἀγαθὸς, φίλος τ᾽ ἐμὸς,
Νέστωρ ὁ Πύλιος ἔστιν ; οὗτος γὰρ τά γε
κείνων κάκ᾽ ἐξήρυκε, βουλεύων σοφά.

ΝΕΟΠΤΟΛΕΜΟΣ.

Κεῖνός γε πράσσει νῦν κακῶς, ἐπεὶ θανὼν
Ἀντίλοχος [2] αὐτῷ φροῦδος, ὅσπερ ἦν γόνος.   425

ΦΙΛΟΚΤΗΤΗΣ.

Οἴ μοι, δύ᾽ αὔτως δείν᾽ ἔλεξας, οἷν ἐγὼ
ἥκιστ᾽ ἂν ἠθέλησ᾽ ὀλωλότοιν κλύειν.

NÉOPTOLÈME. Ajax n'est plus, ô étranger ; jamais, s'il eût vécu, je n'aurais été dépouillé de mes armes.

PHILOCTÈTE. Qu'as-tu dit ? quoi ! Ajax aussi est mort ?

NÉOPTOLÈME. Il ne voit plus le jour.

PHILOCTÈTE. Hélas ! Et Diomède, et ce fils de Sisyphe vendu à Laërte, ils ne meurent point ! Voilà ceux qui devraient mourir.

NÉOPTOLÈME. Ils vivent au contraire, ils fleurissent dans l'armée des Grecs.

PHILOCTÈTE. Et ce vieillard courageux, qui était mon ami, Nestor de Pylos existe-t-il encore ? C'était lui dont les sages conseils arrêtaient leurs injustices.

NÉOPTOLÈME. Il est maintenant bien malheureux ; il a perdu son fils Antiloque.

PHILOCTÈTE. Hélas ! tu me fais de tristes récits sur les deux hommes dont la mort m'afflige le plus. Que penser maintenant, lorsque

ΝΕΟΠΤΟΛΕΜΟΣ. Ὦ ξένε,
οὐκ ἦν ἔτι ζῶν·
ἐγὼ γὰρ οὔ ποτε
ἐσυλήθην ἂν ταῦτα,
ἐκείνου γε ζῶντος.

NÉOPTOLÈME. O étranger,
il n'était plus vivant;
car moi jamais
je n'aurais été volé de ces *armes*,
lui seulement *étant* vivant.

ΦΙΛΟΚΤΗΤΗΣ. Πῶς εἶπας;
ἀλλὰ ἦ καὶ οὗτος
οἴχεται θανών;

PHILOCTÈTE. Comment as-tu dit?
mais est-ce que aussi celui-ci
s'en-est-allé étant-mort?

ΝΕΟΠΤΟΛΕΜΟΣ. Νόει κεῖνον
ὡς ὄντα μηκέτι ἐν φάει.

NÉOPTOLÈME. Sache lui
comme n'étant plus à la lumière.

ΦΙΛΟΚΤΗΤΗΣ. Οἴμοι τάλας,
ἀλλὰ οὐχ
ὁ γόνος Τυδέως,
οὐδὲ ὁ Λαερτίου
ἐμπολητὸς Σισύφου,
οὐ μὴ θάνωσιν. Ἔδει γὰρ
τούσδε μὴ ζῆν.

PHILOCTÈTE. Hélas! malheureux!
mais *je* ne *crains* pas
que le fils de Tydée
ni *celui* de Laërte
acheté à Sisyphe,
ne soient morts. Car il fallait
ceux-là ne pas vivre.

ΝΕΟΠΤΟΛΕΜΟΣ. Οὐ δῆτα·
ἐπίστω τοῦτό γε·
ἀλλὰ καὶ εἰσι νῦν
μέγα θάλλοντες
ἐν στρατῷ Ἀργείων.

NÉOPTOLÈME. Non certes;
sache cela du moins;
mais même ils sont maintenant
grandement florissants
dans l'armée des Argiens.

ΦΙΛΟΚΤΗΤΗΣ. Τί δέ ἐστι
Νέστωρ ὁ Πύλιος,
ὃς παλαιὸς καὶ ἀγαθὸς,
φίλος τε ἐμός;
οὗτος γὰρ ἐξήρυκέ γε,
βουλεύων σοφά;
κακά τὰ κείνων.

PHILOCTÈTE. Mais qu'est *devenu*
Nestor le Pylien,
qui *était* vieux et brave
et ami mien?
car celui-ci empêchait certes,
en conseillant des choses sages,
les mauvaises-actions de ceux-là.

ΝΕΟΠΤΟΛΕΜΟΣ. Κεῖνός γε
πράσσει κακῶς νῦν,
ἐπεὶ Ἀντίλοχος,
ὅσπερ ἦν γόνος,
φροῦδος αὐτῷ θανών.

NÉOPTOLÈME. Celui-là certes
fait (est) mal maintenant,
parce que Antiloque,
qui était *son* fils,
est disparu à lui, étant mort.

ΦΙΛΟΚΤΗΤΗΣ. Οἴμοι,
ἔλεξας δύο
αὕτως δεινά,
ὀλωλύτοιν
οἷν ἐγὼ ἠθέλησα ἂν
κλύειν ἥκιστα.

PHILOCTÈTE. Hélas!
tu as dit deux choses
également terribles,
ceux-là ayant péri,
lesquels moi j'aurais voulu
entendre le moins *être morts*.

Φεῦ, φεῦ, τί δῆτα δεῖ σκοπεῖν, ὅθ' οἵδε μὲν
τεθνᾶσ', Ὀδυσσεὺς δ' ἐστὶν αὖ κἀνταῦθ' ἵνα
χρῆν ἀντὶ τούτων αὐτὸν αὐδᾶσθαι νεκρόν; 430

ΝΕΟΠΤΟΛΕΜΟΣ.

Σοφὸς παλαιστὴς κεῖνος· ἀλλὰ καὶ σοφαὶ
γνῶμαι, Φιλοκτῆτ', ἐμποδίζονται θαμά.

ΦΙΛΟΚΤΗΤΗΣ.

Φέρ' εἰπὲ, πρὸς θεῶν, ποῦ γὰρ ἦν ἐνταῦθά σοι
Πάτροκλος, ὅς σοι πατρὸς ἦν τὰ φίλτατα;

ΝΕΟΠΤΟΛΕΜΟΣ.

Χοῦτος τεθνηκὼς ἦν. Λόγῳ δέ σε βραχεῖ 435
τοῦτ' ἐκδιδάξω· πόλεμος οὐδέν' ἄνδρ' ἑκὼν
αἱρεῖ πονηρόν, ἀλλὰ τοὺς χρηστοὺς ἀεί.

ΦΙΛΟΚΤΗΤΗΣ.

Ξυμμαρτυρῶ σοι· καὶ κατ' αὐτὸ τοῦτό γε
ἀναξίου μὲν φωτὸς ἐξερήσομαι,
γλώσσῃ δὲ δεινοῦ καὶ σοφοῦ, τί νῦν κυρεῖ; 440

ΝΕΟΠΤΟΛΕΜΟΣ.

Ποίου τε τούτου, πλήν γ' Ὀδυσσέως, ἐρεῖς;

ΦΙΛΟΚΤΗΤΗΣ.

Οὐ τοῦτον εἶπον 2· ἀλλὰ Θερσίτης τις ἦν 3,
ὃς οὐκ ἂν εἵλετ' εἰσάπαξ εἰπεῖν, ὅπου
μηδεὶς ἐῴη· τοῦτον οἶσθ', εἰ ζῶν κυρεῖ;

de tels hommes périssent, et qu'Ulysse vit encore, Ulysse qui aurait dû cent fois mourir à leur place?

NÉOPTOLÈME. C'est un adroit lutteur. Mais, Philoctète, l'adresse elle-même est souvent déconcertée.

PHILOCTÈTE. Au nom des dieux, dis-moi où était donc alors Patrocle, l'ami que ton père chérissait le plus?

NÉOPTOLÈME. Lui aussi était mort. Je dirai tout en un mot : la guerre se plait toujours à moissonner les bons, et les méchants, elle ne les enlève qu'à regret.

PHILOCTÈTE. J'en conviens avec toi, et c'est pour cela même que je veux t'interroger sur cet être vil, cet habile et rusé discoureur, qu'est-il devenu ?

NÉOPTOLÈME. De quel autre qu'Ulysse veux-tu parler ?

PHILOCTÈTE. Ce n'est pas de lui, mais d'un certain Thersite, toujours prêt à redire ce qu'on n'eût pas voulu entendre. Sais-tu s'il vit encore ?

Φεῦ, φεῦ,

Hélas! hélas!

τί δῆτα δεῖ σκοπεῖν,

que faut-il donc regarder,

ὅτε οἵδε μὲν τεθνᾶσιν,

quand ceux-ci d'un côté sont morts,

Ὀδυσσεὺς δὲ ἐστὶν

et *que*, de l'autre, Ulysse est

αὖ καὶ ἐνταῦθα,

encore là,

ἵνα χρῆν αὐτὸν αὐδᾶσθαι

où il fallait lui être dit

νεκρὸν ἀντὶ τούτων;

mort au lieu de ceux-ci?

ΝΕΟΠΤΟΛΕΜΟΣ. Κεῖνος

NÉOPTOLÈME. Celui-là

παλαιστὴς σοφός·

est un lutteur habile;

ἀλλὰ καὶ αἱ σοφαὶ γῶμαι

mais même les habiles projets

ἐμποδίζονται θαμά.

sont entravés souvent.

ΦΙΛΟΚΤΗΤΗΣ. Φέρε,

PHILOCTÈTE. Eh bien,

εἰπέ, πρὸς θεῶν,

dis, au nom des dieux,

ποῦ γὰρ ἦν σοι

où donc était pour toi

ἐνταῦθα Πάτροκλος,

là (en cette occasion) Patrocle,

ὃς ἦν σοι τὰ φίλτατα πατρός;

qui était à toi les délices du père?

ΝΕΟΠΤΟΛΕΜΟΣ. Καὶ οὗτος

NÉOPTOLÈME. Celui-ci aussi

ἦν τεθνηκώς.

était mort.

Ἐκδιδάξω δέ σε τοῦτο

Mais j'enseignerai à toi ceci,

λόγῳ βραχεῖ·

par une parole brève:

πόλεμος αἱρεῖ ἑκὼν

la guerre emporte volontiers

οὐδένα ἄνδρα πονηρὸν,

aucun homme pervers,

ἀλλὰ ἀεὶ τοὺς χρηστούς.

mais toujours les bons.

ΦΙΛΟΚΤΗΤΗΣ.

PHILOCTÈTE.

Ξυμμαρτυρῶ σοι·

J'*en* porte-témoignage-avec toi;

καὶ κατὰ τοῦτό γε αὐτὸ

et à cause de cela même

ἐξερήσομαι φωτὸς

je demanderai sur un homme

ἀναξίου μὲν

indigne à la vérité,

δεινοῦ δὲ γλώσσῃ καὶ σοφοῦ,

mais habile par la langue et adroit,

τί κυρεῖ νῦν;

ce qu'il est maintenant?

ΝΕΟΠΤΟΛΕΜΟΣ. Ποίου τε

NÉOPTOLÈME Et de qui

τούτου ἐρεῖς,

étant celui-ci t'informes-tu,

πλήν γε Ὀδυσσέως;

sinon d'Ulysse?

ΦΙΛΟΚΤΗΤΗΣ. Οὐκ εἶπον τοῦ- PHILOCTÈTE. Je n'ai pas dit celui-ci;

ἀλλὰ ἦν τις Θερσίτης, [τον· mais il y avait un certain Thersite,

ὃς οὐκ ἂν εἵλετο

qui n'aurait pas préféré

εἰπεῖν εἰσάπαξ,

dire une fois *une chose*

ὅπου μηδεὶς ἐῴη·

là où personne n'aurait permis:

οἶσθα τοῦτον

sais-tu celui-ci

εἰ κυρεῖ ζῶν;

s'il est vivant?

ΝΕΟΠΤΟΛΕΜΟΣ.

Οὐκ εἶδον αὐτὸν, ᾐσθόμην δ᾽ ἔτ᾽ ὄντα νιν.   445

ΦΙΛΟΚΤΗΤΗΣ.

Ἔμελλ᾽· ἐπεὶ οὐδέν πω κακόν γ᾽ ἀπώλετο,
ἀλλ᾽ εὖ περιστέλλουσιν αὐτὰ δαίμονες·
καί πως τὰ μὲν πανοῦργα καὶ παλιντριβῆ [1]
χαίρουσ᾽ ἀναστρέφοντες ἐξ Ἅδου, τὰ δὲ
δίκαια καὶ τὰ χρήστ᾽ ἀποστέλλουσ᾽ ἀεί.   45o
Ποῦ χρὴ τίθεσθαι ταῦτα, ποῦ δ᾽ αἰνεῖν, ὅταν,
τὰ θεῖ᾽ ἐπαινῶν, τοὺς θεοὺς εὕρω κακούς;

ΝΕΟΠΤΟΛΕΜΟΣ.

Ἐγὼ μὲν, ὦ γένεθλον Οἰταίου πατρὸς,
τὸ λοιπὸν ἤδη τηλόθεν τό τ᾽ Ἴλιον
καὶ τοὺς Ἀτρείδας εἰσορῶν φυλάξομαι,   455
ὅπου θ᾽ ὁ χείρων τἀγαθοῦ μεῖζον σθένει,
κἀποφθίνει τὰ χρηστὰ, χὠ δειλὸς κρατεῖ,
τούτους ἐγὼ τοὺς ἄνδρας οὐ στέρξω ποτέ·
ἀλλ᾽ ἡ πετραία Σκῦρος [2] ἐξαρκοῦσά μοι
ἔσται τὸ λοιπὸν, ὥστε τέρπεσθαι δόμῳ.   46o
Νῦν δ᾽ εἶμι πρὸς ναῦν. Καὶ σὺ, Ποίαντος τέκνον,
χαῖρ᾽ ὡς μέγιστα, χαῖρε· καί σε δαίμονες
νόσου μεταστήσειαν, ὡς αὐτὸς θέλεις.

NÉOPTOLÈME. Je ne l'ai pas vu, mais j'ai appris qu'il était vivant.

PHILOCTÈTE. Je m'y attendais; car les méchants ne meurent point. Les dieux au contraire les protègent. Le fourbe, le scélérat, ils le ramènent quelquefois des enfers; mais l'homme juste, l'homme vertueux, ils ne manquent jamais de l'y précipiter. Que penser de tout cela? Comment y applaudir? Quand je veux louer les dieux, je ne trouve en eux qu'injustice.

NÉOPTOLÈME. Pour moi, fils de Péan, j'aurai soin à l'avenir de ne voir que de loin Ilion et les Atrides. Des hommes parmi lesquels le vice triomphe de la vertu, l'homme de bien succombe et le lâche prospère, n'obtiendront jamais que ma haine. Les rochers de Scyros suffiront à mes désirs, et je trouverai le bonheur dans ma patrie. Maintenant je retourne à mon navire. Adieu, fils de Péan, sois heureux, et que les dieux t'accordent la guérison que tu désires. Pour

ΝΕΟΠΤΟΛΕΜΟΣ.
Οὐκ εἶδον αὐτὸν,
ἠσθόμην δέ νιν ὄντα ἔτι.
ΦΙΛΟΚΤΗΤΗΣ. Ἔμελλεν·
ἐπεί γε οὐδέν πω
κακὸν ἀπώλετο,
ἀλλὰ δαίμονες
περιστέλλουσιν εὖ αὐτά·
καὶ χαίρουσί πως
ἀναστρέφοντες ἐξ Ἅδου
τὰ μὲν πανοῦργα
καὶ παλιντριβῆ,
ἀποστέλλουσι δὲ
ἀεὶ τὰ δίκαια
καὶ τὰ χρηστά.
Ποῦ χρὴ τίθεσθαι ταῦτα,
ποῦ δὲ αἰνεῖν,
ὅταν, ἐπαινῶν τὰ θεῖα,
εὕρω τοὺς θεοὺς κακούς;
ΝΕΟΠΤΟΛΕΜΟΣ. Ἐγὼ μὲν,
ὦ γένεθλον πατρὸς Οἰταίου,
ἤδη φυλάξομαι
τὸ λοιπὸν, εἰσορῶν τηλόθεν
τό τε Ἴλιον καὶ τοὺς Ἀτρείδας·
ὅπου τε ὁ χείρων
σθένει μεῖζον τοῦ ἀγαθοῦ
καὶ τὰ χρηστὰ ἀποφθίνει,
καὶ ὁ δειλὸς κρατεῖ,
οὐ στέρξω ποτὲ
τούτους τοὺς ἄνδρας·
ἀλλὰ ἡ πετραία Σκῦρος
ἔσται τὸ λοιπὸν ἐξαρκοῦσά μοι,
ὥστε τέρπεσθαι
δόμῳ.
Νῦν δὲ εἶμι πρὸς ναῦν.
Καὶ σὺ, τέκνον Ποίαντος,
χαῖρε ὡς μέγιστα,
χαῖρε· καὶ δαίμονες
μεταστήσειάν σε νόσου,
ὡς θέλεις αὐτός.

NÉOPTOLÈME.
Je n'ai pas vu lui;
mais j'ai su lui étant (existant) encore.
PHILOCTÈTE Cela devait être;
puisque certes rien encore
de mauvais n'a péri,
mais que les divinités
protègent bien ces choses;
et se réjouissent en quelque sorte,
faisant-revenir des Enfers
d'un côté les choses perverses
et usées-par-le-frottement (obstinées),
de l'autre côté y envoient
toujours les choses justes
et les choses bonnes.
Où faut-il placer ces actes
et où (à quel titre) les louer,
quand louant les actes divins,
je trouve les dieux méchants?
NÉOPTOLÈME. Pour moi,
ô rejeton d'un père OEtéen,
maintenant je serai-sur-mes-gardes
dans la suite, contemplant de-loin
et Ilion et les Atrides :
et où, le pire,
peut plus que l'honnête-homme,
et les bonnes choses périssent,
et le lâche domine,
je ne supporterai jamais
ces hommes-là;
mais la pierreuse Scyros
sera dorénavant suffisante à moi,
de sorte moi être heureux
dans ma demeure.
Mais maintenant je vais au vaisseau.
Et toi, fils de Péan,
sois heureux le plus possible,
sois heureux; et puissent les dieux
délivrer toi de la maladie,
comme tu le veux toi-même.

Ἡμεῖς δ' ἴωμεν, ὡς, ὁπηνίκ' ἂν θεὸς
πλοῦν ἡμὶν εἴκῃ, τηνικαῦθ' ὁρμώμεθα.   465

ΦΙΛΟΚΤΗΤΗΣ.
Ἤδη, τέκνον, στέλλεσθε ;

ΝΕΟΠΤΟΛΕΜΟΣ.
Καιρὸς γὰρ καλεῖ
πλοῦν μὴ 'ξ ἀπόπτου μᾶλλον ἢ 'γγύθεν σκοπεῖν.

ΦΙΛΟΚΤΗΤΗΣ.
Πρός νύν σε πατρὸς, πρός τε μητρὸς, ὦ τέκνον,
πρός τ', εἴ τί σοι κατ' οἶκόν ἐστι προσφιλὲς,
ἱκέτης ἱκνοῦμαι, μὴ λίπῃς μ' οὕτω μόνον,   470
ἔρημον, ἐν κακοῖσι τοῖσδ' οἵοις ὁρᾷς,
ὅσοισί τ' ἐξήκουσας, ἐνναίοντά με ·
ἀλλ' ἐν παρέργῳ θοῦ με. Δυσχέρεια μὲν,
ἔξοιδα, πολλὴ τοῦδε τοῦ φορήματος ·
ὅμως δὲ τλῆθι. Τοῖσι γενναίοισί τοι   475
τό τ' αἰσχρὸν ἐχθρὸν, καὶ τὸ χρηστὸν εὐκλεές.
Σοὶ δ', ἐκλιπόντι τοῦτ', ὄνειδος οὐ καλόν ·
δράσαντι δ', ὦ παῖ, πλεῖστον εὐκλείας γέρας,
ἐὰν μόλω 'γὼ ζῶν πρὸς Οἰταίαν χθόνα.
Ἴθ' · ἡμέρας τοι μόχθος οὐχ ὅλης μιᾶς ·   480
τόλμησον · ἐμβαλοῦ μ' ὅπῃ θέλεις ἄγων,
ἐς ἀντλίαν, ἐς πρῷραν, ἐς πρύμνην, ὅποι

nous, partons, afin de mettre à la voile aussitôt que les dieux nous en-
verront un vent favorable.

PHILOCTÈTE. Quoi! mon fils, vous partez déjà ?

NÉOPTOLÈME. Oui, car ce n'est pas de loin, c'est de près qu'il
faut épier le moment du départ.

PHILOCTÈTE. O mon fils, par les mânes de ton père, par ta mère,
par tout ce que tu as de plus cher dans ta patrie, je t'en supplie, je
t'en conjure, ne m'abandonne pas ainsi seul, sans secours, au milieu
des maux que tu vois, et dont tu as entendu le récit. Reçois-moi
comme un fardeau qu'on prend en passant. Je n'ignore pas combien
je te serai à charge ; cependant consens à me supporter. Les grands
cœurs haïssent ce qui est honteux, et mettent leur gloire dans les
actions généreuses. Tu te déshonorerais en m'abandonnant ; mais, ô
mon fils, quel honneur pour toi, si tu exauces ma prière, si j'arrive
vivant sur la terre de l'OEta ! Vois ; il ne t'en coûtera pas un jour entier. Aie donc ce courage. Jette-moi où tu voudras, à la proue, à la

Ἡμεῖς δὲ ἴωμεν,	Quant à nous, allons,
ὡς, ὁπηνίκα θεὸς	afin que lorsque le dieu
εἴκῃ ἂν ἡμῖν πλοῦν,	viendra-à-accorder à nous la naviga-
τηνικαῦτα ὁρμώμεθα.	alors nous levions-l'ancre. [tion,
ΦΙΛΟΚΤΗΤΗΣ. Στέλλεσθε	PHILOCTÈTE. Partez-vous
ἤδη, τέκνον ;	déjà, *mon* fils?
ΝΕΟΠΤΟΛΕΜΟΣ Καιρὸς γὰρ	NÉOPTOLÈME. *Oui*, car l'opportunité
καλεῖ σκοπεῖν πλοῦν	invite à épier la navigation
μὴ μᾶλλον ἐξ ἀπόπτου ἢ ἐγγύθεν.	non plutôt de loin que de près.
ΦΙΛΟΚΤΗΤΗΣ. Ὦ τέκνον,	PHILOCTÈTE. O *mon* enfant,
ἱκνοῦμαι νῦν σε	je viens-trouver maintenant toi
ἱκέτης πρὸς πατρὸς,	en suppliant au nom de *ton* père ;
πρός τε μητρὸς,	et au nom de *ta* mère,
εἴ τε τι	et si quelque chose
ἐστὶ προςφιλές σοι κατὰ οἶκον,	est chère à toi dans *ta* maison,
πρὸς (τούτου)	au nom *de cela*,
μὴ λίπῃς με οὕτω μόνον,	n'abandonne pas moi ainsi seul,
ἔρημον, ἐνναίοντά με,	délaissé, moi habitant
ἐν τοῖςδε κακοῖσιν οἵοις ὁρᾷς	dans ces maux, tels que tu vois,
ὅσοισί τε ἐξήκουσας·	et aussi nombreux que tu *l'*as entendu;
ἀλλὰ θοῦ με	mais place moi
ἐν παρέργῳ.	en (comme) accessoire.
Πολλὴ μὲν δυσχέρεια,	Grand à la vérité *est* le désagrément,
ἔξοιδα, τοῦδε τοῦ φορήματος·	je *le* sais bien, de ce fardeau;
ὅμως δὲ τλῆθι·	mais cependant supporte-*le* :
τοῖσι γενναίοισί τοι	certes aux *hommes* généreux
τό τε αἰσχρὸν ἐχθρὸν	et le mal est odieux
καὶ τὸ χρηστὸν εὐκλεές.	et le bien glorieux.
Ὄνειδος δὲ οὐ καλὸν	Mais un reproche non beau
σοὶ ἐκλιπόντι τοῦτο ·	*serait* à toi ayant omis cela;
πλεῖστον δὲ γέρας	mais une très-grande récompense
εὐκλείας	de gloire
δράσαντι, ὦ παῖ,	à *toi l'*ayant fait, ô *mon* fils,
ἐὰν ἐγὼ μόλω ζῶν	si moi j'arrive vivant
πρὸς χθόνα Οἰταίαν.	à la terre OEtéenne.
Ἴθι· μόχθος τοι	Va ; certes la peine
οὐ μιᾶς ἡμέρας ὅλης·	n'*est* pas d'une journée entière;
τόλμησον, ἄγων με ἐμβαλοῦ	ose-*le*, m'emmenant, jette *moi*,
ὅπῃ θέλεις, ἐς ἀντλίαν,	où tu voudras, à la sentine,
ἐς πρῷραν, ἐς πρύμνην,	à la proue, à la poupe,

ἥκιστα μέλλω τοὺς ξυνόντας ἀλγυνεῖν.
Νεῦσον · πρὸς αὐτοῦ Ζηνὸς Ἱκεσίου, τέκνον,
πείσθητι. Προσπιτνῶ σε γόνασι, καίπερ ὢν   485
ἀκράτωρ ὁ τλήμων, χωλός· ἀλλὰ μή μ' ἀφῇς
ἔρημον οὕτω χωρὶς ἀνθρώπων στίβου,
ἀλλ' ἢ πρὸς οἶκον τὸν σὸν ἔκσωσόν μ' ἄγων,
ἢ πρὸς τὰ Χαλκώδοντος ¹ Εὐβοίας σταθμά·
κἀκεῖθεν οὔ μοι μακρὸς εἰς Οἴτην στόλος,   490
Τραχινίαν τε δειράδ' ἢ τὸν εὔροον
Σπερχειὸν ἔσται, πατρί μ' ὡς δείξῃς φίλῳ,
ὃν δὴ παλαί' ἂν ἐξότου δέδοικ' ἐγὼ,
μή μοι βεβήκῃ. Πολλὰ γὰρ τοῖς ἱγμένοις
ἔστελλον αὐτὸν, ἱκεσίους πέμπων λιτὰς,   495
αὐτόστολον πέμψαντά μ' ἐκσῶσαι δόμοις.
Ἀλλ' ἢ τέθνηκεν, ἢ τὰ τῶν διακόνων ²,
ὡς εἰκὸς, οἶμαι, τοὐμὸν ἐν σμικρῷ μέρος
ποιούμενοι, τὸν οἴκαδ' ἤπειγον στόλον.
Νῦν δ', εἰς σὲ γὰρ πομπόν τε καὐτὸν ἄγγελον   500

poupe, dans la sentine même, où enfin j'incommoderai le moins tes compagnons. Au nom de Jupiter, protecteur des suppliants, ne me refuse pas, mon fils, laisse-toi persuader. Malgré ma faiblesse et mes souffrances, je me jette à tes genoux. Ne me laisse pas dans ce désert, où il n'y a aucun vestige d'hommes. Mène-moi dans ta patrie ou dans quelque port de l'Eubée, où régnait Chalcodon. Cette île est voisine de l'OEta, de Trachine et des bords agréables du Sperchius Rends-moi à mon père : hélas! depuis longtemps je crains qu'il ne soit mort. Plus d'une fois j'ai chargé ceux qui abordaient dans cette île de lui porter mes prières, le suppliant de venir avec un vaisseau pour me délivrer et me ramener dans sa maison. Ou il n'est plus, ou ces étrangers, faisant peu de cas de mon message, se sont hâtés de retourner dans leur patrie. Maintenant c'est à toi que j'ai recours ;

ὅποι μέλλω ἀλγυνεῖν	où je dois incommoder
ἥκιστα τοὺς ξυνόντας.	le moins ceux-qui-seront-avec moi.
Νεῦσον, τέκνον,	Consens, *mon* fils,
πρὸς Ζηνὸς αὐτοῦ	au nom de Jupiter même,
ἱκεσίου,	protecteur-des-suppliants,
πείσθητι, χῶλος	sois persuadé, boiteux
προςπιτνῶ γόνασί σε,	je tombe aux genoux à toi,
καίπερ ὢν ἀκράτωρ,	quoique étant impuissant,
ὁ τλήμων·	malheureux *que je suis ;*
ἀλλὰ μὴ ἀφῇς με	mais n'abandonne pas moi
οὕτως ἔρημον	ainsi isolé
χωρὶς στίβου ἀνθρώπων,	loin du sentier des hommes ;
ἀλλὰ ἔκσωσόν με ἄγων	mais sauve moi en *me* conduisant
ἢ προς τὸν σὸν οἶκον,	soit dans ta demeure,
ἢ πρὸς σταθμὰ	soit aux habitations
τὰ Εὐβοίας Χαλκώδοντος,	de l'Eubée de Chalcodon,
καὶ ἐκεῖθεν στόλος οὐ μακρὸς	et de là un voyage non long
ἔσται μοι εἰς Οἴτην,	sera à moi à l'OEta,
δειράδα τε Τραχινίαν,	et au sommet Trachinien,
ἢ Σπερχειὸν τὸν εὔροον	ou au Sperchius au-cours-facile,
ὡς δείξῃς με	afin que tu montres moi
πατρὶ φίλῳ,	à *mon* père chéri,
ὃν δὴ παλαιὰ ἂν	lequel certes *il y a* longtemps
ἐξότου ἐγὼ δέδοικα	depuis que moi je crains
μὴ βεβήκῃ μοι.	qu'il ne soit-en-allé pour moi.
Ἔστελλον γὰρ αὐτὸν πολλὰ	Car je mandais lui beaucoup *de fois*
τοῖς ἱγμένοις,	par *ceux*-qui-étaient-arrivés *ici*,
πέμπων λιτὰς ἱκεσίους,	envoyant *à lui* des prières suppliantes
αὐτόστολον,	pour, *lui* naviguant-lui-même,
ἐκσῶσαί με	sauver moi,
πέμψαντα δόμοις.	*me* ramenant à *mes* demeures.
Ἀλλὰ ἢ τέθνηκεν	Mais ou il est mort,
ἢ τὰ τῶν διακόνων,	ou les choses des (les) envoyés
ποιούμενοι, οἶμαι, ἐν σμικρῷ	faisant, je pense, peu de cas
τὸ ἐμὸν μέρος	de ma portion (de ce qui me regarde).
ὡς εἰκὸς,	comme c'est naturel,
ἤπειγον τὸν οἰκάδε στόλον.	hâtèrent la course vers *leur* demeure.
Νῦν δὲ, ἥκω γὰρ εἰς σὲ	Mais maintenant, car je viens à toi
πομπόν τε	*qui-es* et *mon* conducteur
καὶ αὐτὸν ἄγγελον,	et le même *mon* messager,

ἥκω, σὺ σῶσον, σύ μ' ἐλέησον, εἰσορῶν
ὡς πάντα δεινὰ κἀπικινδύνως βροτοῖς
κεῖται, παθεῖν μὲν εὖ, παθεῖν δὲ θάτερα.
Χρὴ δ' ἐκτὸς ὄντα πημάτων, τὰ δείν' ὁρᾶν,
χὥταν τις εὖ ζῇ, τηνικαῦτα τὸν βίον   505
σκοπεῖν μάλιστα, μὴ διαφθαρεὶς λάθῃ.

ΧΟΡΟΣ.
(Ἀντιστροφή.)

Οἴκτειρ', ἄναξ. Πολλῶν ἔλεξεν δυσοίστων πόνων
ἆθλ', ὅσσα μηδεὶς τῶν ἐμῶν τύχοι φίλων.
Εἰ δὲ πικροὺς, ἄναξ,   510
ἔχθεις Ἀτρείδας,
ἐγὼ μὲν, τὸ κείνων
κακὸν ¹ τῷδὲ κέρδος
μετατιθέμενος, ἔν-
θαπερ ἐπιμέμονεν,   515
ἐπ' εὐστόλου ταχείας νεὼς πορεύσαιμ'
ἂν ἐς δόμους, τὰν ἐκ θεῶν
νέμεσιν ἐκφυγών.

ΝΕΟΠΤΟΛΕΜΟΣ.

Ὅρα σὺ μὴ νῦν μέν τις εὐχερὴς παρῇς,
ὅταν δὲ πλησθῇς τῆς νόσου ξυνουσίᾳ,   520
τότ' οὐκ ἔθ' αὑτὸς τοῖς λόγοις τούτοις φανῇς.

sois mon libérateur et mon guide, sauve-moi, prends pitié de moi;
considère les maux et les périls auxquels sont exposés les hommes,
éprouvant tour à tour les bienfaits et les rigueurs du sort. Il ne faut
pas perdre de vue le malheur quand on en est éloigné; et lorsqu'on
est heureux, c'est alors surtout qu'il faut veiller sur sa vie, pour ne
pas se laisser surprendre par l'adversité.

LE CHOEUR. Prends pitié de lui, prince; il a dit ses longues et
intolérables douleurs : puissent ceux que j'aime n'en éprouver jamais
de semblables! Pour moi, si tu hais les cruels Atrides, je ferais servir leur injustice à son avantage, et cédant à ses instances, je le ra-
mènerais sur notre vaisseau rapide dans la patrie qu'il brûle de
revoir, évitant-ainsi la vengeance des dieux.

NÉOPTOLÈME. Prends garde de te montrer maintenant trop facile : peut-être ensuite, fatigué de sa présence et de son mal, chan-
geras-tu de langage.

σὺ σῶσον,
σὺ ἐλέησόν με, εἰσορῶν
ὡς βροτοῖς
πάντα κεῖται
δεινὰ καὶ ἐπικινδύνως,
παθεῖν μὲν εὖ,
παθεῖν δὲ
τὰ ἕτερα.
Χρὴ δὲ ὁρᾶν τὰ δεινά,
ὄντα ἐκτὸς πημάτων·
καὶ ὅταν τις ζῇ εὖ,
τηνικαῦτα μάλιστα σκοπεῖν
τὸν βίον
μὴ λάθῃ διαφθαρείς.

toi sauve *moi*,
toi aie-pitié de moi, considérant
combien pour les mortels
toutes-choses sont situées
d'une manière-terrible et dangereuse,
pour éprouver d'un côté du bien,
pour éprouver de l'autre
les choses opposées.
Mais il faut voir les choses terribles,
étant en dehors des maux ;
et quand quelqu'un vit bien,
alors surtout observer
la vie
de peur qu'il ne sache-pas étant perdu.

(Ἀντιστροφή.)

ΧΟΡΟΣ. Ἄναξ, οἴκτειρε·
ἔλεξεν ἆθλα
πολλῶν πόνων
δυσοίστων,
ὅσσα μηδεὶς τῶν ἐμῶν φίλων
τύχοι.
Εἰ δὲ ἔχθεις, ἄναξ,
πικροὺς Ἀτρείδας,
ἐγὼ μὲν μετατιθέμενος
τὸ κακὸν κείνων κέρδος τῷδε,
πορεύσαιμι ἂν
ἐπὶ νεὼς ταχείας
εὐστόλου, ἐς δόμους
ἔνθαπερ ἐπιμέμονεν,
ἐκφυγὼν νέμεσιν τὰν ἐκ θεῶν.
ΝΕΟΠΤΟΛΕΜΟΣ. Σὺ ὅρα,
μὴ νῦν μὲν
παρῇς
τὶς εὐχερής·
ὅταν δὲ πλησθῇς
τῆς νόσου
ξυνουσίᾳ,
τότε φανῇς οὐκ ἔτι
ὁ αὐτὸς τούτοις τοῖς λόγοις.

(*Antistrophe.*)

LE CHOEUR. Roi, aie-pitié ;
il a dit les luttes
de beaucoup de travaux
difficiles-à-supporter,
tous-lesquels aucun de mes amis
puisse-recevoir-en-partage.
Mais si tu hais, ô roi,
les cruels Atrides,
pour moi, changeant
le mal de ceux-là en gain pour celui-ci,
je *le* conduirais
sur un vaisseau rapide,
bien-équipé, vers *ses* demeures,
où il désire *être conduit*,
fuyant la vengeance des dieux.
NÉOPTOLÈME. Toi, vois,
de peur que maintenant d'un côté
tu ne permettes,
étant un homme d'humeur-facile ;
et de l'autre quand tu seras-plein
de la maladie,
à cause de la cohabitation,
alors tu ne paraisses plus
le même (d'accord) avec ces paroles.

ΧΟΡΟΣ.

Ἥκιστα. Τοῦτ' οὐκ ἔσθ' ὅπως ποτ' εἰς ἐμὲ
τοὔνειδος ἕξεις ἐνδίκως ὀνειδίσαι.

ΝΕΟΠΤΟΛΕΜΟΣ.

Ἀλλ' αἰσχρὰ ¹ μέντοι σοῦ γέ μ' ἐνδεέστερον
ξένῳ φανῆναι πρὸς τὸ καίριον πονεῖν.   525
Ἀλλ', εἰ δοκεῖ, πλέωμεν· ὁρμάσθω ταχύς·
χἠ ναῦς γὰρ ἄξει, κοὐκ ἀπαρνηθήσεται.
Μόνον θεοὶ σώζοιεν ἔκ γε τῆσδε γῆς
ἡμᾶς, ὅποι τ' ἐνθένδε βουλοίμεσθα πλεῖν.

ΦΙΛΟΚΤΗΤΗΣ.

Ὦ φίλτατον μὲν ἦμαρ, ἥδιστος δ' ἀνὴρ,   530
φίλοι δὲ ναῦται, πῶς ἂν ὑμὶν ἐμφανὴς
ἔργῳ γενοίμην, ὥς μ' ἔθεσθε προσφιλῆ;
Ἴωμεν, ὦ παῖ, προσκύσαντε τὴν ἔσω
ἄοικον εἰσοίκησιν, ὥς με καὶ μάθῃς,
ἀφ' ὧν διέζων, ὥς τ' ἔφυν εὐκάρδιος.   535
Οἶμαι γὰρ οὐδ' ἂν ὄμμασιν μόνην θέαν
ἄλλον λαβόντα, πλὴν ἐμοῦ, τλῆναι τάδε·
ἐγὼ δ' ἀνάγκῃ προὔμαθον στέργειν κακά.

ΧΟΡΟΣ.

Ἐπίσχετον· μάθωμεν. Ἄνδρε γὰρ δύο,

LE CHOEUR. Non, jamais tu ne pourras avec justice me faire ce reproche.

NÉOPTOLÈME. Eh bien, je rougirais de paraître moins empressé que toi de secourir cet étranger. Allons, si tu le veux, partons. Qu'il se hâte de nous suivre; notre vaisseau l'emmènera, j'y consens. Puissent seulement les dieux nous accorder un heureux départ, et nous conduire où nous voulons aller en partant d'ici!

PHILOCTÈTE. O jour trois fois heureux! O le plus généreux des hommes! Chers compagnons, comment pourrais-je vous exprimer ma reconnaissance? Allons, ô mon fils, dire adieu à cette triste demeure: tu connaîtras ma vie et ma constance. Nul autre n'aurait pu supporter seulement la vue de mes souffrances; pour moi la nécessité m'a appris à me résigner à ma misère.

LE CHOEUR. Attendez, sachons ce qu'on veut nous dire. Voici

ΧΟΡΟΣ. Ἥκιστα· LE CHOEUR. Nullement ;
Οὐκ ἔστιν il n'est pas *possible*
ὅπως ἕξεις ποτὲ que tu aies jamais
ὀνειδίσαι εἰς ἐμὲ à reprocher à moi
τοῦτο τὸ ὄνειδος ἐνδίκως. cette honte avec-justice.
ΝΕΟΠΤΟΛΕΜΟΣ. Ἀλλὰ μέντοι NÉOPTOLÈME. Mais cependant
αἰσχρὰ μὲ φανῆναι *il serait* honteux moi paraître
ἐνδεέστερον σοῦ γε moins-empressé que toi
πονεῖν πρὸς τὸ καίριον à travailler à propos
ξένῳ. Ἀλλὰ pour l'étranger. Mais
πλέωμεν, εἰ δοκεῖ· naviguons, s'il te semble *convenable*;
ὁρμάσθω ταχύς· qu'il parte prompt (promptement) ;
καὶ γὰρ ἡ ναῦς ἄξει, car le vaisseau *le* conduira,
καὶ οὐκ ἀπαρνηθήσεται. et il ne sera pas refusé.
Μόνον θεοὶ Seulement les dieux
σώζοιεν ἡμᾶς, puissent-ils-sauver nous,
ἔκ γε τῆσδε γῆς, au moins de cette terre
ὅποι τε βουλοίμεσθα et *nous conduire* où nous voudrons
πλεῖν ἐνθένδε. naviguer *en partant* d'ici.
ΦΙΛΟΚΤΗΤΗΣ. Ὢ ἦμαρ PHILOCTÈTE. O jour
φίλτατον μὲν , d'un côté très-cher ,
ἀνὴρ δὲ ἥδιστος, homme de l'autre côté très-agréable ,
ναῦται δὲ φίλοι, et matelots amis,
πῶς ἂν γενοίμην comment pourrais-je-devenir
ἐμφανὴς ὑμιν ἔργῳ, manifeste à vous par l'action ,
ὡς ἔθεσθέ με προςφιλῆ ; comme vous avez rendu moi ami ?
Ὢ παῖ, ἴωμεν O *mon* enfant, allons-nous-en
προςχύσαντε ayant adoré
εἰσοίκησιν τὴν ἔσω ἄοικον , l'habitation intérieure inhabitable ,
ὡς καὶ μάθῃς με afin aussi que tu apprennes moi
ἀπὸ ὧν διέζων, de quelles choses je vivais,
ὥς τε ἔφυν εὐκάρδιος. et comme je suis-né courageux.
Οἶμαι γὰρ ἄλλον, πλὴν ἐμοῦ, Car je crois un autre excepté moi
τλῆναι ἂν τάδε *n'*avoir pu supporter ces choses,
οὐδὲ λαβόντα pas même *en* ayant pris
ἔμμασιν θέαν μόνην· de *ses* yeux la vue seule ;
ἐγὼ δὲ προὔμαθον ἀνάγκῃ pour moi j'ai appris par la nécessité
στέργειν κακά. à me soumettre aux maux.
ΧΟΡΟΣ. Ἐπίσχετον· LE CHOEUR. Arrêtez ;
μάθωμεν. que nous apprenions *quelque-chose.*

ὁ μὲν νεὼς σῆς ναυβάτης, ὁ δ' ἀλλόθρους,   540
χωρείτων, ὧν μαθόντες αὖθις εἴσιτον.

ΕΜΠΟΡΟΣ [1].

Ἀχιλλέως παῖ, τόνδε τὸν ξυνέμπορον,
ὃς ἦν νεὼς σῆς ξὺν δυοῖν ἄλλοιν φύλαξ,
ἐκέλευσ' ἐμοί σε, ποῦ κυροῖν εἴης, φράσαι,
ἐπείπερ ἀντέκυρσα, δοξάζων μὲν οὔ,   545
τύχῃ δέ πως πρὸς ταὐτὸν ὁρμισθεὶς πέδον.
Πλέων γὰρ, ὡς ναύκληρος, οὐ πολλῷ στόλῳ
ἐξ Ἰλίου πρὸς οἶκον, ἐς τὴν εὔβοτρυν
Πεπάρηθον [2], ὡς ἤκουσα τοὺς ναύτας, ὅτι
σοὶ πάντες εἶεν οἱ νεναυστοληκότες [3],   550
ἔδοξέ μοι μὴ σῖγα, πρὶν φράσαιμί σοι,
τὸν πλοῦν ποιεῖσθαι, προστυχόντι τῶν ἴσων.
Οὐδὲν σύ που κάτοισθα τῶν σαυτοῦ πέρι,
ἃ τοῖσιν Ἀργείοισιν ἀμφὶ σοῦ νέα
βουλεύματ' ἐστί· κοὐ μόνον βουλεύματα,   555
ἀλλ' ἔργα δρώμεν', οὐκ ἔτ' ἐξαργούμενα.

ΝΕΟΠΤΟΛΕΜΟΣ.

Ἀλλ' ἡ χάρις μὲν τῆς προμηθείας, ξένε,
εἰ μὴ κακὸς πέφυκα, προσφιλὴς μενεῖ·

deux hommes dont l'un est de ton vaisseau et l'autre étranger. Ils s'avancent; vous entrerez après les avoir entendus.

LE MARCHAND. Fils d'Achille, j'ai prié cet homme, qui gardait ton vaisseau avec deux de ses compagnons, de me dire où tu étais, puisque j'ai, contre mon attente, rencontré ton vaisseau, et que le hasard m'a conduit au même rivage. Je viens d'Ilion, et j'allais avec un faible équipage dans ma patrie, la fertile Péparèthe, lorsque j'ai appris que tous les matelots étaient à toi; je n'ai pas voulu continuer ma route sans te donner un avis dont j'attends une juste récompense. Tu ignores sans doute les nouveaux projets que les Grecs ont formés contre toi; et ce ne sont pas seulement des projets, mais bien des actions qui s'exécutent à cette heure même.

NÉOPTOLÈME. Etranger, si je ne suis pas un ingrat, je n'oublie-

Ἄνδρε γὰρ δύο,	Car deux hommes
ὁ μὲν ναυβάτης νεὼς σῆς,	l'un, marin de ton navire,
ὁ δὲ ἀλλόθρους χωρεῖτον,	l'autre, étranger, approchent,
ὧν μαθόντες	desquels ayant appris,
εἴςιτον αὖθις.	entrez de nouveau.
ΕΜΠΟΡΟΣ. Παῖ Ἀχιλλέως,	LE MARCHAND. Fils d'Achille,
ἐκέλευσα	j'ai ordonné
τόνδε τὸν ξυνέμπορον	à ce compagnon-de-voyage,
ὃς ἦν φύλαξ νεὼς σῆς	qui était gardien du vaisseau tien,
σὺν δυοῖν ἄλλοιν,	avec deux autres
φράσαι σε ἐμοὶ	d'indiquer toi à moi
ποῦ κυρῶν εἴης,	où te-trouvant tu étais,
ἐπείπερ ἀντέκυρσα,	puisque je t'ai rencontré,
δοξάζων μὲν οὔ,	ne le supposant à-la-vérité point,
ὁρμισθεὶς δὲ τύχῃ πως	mais ayant abordé par hasard
πρὸς τὸ αὐτὸν πέδον.	à la même terre.
Πλέων γὰρ,	Car naviguant
ὡς ναύκληρος,	comme maître-de-navire
ἐξ Ἰλίου πρὸς οἶκον,	d'Ilion vers ma demeure,
ἐς Πεπάρηθον τὴν εὔβοτρυν	Peparèthe la riche-en-grappes,
στόλῳ οὐ πολλῷ,	avec un équipage non nombreux,
ὡς ἤκουσα τοὺς ναύτας,	quand j'entendis au sujet des marins
ὅτι πάντες οἱ νεναυστοληκότες	que tous ceux-qui-avaient-navigué
εἶεν σοὶ, ἔδοξέ μοι	étaient à toi, il a semblé-bon à moi
μὴ ποιεῖσθαι πλοῦν σῖγα	de ne pas faire navigation en-silence,
πρὶν φράσαιμί σοι,	avant que j'eusse parlé à toi,
προςτυχόντι	à moi ayant obtenu
τῶν ἴσων.	les récompenses équitables.
Σὺ κάτοισθα οὐδέν που	Tu ne sais rien peut-être,
τῶν περὶ σαυτοῦ,	des choses au sujet de toi,
ἃ ἐστι τοῖσιν Ἀργείοισι	lesquelles sont aux Argiens
βουλεύματα νέα ἀμφὶ σοῦ ·	projets nouveaux au sujet de toi;
καὶ οὐ μόνον βουλεύματα	et non-seulement projets,
ἀλλὰ ἔργα δρώμενα	mais actions, qui-se-font,
οὐκ ἐξαργούμενα ἔτι.	et qui-ne-se-diffèrent plus.
ΝΕΟΠΤΟΛΕΜΟΣ. Ἀλλὰ, ὦ ξένε,	NÉOPTOLÈME. Mais, ô étranger,
ἡ μὲν χάρις τῆς προμηθείας	d'un côté le bienfait de ta prévoyance
μενεῖ προςφιλής,	restera cher à moi,
εἰ μὴ πέφυκα κακός·	si je ne suis-pas-né méchant;
φράσον δὲ	mais explique

φράσον δ' ἅπερ γ' ἔλεξας, ὡς μάθω τί μοι
νεώτερον βούλευμ' ἀπ' Ἀργείων ἔχεις.   560

ΕΜΠΟΡΟΣ.

Φροῦδοι διώχοντές σε ναυτικῷ στόλῳ
Φοῖνιξ θ' ὁ πρέσβυς, οἵ τε Θησέως χόροι [1].

ΝΕΟΠΤΟΛΕΜΟΣ.

Ὡς ἐκ βίας μ' ἄξοντες, ἢ λόγοις, πάλιν;

ΕΜΠΟΡΟΣ.

Οὐκ οἶδ'· ἀκούσας δ' ἄγγελος πάρειμί σοι.

ΝΕΟΠΤΟΛΕΜΟΣ.

Ἦ ταῦτα δὴ Φοῖνιξ τε χοἰ ξυνναυβάται   565
οὕτω καθ' ὁρμὴν δρῶσιν Ἀτρειδῶν χάριν;

ΕΜΠΟΡΟΣ.

Ὡς ταῦτ' ἐπίστω δρώμεν', οὐ μέλλοντ' ἔτι.

ΝΕΟΠΤΟΛΕΜΟΣ.

Πῶς οὖν Ὀδυσσεὺς πρὸς τάδ' οὐκ αὐτάγγελος
πλεῖν ἦν ἕτοιμος; ἢ φόβος τις εἶργέ νιν;

ΕΜΠΟΡΟΣ.

Κεῖνός γ' ἐπ' ἄλλον ἄνδρ' ὁ Τυδέως τε παῖς   570
ἔστελλον, ἡνίκ' ἐξανηγόμην ἐγώ.

ΝΕΟΠΤΟΛΕΜΟΣ.

Πρὸς ποῖον ἂν τόνδ' αὐτὸς οὑδυσσεὺς ἔπλει;

---

rai pas ton zèle officieux. Mais explique-toi, que je sache les nouveaux projets des Grecs contre moi.

LE MARCHAND. Le vieux Phénix et les fils de Thésée sont partis avec une flotte pour te poursuivre.

NÉOPTOLÈME. Pour me ramener par la force ou par la persuasion?

LE MARCHAND. Je ne sais; je te rapporte ce que j'ai entendu.

NÉOPTOLÈME. Quoi! Phénix et ses compagnons s'empressent-ils ainsi de plaire aux Atrides?

LE MARCHAND. Sache que leur projet s'exécute sans retard.

NÉOPTOLÈME. Comment Ulysse n'était-il pas prêt à se charger de cette expédition? Était-il retenu par quelque crainte?

LE MARCHAND. Ce prince et le fils de Tydée allaient à la poursuite d'un autre chef, quand je mis à la voile.

NÉOPTOLÈME. Quel est donc celui qu'Ulysse allait chercher?

ἅπερ γε ἔλεξας,	*les choses* que tu as dites,
ὡς μάθω	afin que j'apprenne
τί βούλευμα νεώτερον	quel projet plus récent
ἀπὸ Ἀρχείων ἔχεις μοι.	de la part des Argiens tu as pour moi.
ΕΜΠΟΡΟΣ. Φοίνιξ τε	LE MARCHAND. Et Phénix
ὁ πρέσβυς	le vieillard,
οἵ τε κόροι Θησέως	et les jeunes-fils de Thésée
φροῦδοι διώκοντές σε	*sont* partis poursuivant toi
στόλῳ ναυτικῷ.	avec une expédition navale.
ΝΕΟΠΤΟΛΕΜΟΣ. Ὡς	NÉOPTOLÈME. Comme
ἄξοντές με πάλιν	devant conduire moi de nouveau
ἐκ βίας, ἢ λόγοις;	par force, ou avec des paroles?
ΕΜΠΟΡΟΣ. Οὐκ οἶδα·	LE MARCHAND. Je ne sais;
ἀκούσας δὲ	mais ayant entendu
πάρειμί σοι	je suis-présent à toi
ἄγγελος.	porteur-de-la-nouvelle.
ΝΕΟΠΤΟΛΕΜΟΣ. Ἦ δὴ	NÉOPTOLÈME. Est-ce donc que
Φοίνιξ τε	et Phénix
καὶ οἱ ξυνναυβάται	et *ses* compagnons-de-navigation
δρῶσι ταῦτα	font ces choses
οὕτω κατὰ ὁρμὴν	ainsi avec impétuosité
χάριν Ἀτρειδῶν;	pour l'amour des Atrides?
ΕΜΠΟΡΟΣ. Ἐπίστω	LE MARCHAND. Sache
ταῦτα ὡς δρώμενα	ces choses comme se-faisant,
οὐκ ἔτι μέλλοντα.	non plus *comme* devant *se faire*.
ΝΕΟΠΤΟΛΕΜΟΣ. Πῶς οὖν	NÉOPTOLÈME. Comment donc
Ὀδυσσεὺς οὐκ ἦν	Ulysse n'était-il pas
ἕτοιμος πλεῖν	prêt à naviguer
αὐτάγγελος	*étant* messager-lui-même
πρὸς τάδε;	pour ces choses?
ἢ φόβος τις,	est-ce que quelque crainte
εἶργέ νιν;	empêchait lui.
ΕΜΠΟΡΟΣ. Κεῖνός γε	LE MARCHAND. Celui-là en effet
ὅ τε παῖς Τυδέως	et le fils de Tydée
ἔστελλον	préparaient-un-voyage
ἐπὶ ἄλλον ἄνδρα,	vers un autre homme
ἡνίκα ἐγὼ ἐξανηγόμην.	quand moi je mettais à la voile.
ΝΕΟΠΤΟΛΕΜΟΣ. Πρὸς τόνδε	NÉOPTOLÈME. Vers celui-là
ποῖον ἂν ἔπλει	quel *étant*, naviguait
ὁ Ὀδυσσεύς αὐτός;	Ulysse lui-même?

ΕΜΠΟΡΟΣ.

Ἦν δή τις. Ἀλλὰ τόνδε μοι πρῶτον φράσον,
τίς ἐστιν· ἂν λέγῃς δὲ, μὴ φώνει μέγα.

ΝΕΟΠΤΟΛΕΜΟΣ.

Ὅδ' ἔσθ' ὁ κλεινός σοι Φιλοκτήτης, ξένε.   575

ΕΜΠΟΡΟΣ.

Μή νύν μ' ἔρῃ τὰ πλείον', ἀλλ' ὅσον τάχος
ἔκπλει, σεαυτὸν ξυλλαβὼν, ἐκ τῆσδε γῆς.

ΦΙΛΟΚΤΗΤΗΣ.

Τί φησιν, ὦ παῖ; τί με κατὰ σκότον ¹ ποτὲ
διεμπολᾷ λόγοισι πρός σ' ὁ ναυβάτης;

ΝΕΟΠΤΟΛΕΜΟΣ.

Οὐκ οἶδά πω τί φησι· δεῖ δ' αὐτὸν λέγειν   580
ἐς φῶς ὃ λέξει, πρὸς σὲ κἀμὲ, τούσδε τε.

ΕΜΠΟΡΟΣ.

Ὦ σπέρμ' Ἀχιλλέως, μή με διαβάλῃς στρατῷ,
λέγονθ' ἃ μὴ δεῖ· πόλλ' ἐγὼ κείνων ὕπο
δρῶν ἀντιπάσχω χρηστά γ', οἷ' ἀνὴρ πένης.

ΝΕΟΠΤΟΛΕΜΟΣ.

Ἐγώ εἰμ' Ἀτρείδαις δυσμενής· οὗτος δέ μοι   585
φίλος μέγιστος, οὕνεχ' Ἀτρείδας στυγεῖ.

LE MARCHAND. C'était..... Mais dis-moi d'abord quel est cet
homme; réponds à voix basse.

NÉOPTOLÈME. Étranger, c'est le célèbre Philoctète.

LE MARCHAND. Ne m'interroge pas davantage, mais hâte-toi de
partir et de fuir ces bords.

PHILOCTÈTE. Que dit-il, mon fils? Est-ce une trahison que ce pilote trame dans l'ombre contre moi?

NÉOPTOLÈME. Je ne sais ce qu'il veut dire, mais il faut qu'il s'explique clairement devant nous tous.

LE MARCHAND. Fils d'Achille, ne me perds pas auprès des Grecs
en me faisant dire ce que je dois taire; je reçois d'eux de nombreux
bienfaits, en échange des services que je leur rends dans ma pauvreté.

NÉOPTOLÈME. Je suis l'ennemi des Atrides; et cet homme m'est

ΕΜΠΟΡΟΣ. Ἦν δή
τις.
Ἀλλὰ φράσον μοι
πρῶτον τόνδε,
τίς ἐστιν·
φώνει δὲ μὴ μέγα,
ἃ ἂν λέγης.
ΝΕΟΠΤΟΛΕΜΟΣ. Ξένε,
ὅδε ἐστί σοι
ὁ κλεινὸς Φιλοκτήτης.
ΕΜΠΟΡΟΣ. Μή νυν ἔρη
τὰ πλείονά με,
ἀλλὰ ἔκπλει
ὅσον τάχος,
ξυλλαβὼν σεαυτὸν
ἐκ τῆςδε γῆς.
ΦΙΛΟΚΤΗΤΗΣ. Τί φησιν,
ὦ παῖ;
τί ποτε ὁ ναυβάτης
διεμπολᾷ με λόγοισι
κατὰ σκότος πρός σε;
ΝΕΟΠΤΟΛΕΜΟΣ. Οὐκ οἶδά πω,
τί φησι· δεῖ δὲ αὐτὸν
λέγειν εἰς φῶς ὃ λέξει,
πρὸς σὲ καὶ ἐμὲ τούςδε τε.
ΕΜΠΟΡΟΣ. Ὦ σπέρμα
Ἀχιλλέως,
μὴ διαβάλῃς στρατῷ
λέγοντά με
ἃ μὴ δεῖ·
ἐγὼ ἀντιπάσχω
ὑπὸ κείνων
πολλὰ χρηστά γε
δρῶν
οἷα ἀνὴρ πένης.
ΝΕΟΠΤΟΛΕΜΟΣ. Ἐγώ εἰμι
δυσμενὴς Ἀτρείδαις·
οὗτος δὲ φίλος
μέγιστός μοι,
οὕνεκα στυγεῖ Ἀτρείδας.

LE MARCHAND C'était sans doute quelqu'un.
Mais dis à moi d'abord celui-ci, qui il est; mais ne prononce pas haut les choses que tu as-à-dire.
NÉOPTOLÈME. Étranger, celui-ci est pour toi le célèbre Philoctète.
LE MARCHAND. Ne demande donc pas le surplus à moi; mais mets-à-la-voile au plus vite ayant enlevé toi-même de ce pays.
PHILOCTÈTE. Que dit-il, ô *mon* fils? en quoi donc le nautonier trafique-t-il de moi par *ses* discours dans les ténèbres avec toi?
NÉOPTOLÈME. Je ne sais pas encore, ce qu'il dit; mais il faut lui dire au *grand* jour ce qu'il dira, à toi, et à moi, et à ceux-là.
LE MARCHAND. O rejeton d'Achille, ne brouille pas avec l'armée moi disant *les choses* qu'il ne faut pas; moi j'éprouve-à-mon-tour de la part d'eux beaucoup de bonnes choses, *en leur en* faisant autant que *peut* un homme pauvre.
NÉOPTOLÈME. Moi je suis ennemi aux Atrides; mais celui-ci *est* ami très-grand à moi, parce qu'il hait les Atrides.

Δεῖ δή σ', ἔμοιγ' ἐλθόντα προςφιλῆ, λόγον
κρύψαι πρὸς ἡμᾶς μηδέν' ὧν ἀκήκοας.
ΕΜΠΟΡΟΣ.
Ὅρα τί ποιεῖς, παῖ.
ΝΕΟΠΤΟΛΕΜΟΣ.
Σκοπῶ κἀγὼ πάλαι.
ΕΜΠΟΡΟΣ.
Σὲ θήσομαι τῶνδ' αἴτιον.
ΝΕΟΠΤΟΛΕΜΟΣ.
Ποιοῦ, λέγων [1].   590
ΕΜΠΟΡΟΣ.
Λέγω· 'πὶ τοῦτον ἄνδρε τώδ', ὥπερ κλύεις,
ὁ Τυδέως παῖς ἥ τ' Ὀδυσσέως βία,
διώμοτοι πλέουσιν, ἦ μὴν ἢ λόγῳ
πείσαντες ἄξειν, ἢ πρὸς ἰσχύος κράτος.
Καὶ ταῦτ' Ἀχαιοὶ πάντες ἤκουον σαφῶς   595
Ὀδυσσέως λέγοντος. Οὗτος γὰρ πλέον
τὸ θάρσος εἶχε θατέρου δράσειν τάδε.
ΝΕΟΠΤΟΛΕΜΟΣ.
Τίνος δ' Ἀτρεῖδαι τοῦδ' ἄγαν οὕτω, χρόνῳ
τοσῷδ', ἐπεστρέφοντο πράγματος χάριν,
ὅν γ' εἶχον ἤδη χρόνιον ἐκβεβληκότες ;   600
Τίς ὁ πόθος αὐτοὺς ἵκετ', ἢ θεῶν βία
καὶ νέμεσις, οἵπερ ἔργ' ἀμύνουσιν κακά;

cher parce qu'il les déteste. Il faut donc, puisque l'amitié t'amène auprès de moi, ne nous rien déguiser de ce que tu as entendu.

LE MARCHAND. Songe à ce que tu fais, mon fils.

NÉOPTOLÈME. J'y ai songé.

LE MARCHAND. Je te rendrai responsable de tout.

NÉOPTOLÈME. J'y consens; parle.

LE MARCHAND. Eh bien ! c'est cet homme que poursuivent, comme je l'ai dit, Ulysse et Diomède. Ils ont juré en partant de le ramener de gré ou de force. Tous les Grecs l'ont entendu dire à Ulysse ; il paraissait, plus encore que Diomède, assuré du succès.

NÉOPTOLÈME. Qui a pu, après tant d'années, engager les Atrides à songer à celui qu'ils ont abandonné depuis si longtemps? D'où leur vient ce désir? Est-ce un ordre des dieux, dont la colère punit les actions coupables?

PHILOCTÈTE.

7 1

Δεῖ δή σε ἐλθόντα — Il faut donc toi étant venu
προςφιλῆ ἔμοιγε — *comme* ami à moi du moins
κρύψαι πρὸς ἡμᾶς — cacher à nous
μηδένα λόγον, — aucune parole
ὧν ἀκήκοας. — de celles que tu as entendues.
ΕΜΠΟΡΟΣ. Παῖ, — LE MARCHAND. *Mon* fils,
ὅρα τί ποιεῖς. — vois ce que tu fais.
ΝΕΟΠΤΟΛΕΜΟΣ. Καὶ — NÉOPTOLÈME. Même
πάλαι ἐγὼ σκοπῶ. — depuis longtemps j'y fais-attention.
ΕΜΠΟΡΟΣ. Θήσομαί σε — LE MARCHAND. Je rendrai toi
αἴτιον τῶνδε. — responsable de ces choses.
ΝΕΟΠΤΟΛΕΜΟΣ. Ποιοῦ λέγων. — NÉOPTOLÈME. Fais-*le* en parlant.
ΕΜΠΟΡΟΣ. Λέγω· — LE MARCHAND. Je parle ;
τώδε ἄνδρε, ὥπερ κλύεις, — ces deux-hommes que tu as entendus,
παῖς ὁ Τυδέως, — le fils de Tydée, .
ἥ τε βία Ὀδυσσέως — et la violence d'Ulysse,
πλέουσιν ἐπὶ τοῦτον, — naviguent vers celui-ci,
διώμοτοι, — liés-par-le-serment
ἦ μὴν ἄξειν — assurément d'amener *lui*
ἢ πείσαντες λόγῳ, — ou *l*'ayant persuadé par la parole,
ἢ πρὸς κράτος ἰσχύος. — ou par le pouvoir de la force.
Καὶ πάντες Ἀχαιοὶ — Et tous les Achéens
ἤκουον σαφῶς Ὀδυσσέως — entendirent Ulysse clairement
λέγοντος ταῦτα. — disant ces choses.
Οὗτος γὰρ εἶχε — Car celui-ci avait
τὸ θάρσος — la confiance
πλέον τοῦ ἑτέρου — plus grande que l'autre
δράσειν τάδε. — pour faire ces choses.
ΝΕΟΠΤΟΛΕΜΟΣ. Χάριν δὲ — NÉOPTOLÈME. Mais à cause
τίνος πράγματος — de quelle chose
Ἀτρεῖδαι ἐπεστρέφοντο — les Atrides se sont-ils préoccupés
τοσῷδε χρόνῳ, — après un si-long temps,
οὕτως ἄγαν τοῦδε, — ainsi trop de celui-ci,
ὃν γε εἶχον ἐκβεβληκότες — qu'ils avaient ayant rejeté
ἤδη χρόνιον; — déjà depuis-longtemps?
τίς ὁ πόθος ἵκετο αὐτούς ; — quel *est* le désir *qui* est venu à eux ?
ἢ βία — ou *quelle* force
καὶ νέμεσις θεῶν, — et vengeance des dieux,
οἵπερ ἀμύνουσιν — qui punissent
ἔργα κακά; — les actions mauvaises?

ΕΜΠΟΡΟΣ.

Ἐγώ σε τοῦτ’ (ἴσως γὰρ οὐκ ἀκήκοας)
πᾶν ἐκδιδάξω. Μάντις ἦν τις εὐγενὴς,
Πριάμου μὲν υἱὸς, ὄνομα δ’ ὠνομάζετο   605
Ἕλενος, ὃν οὗτος, νυκτὸς ἐξελθὼν μόνος,
ὁ πάντ’ ἀκούων αἰσχρὰ καὶ λωβήτ’ ἔπη
δόλιος Ὀδυσσεὺς ¹ εἷλε, δέσμιόν τ’ ἄγων
ἔδειξ’ Ἀχαιοῖς ἐς μέσον, θήραν καλήν·
ὃς δὴ τά τ’ ἄλλ’ αὐτοῖσι πάντ’ ἐθέσπισε,   610
καὶ τἀπὶ Τροίᾳ Πέργαμ’ ὡς οὐ μή ποτε
πέρσοιεν, εἰ μὴ τόνδε, πείσαντες λόγῳ,
ἄγοιντο νήσου τῆσδ’, ἐφ’ ἧς ναίει τανῦν.
Καὶ ταῦθ’ ὅπως ἤκουσ’ ὁ Λαέρτου τόκος
τὸν μάντιν εἰπόντ’, εὐθέως ὑπέσχετο   615
τὸν ἄνδρ’ Ἀχαιοῖς τόνδε δηλώσειν ἄγων·
οἴοιτο ² μὲν μάλισθ’, ἑκούσιον λαβών·
εἰ μὴ θέλοι δ’, ἄκοντα· καὶ τούτων, κάρα
τέμνειν ἐφεῖτο τῷ θέλοντι, μὴ τυχών.

LE MARCHAND. Je vais t’apprendre tout, car sans doute tu l’i-
gnores. Il y avait à Troie un célèbre devin, fils de Priam, nommé
Hélénus. Le fourbe Ulysse, digne de tous les noms les plus injurieux,
sort du camp seul, pendant la nuit, le fait prisonnier, et l’amenant
chargé de chaînes, présente aux yeux des Grecs cette glorieuse proie.
Entre autres prédictions, Hélénus leur dit que jamais ils ne renver-
seraient les tours de Troie, si par la persuasion ils ne ramenaient
Philoctète de l’île qu’il habite maintenant. A peine le fils de Laerte
eut-il entendu ces paroles, qu’il promit à l’instant aux Grecs de leur
amener ce guerrier, soit par la persuasion (il se flatte d’y réussir),
soit par la force s’il refuse; et il a répondu du succès sur sa tête. Mon

ΕΜΠΟΡΟΣ. Ἐγὼ	LE MARCHAND. Moi
ἐκδιδάξω σε πᾶν τοῦτο,	j'enseignerai à toi tout cela ;
ἴσως γὰρ οὐκ ἀκήκοας·	car sans-doute tu ne l'as pas entendu.
Εὐγενής τις μάντις ἦν,	Un noble devin était,
υἱὸς μὲν Πριάμου,	d'un côté il était fils de Priam,
ὠνομάζετο δὲ	de l'autre il se nommait
ὄνομα Ἕλενος,	quant à son nom Hélénus,
ὃν οὗτος,	lequel cet homme,
ὁ ἀκούων	celui qui entend (dont on dit)
πάντα ἔπη	toutes les paroles
αἰσχρὰ καὶ λωβητὰ,	honteuses et injurieuses,
δόλιος Ὀδυσσεὺς,	le rusé Ulysse,
ἐξελθὼν μόνος	étant sorti se
νυκτὸς, εἷλεν	de nuit, prit
ἄγων τε δέσμιον	et amenant enchaîné
ἔδειξεν,	montra,
καλὴν θήραν,	comme une belle proie,
Ἀχαιοῖς ἐς μέσον·	aux Achéens au milieu ;
ὃς δὴ ἐθέσπισεν αὐτοῖσι	lequel en effet prédit à eux
τά τε ἄλλα πάντα,	et toutes les autres choses,
καὶ πέργαμα	et la citadelle
τὰ ἐπὶ Τροίᾳ	celle qui est au-dessus de Troie,
ὡς οὐ μὴ πέρσοιέν ποτε,	qu'ils ne la détruiraient jamais,
εἰ μὴ ἄγοιντο τόνδε	s'ils n'amenaient pas celui-ci
τῆςδε νήσου,	de cette île,
ἐπὶ ἧς ναίει τανῦν,	sur laquelle il demeure maintenant,
πείσαντες λόγῳ.	l'ayant persuadé par la parole.
Καὶ ὅπως τόκος ὁ Λαέρτου	Et comme le fils de Laërte
ἤκουσε τὸν μάντιν	entendit le devin
εἰπόντα ταῦτα,	disant ces choses,
εὐθέως ὑπέσχετο	aussitôt il promit
δηλώσειν Ἀχαιοῖς	de faire voir aux Achéens
τόνδε ἄνδρα ἄγων·	cet homme l'amenant ;
οἴοιτο μὲν μάλιστα	qu'il pensait à la vérité très-fort
λαβὼν ἑκούσιον·	l'ayant pris de-bon-gré ;
ἄκοντα δὲ,	mais malgré-lui,
εἰ μὴ θέλοι·	s'il ne voulait pas ;
καὶ μὴ τυχὼν τούτων,	et n'ayant pas obtenu ces choses,
ἐφεῖτο κάρα τέμνειν	il offrait sa tête à couper
τῷ θέλοντι.	à celui-qui-voudrait.

PHILOCTÈTE. 4

Ἤκουσας, ὦ παῖ, πάντα. Τὸ σπεύδειν δέ σοι   620
καὐτῷ παραινῶ, κεἴ τινος κήδει πέρι.

ΦΙΛΟΚΤΗΤΗΣ.

Οἴ μοι τάλας· ἦ κεῖνος, ἡ πᾶσα βλάβη,
ἔμ' εἰς Ἀχαιοὺς ὤμοσεν πείσας στελεῖν ;
Πεισθήσομαι γὰρ ὧδε κἀξ Ἅδου θανὼν
πρὸς φῶς ἀνελθεῖν, ὥσπερ οὑκείνου πατήρ [1].   625

ΕΜΠΟΡΟΣ.

Οὐκ οἶδ' ἐγὼ ταῦτ'. Ἀλλ' ἐγὼ μὲν εἶμ' ἐπὶ
ναῦν· σφῷν δ' ὅπως ἄριστα συμφέροι [2] θεός.

ΦΙΛΟΚΤΗΤΗΣ.

Οὔκουν τάδ', ὦ παῖ, δεινά, τὸν Λαερτίου
ἔμ' ἐλπίσαι ποτ' ἂν λόγοισι μαλθακοῖς
δεῖξαι νεὼς ἄγοντ' ἐν Ἀργείοις μέσοις [3] ;   630
Οὔ. Θᾶσσον ἂν τῆς πλεῖστον ἐχθίστης ἐμοὶ
κλύοιμ' ἐχίδνης, ἤ μ' ἔθηκεν ὧδ' ἄπουν.
Ἀλλ' ἔστ' ἐκείνῳ πάντα λεκτά, πάντα δὲ
τολμητά. Καὶ νῦν οἶδ' ὁθούνεχ' ἵξεται.
Ἀλλ', ὦ τέκνον, χωρῶμεν, ὡς ἡμᾶς πολὺ   635
πέλαγος ὁρίζῃ τῆς Ὀδυσσέως νεώς.
Ἴωμεν. Ἥ τοι καίριος σπουδὴ, πόνου
λήξαντος, ὕπνον κἀνάπαυλαν ἤγαγεν.

fils, tu sais tout. Je te conseille donc à toi et à ceux auxquels tu t'in-
téresses de partir sans retard.

PHILOCTÈTE. Malheureux que je suis! Quoi! ce scélérat a juré
que ses paroles me ramèneraient au camp des Grecs! Je croirais aussi
aisément qu'après ma mort je quitterai les enfers pour revenir à la
vie, à l'exemple de son père.

LE MARCHAND. J'ignore ce dont tu parles. Je retourne à mon
vaisseau. Que les dieux vous soient à tous deux favorables!

PHILOCTÈTE. O mon fils, n'est-ce pas une indignité de voir
Ulysse se flatter que par de douces paroles il m'amènera au milieu des
Grecs? Non, j'écouterais plus volontiers le serpent odieux qui m'a
mis dans l'état où je suis. Mais il est capable de tout dire, de tout
oser. Il viendra, je n'en doute pas. Partons donc, mon fils, pour
mettre une vaste étendue de mer entre nous et son vaisseau. Allons : une sage promptitude procure, après le succès, le repos et
le sommeil.

Ἤκουσας πάντα,	Tu as entendu toutes les choses,
ὦ παῖ·	ô *mon* fils;
παραινῶ δὲ τὸ σπεύδειν	mais je conseille le hâter
καὶ σοὶ αὐτῷ	et à toi-même,
καὶ εἰ κήδει περί τινος.	et si tu t'intéresses à quelqu'un.
ΦΙΛΟΚΤΗΤΗΣ. Οἴμοι	PHILOCTÈTE. Hélas!
τάλας	malheureux *que je suis*,
ἦ κεῖνος, ἡ πᾶσα βλάβη,	est-ce-que celui-là, *qui est* tout crime,
ὤμοσε στελεῖν ἐμὲ	a juré de mener moi
εἰς Ἀχαιοὺς πείσας;	aux Achéens, *m*'ayant persuadé?
ὧδε γὰρ πεισθήσομαι	car ainsi je serai persuadé
θανὼν ἀνελθεῖν	étant mort de revenir
καὶ ἐξ Ἅδου πρὸς φῶς,	même des enfers à la lumière,
ὥςπερ πατὴρ ὁ ἐκείνου.	comme le père de celui-là.
ΕΜΠΟΡΟΣ. Ἐγὼ οὐκ οἶδα	LE MARCHAND. Moi je ne sais pas
ταῦτα· ἀλλὰ ἐγὼ μὲν	ces choses; mais moi d'un côté
εἶμι ἐπὶ ναῦν·	je vais au vaisseau;
θεὸς δὲ	de l'autre la divinité
συμφέροι	puisse-t-elle-être-d'accord
σφῷν ὅπως ἄριστα.	avec vous pour le mieux.
ΦΙΛΟΚΤΗΤΗΣ. Ὦ παῖ,	PHILOCTÈTE. O *mon* fils,
τάδε οὔκουν δεινά,	ces choses ne sont-elles pas affreuses,
τὸν Λαερτίου ἐλπίσαι	le fils de Laërte avoir espéré
δεῖξαι ἄν ἐμέ ποτε	montrer moi un jour
ἐν μέσοις Ἀργείοις νεὼς	au milieu des Argiens du vaisseau,
ἄγοντα λόγοισι μαλθακοῖς;	*m*'emmenant par des paroles douces?
Οὔ. Κλύοιμι ἂν θᾶσσον	Non. J'écouterais plutôt
ἐχίδνης τῆς ἐχθίστης	la vipère, *l'être* le plus odieux
ἐμοὶ πλεῖστον,	à moi de beaucoup,
ἣ ἔθηκέ με ὧδε ἄπουν.	qui a rendu moi ainsi sans-pied.
Ἀλλὰ πάντα ἐστὶ ἐκείνῳ λεκτὰ,	Mais toutes les choses sont à lui à-dire
πάντα δὲ τολμητά.	et toutes à-oser.
Καὶ νῦν οἶδα	Et maintenant je sais
ὁθούνεκα ἵξεται.	qu'il viendra.
Ἀλλὰ, ὦ τέκνον,	Mais, ô *mon* enfant,
χωρῶμεν, ὡς πέλαγος πολὺ	allons nous-en, afin qu'une mer grande
ὁρίζη ἡμᾶς νεὼς τῆς Ὀδυσσέως.	sépare nous du vaisseau d'Ulysse.
Ἴωμεν. Ἤ τοι σπουδὴ καίριος,	Allons. Certes une hâte opportune
ἤγαγεν ὕπνον καὶ ἀνάπαυλαν,	amène-souvent le sommeil et le repos,
πόνου λήξαντος.	le travail ayant cessé.

ΝΕΟΠΤΟΛΕΜΟΣ.

Οὐκοῦν, ἐπειδὰν πνεῦμα τοὐκ πρώρας ἀνῇ,
τότε στελοῦμεν· νῦν γὰρ ἀντιοστατεῖ.   640

ΦΙΛΟΚΤΗΤΗΣ.

Ἀεὶ καλὸς πλοῦς ἔσθ᾽, ὅταν φεύγῃς κακά.

ΝΕΟΠΤΟΛΕΜΟΣ.

Οὐκ· ἀλλὰ κἀκείνοισι ταῦτ᾽ ἐναντία.

ΦΙΛΟΚΤΗΤΗΣ.

Οὐκ ἔστι λῃσταῖς πνεῦμ᾽ ἐναντιούμενον,
ὅταν παρῇ κλέψαι τε χἀρπάσαι βίᾳ.

ΝΕΟΠΤΟΛΕΜΟΣ.

Ἀλλ᾽, εἰ δοκεῖ, χωρῶμεν, ἔνδοθεν λαβὼν [1]   645
ὅτου σε χρεία καὶ πόθος μάλιστ᾽ ἔχει.

ΦΙΛΟΚΤΗΤΗΣ.

Ἀλλ᾽ ἔστιν ὧν δεῖ, καίπερ οὐ πολλῶν ἄπ᾽.

ΝΕΟΠΤΟΛΕΜΟΣ.

Τί τοῦθ᾽, ὃ μὴ νεώς γε τῆς ἐμῆς ἔνι [2];

ΦΙΛΟΚΤΗΤΗΣ.

Φύλλον τί μοι πάρεστιν, ᾧ μάλιστ᾽ ἀεὶ
κοιμῶ τόδ᾽ ἕλκος, ὥστε πραΰνειν πάνυ.   650

ΝΕΟΠΤΟΛΕΜΟΣ.

Ἀλλ᾽ ἔκφερ᾽ αὐτό. Τί γὰρ ἔτ᾽ ἄλλ᾽ ἐρᾷς λαβεῖν;

ΦΙΛΟΚΤΗΤΗΣ.

Εἴ μοί τι τόξων [3] τῶνδ᾽ ἀπημελημένον

NÉOPTOLÈME. Aussitôt que le vent aura cessé de souffler du côté de la proue, nous partirons; car les vents sont maintenant contraires.

PHILOCTÈTE. Pour qui fuit le malheur, le vent est toujours favorable.

NÉOPTOLÈME. Rassure-toi : le même vent est aussi contraire à nos ennemis.

PHILOCTÈTE. Il n'est point de vent contraire pour les pirates, quand il y a quelque proie à ravir, quelque violence à exercer.

NÉOPTOLÈME. Eh bien, partons, si tu le veux. Prends dans ta caverne ce que tu désires le plus et ce qui t'est le plus nécessaire.

PHILOCTÈTE. Quoique je possède peu de choses, il en est dont je ne puis me passer.

NÉOPTOLÈME. Qu'y a-t-il que tu ne puisses trouver dans mon vaisseau ?

PHILOCTÈTE. Une plante dont je me sers pour endormir et calmer mes douleurs.

NÉOPTOLÈME. Eh bien, emporte-la. Est-il encore quelque chose que tu veuilles prendre?

PHILOCTÈTE. Je vais voir si quelqu'une de mes flèches n'au-

ΝΕΟΠΤΟΛΕΜΟΣ. Οὐκοῦν,
ἐπειδὰν πνεῦμα τὸ ἐκ πρώρας
ἀνῇ,
τότε στελοῦμεν·
νῦν γὰρ ἀντιοστατεῖ.
ΦΙΛΟΚΤΗΤΗΣ. Πλοῦς
ἐστιν ἀεὶ καλός,
ὅταν φεύγῃς κακά.
ΝΕΟΠΤΟΛΕΜΟΣ. Οὐκ·
ἀλλὰ ταῦτα
ἐναντία καὶ ἐκείνοισιν.
ΦΙΛΟΚΤΗΤΗΣ. Οὐκ ἔστι
πνεῦμα ἐναντιούμενον
λῃσταῖς, ὅταν παρῇ
κλέψαι τε
καὶ ἁρπάσαι βίᾳ.
ΝΕΟΠΤΟΛΕΜΟΣ. Ἀλλὰ
χωρῶμεν, εἰ δοκεῖ,
λαβὼν ἔνδοθεν,
ὅτου χρεία καὶ πόθος
ἔχει σε μάλιστα.
ΦΙΛΟΚΤΗΤΗΣ. Ἀλλὰ
ἐστιν ὧν δεῖ,
καίπερ οὐκ ἀπὸ πολλῶν.
ΝΕΟΠΤΟΛΕΜΟΣ.
Τί τοῦτο,
ὃ μὴ ἔνι νεώς γε τῆς ἐμῆς;
ΦΙΛΟΚΤΗΤΗΣ. Τί φύλλον
πάρεστί μοι,
ᾧ κοιμῶ
τόδε ἕλκος
μάλιστα ἀεὶ,
ὥστε πραΰνειν πάνυ.
ΝΕΟΠΤΟΛΕΜΟΣ. Ἀλλὰ,
ἔκφερε αὐτό.
Τί γὰρ ἄλλο ἔτι
ἐρᾷς λαβεῖν;
ΦΙΛΟΚΤΗΤΗΣ. Εἴ τι
τῶνδε τόξων
παρερρύηκέ μοι·

NÉOPTOLÈME. Ainsi,
quand le vent *venant* de la proue
aura cessé,
alors nous partirons;
car maintenant il est-contraire.
PHILOCTÈTE. La navigation
est toujours bonne,
quand tu fuis les maux.
NÉOPTOLÈME. Non;
mais ces choses
sont contraires aussi à eux.
PHILOCTÈTE. Il n'y-a pas
de vent étant-contraire
pour les pirates, quand il y-a
et à voler
et à enlever par force.
NÉOPTOLÈME. Eh bien,
marchons, s'il parait-*convenable*,
toi ayant pris dedans,
ce dont le besoin et le désir
tiennent toi le plus.
PHILOCTÈTE. Mais
il y-a *des choses* dont besoin-est,
quoique non *à choisir* entre beaucoup.
NÉOPTOLÈME.
Quelle *est* cette chose
qui n'est-pas-dans le navire mien?
PHILOCTÈTE. Une certaine herbe
est-présente à moi,
par laquelle j'endors
cette plaie,
le plus facilement toujours,
au point de *l'*adoucir tout-à-fait.
NÉOPTOLÈME. Eh bien,
porte-dehors elle.
Mais quelle autre chose encore
désires-tu prendre?
PHILOCTÈTE. Si quelque chose
de cet arc
a échappé à moi

παρερρύηκεν, ὡς λίπω μή τῳ λαβεῖν.

ΝΕΟΠΤΟΛΕΜΟΣ.

Ἦ ταῦτα γὰρ τὰ κλεινὰ τόξ', ἃ νῦν ἔχεις;

ΦΙΛΟΚΤΗΤΗΣ.

Ταῦτ' (οὐ γὰρ ἄλλα γ' ἔσθ') ἃ βαστάζω χεροῖν.   655

ΝΕΟΠΤΟΛΕΜΟΣ.

Ἆρ' ἔστιν ὥστε ¹ κἀγγύθεν θέαν λαβεῖν,
καὶ βαστάσαι με, προσκύσαι θ' ὥσπερ θεόν ²;

ΦΙΛΟΚΤΗΤΗΣ.

Σοί γ', ὦ τέκνον, καὶ τοῦτο, κἄλλο τῶν ἐμῶν,
ὁποῖον ἄν σοι ξυμφέρῃ, γενήσεται.

ΝΕΟΠΤΟΛΕΜΟΣ.

Καὶ μὴν ἐρῶ γε· τὸν δ' ἔρωθ' οὕτως ἔχω·   660
εἰ μοι θέμις, θέλοιμ' ἄν, εἰ δὲ μὴ, πάρες.

ΦΙΛΟΚΤΗΤΗΣ.

Ὅσιά τε φωνεῖς, ἔστι τ', ὦ τέκνον, θέμις,
ὅς γ' ἡλίου τόδ' εἰσορᾶν ἐμοὶ φάος
μόνος δέδωκας, ὃς χθόν' Οἰταίαν ἰδεῖν,
ὃς πατέρα πρέσβυν, ὃς φίλους, ὃς τῶν ἐμῶν   665
ἐχθρῶν μ' ἔνερθεν ὄντ' ἀνέστησας πέρα.
Θάρσει. Παρέσται ταῦτά σοι καὶ θιγγάνειν,
καὶ δόντι δοῦναι ³, κἀξεπεύξασθαι βροτῶν,

rait point échappé à mes regards; je ne veux pas les laisser tomber au pouvoir de quelqu'un.

NÉOPTOLÈME. L'arc que tu portes est-il celui qui est si célèbre?

PHILOCTÈTE. Oui, tu le vois entre mes mains.

NÉOPTOLÈME. Puis-je l'examiner de près? Puis-je le toucher et l'adorer comme un dieu?

PHILOCTÈTE. Oui, mon fils, et tout ce que je possède, tu peux en disposer à ton gré.

NÉOPTOLÈME. Je le désire, sans doute; mais ce désir a des bornes : s'il est légitime, exauce-le; sinon, n'y songe plus.

PHILOCTÈTE. Religieuses paroles! Tu le peux, ô mon fils, toi à qui seul je dois de voir la lumière, de voir la terre de l'OEta, et mon vieux père, et mes amis, toi qui as abattu mes ennemis et relevé ma misère. Oui, tu peux prendre et reprendre à ton gré ces armes, et

ἀπημελημένον,	étant négligé,
ὡς μὴ λίπω	afin que je ne *le* laisse
λαβεῖν τῳ.	à prendre à quelqu'un.
ΝΕΟΠΤΟΛΕΜΟΣ. Ἦ γὰρ	NÉOPTOLÈME. Est-ce donc que
ταῦτα τόξα τὰ κλεινὰ,	c'*est* l'arc célèbre,
ἃ ἔχεις νῦν;	que tu as maintenant?
ΦΙΛΟΚΤΗΤΗΣ. Ταῦτα	PHILOCTÈTE. *C'est* celui-là
ἃ βαστάζω χεροῖν,	que je porte dans les mains,
οὐ γάρ ἐστιν ἄλλα γε.	car *ce* n'est pas un autre.
ΝΕΟΠΤΟΛΕΜΟΣ. Ἆρα ἔστιν	NÉOPTOLÈME.Est-ce-qu'il est *permis*
ὥστε με καὶ λαβεῖν θέαν	au point moi et prendre vue
ἐγγύθεν καὶ βαστάσαι	de près, et toucher,
προςκύσαι τε ὥσπερ θεόν;	et adorer comme un dieu?
ΦΙΛΟΚΤΗΤΗΣ. Ὦ τέχνον,	PHILOCTÈTE. O *mon* enfant,
σοί γε γενήσεται	à toi certes sera *permis*
καὶ τοῦτο καὶ ἄλλο	et cela et une autre
τῶν ἐμῶν	de mes choses,
ὁποῖον ξυμφέρῃ ἄν σοι.	laquelle pourra convenir à toi.
ΝΕΟΠΤΟΛΕΜΟΣ. Καὶ μὴν	NÉOPTOLÈME. Et certainement
ἐρῶ γε·	je *le* désire;
ἔχω δὲ τὸν ἔρωτα οὕτως·	mais j'ai le désir ainsi:
εἰ θέμις μοι, θέλοιμι ἄν·	s'il *est*-permis à moi, je *le* voudrais:
εἰ δὲ μὴ, πάρες.	mais si non, ne fais-pas-attention.
ΦΙΛΟΚΤΗΤΗΣ. Ὦ τέχνον,	PHILOCTÈTE. O *mon* enfant,
φωνεῖς τε ὅσια,	et tu dis de saintes choses
ἔστι τε θέμις,	et il *t'*est permis,
ὅς γε μόνος δέδωκας ἐμοὶ	à *toi* qui seul as donné à moi
εἰςορᾶν τόδε φάος ἡλίου,	de contempler cette clarté du soleil,
ὃς ἰδεῖν	qui *as donné à moi* de voir
χθόνα Οἰταίαν,	la terre OEtéenne,
ὃς πατέρα πρέσβυν,	qui *m'as donné de voir* mon père âgé,
ὃς φίλους,	qui *m'as donné de voir* mes amis,
ὃς ἀνέστησας πέρα	qui as relevé au-dessus
ὄντα με ἔνερθεν	moi étant au-dessous
τῶν ἐμῶν ἐχθρῶν.	de mes ennemis.
Θάρσει· παρέσται σοι	Aie confiance; il sera-loisible à toi
καὶ θιγγάνειν ταῦτα,	et de manier cet *arc*
καὶ δοῦναι	et de *le* donner à *moi*,
δόντι,	qui-*te*-*l'*aurai-donné,
καὶ ἐξεπεύξασθαι	et de te glorifier

ἀρετῆς ἕκατι τῶνδ᾽ ἐπιψαῦσαι μόνον
οὐκ ἄχθομαι, σ᾽ ἰδών τε καὶ λαβὼν φίλον.   670
[Εὐεργετῶν γὰρ καὐτὸς αὔτ᾽ ἐκτησάμην.] [1]
Ὅστις γὰρ εὖ δρᾶν εὖ παθὼν ἐπίσταται,
παντὸς γένοιτ᾽ ἂν κτήματος κρείσσων φίλος.

ΝΕΟΠΤΟΛΕΜΟΣ.

Χωροῖς ἂν εἴσω.

ΦΙΛΟΚΤΗΤΗΣ.

Καὶ σέ γ᾽ εἰσάξω [2]. Τὸ γὰρ
νοσοῦν ποθεῖ σε ξυμπαραστάτην λαβεῖν.   675

ΧΟΡΟΣ.

(Στροφὴ α΄.)

Λόγῳ μὲν ἐξήκουσ᾽, ὄπωπα δ᾽ οὐ μάλα,
   τὸν πελάταν λέκτρων ποτὲ τῶν Διὸς
   Ἰξίονα, δρομάδα κατ᾽ ἄμπυκα
   δέσμιον ὡς ἔβαλ᾽ ὁ
   παγκρατὴς Κρόνου παῖς.   680
Ἄλλον δ᾽ οὔτιν᾽ ἔγωγ᾽ οἶδα
   κλύων, οὐδ᾽ ἔσιδον, μοίρᾳ
τοῦδ᾽ ἐχθίονι συντυχόντα θνατῶν,
ὃς οὔτ᾽ ἔρξας τιν᾽, οὔτε νοσφίσας [3],
   ἀλλ᾽ ἴσος ὢν ἴσοις ἀνήρ,   685
   ὤλλυθ᾽ ὧδ᾽ ἀναξίως.
Τόδε δ᾽ αὖ θαῦμά μ᾽ ἔχει,
πῶς ποτε, πῶς ποτ᾽, ἀμφιπλήκτων

te vanter d'être le seul sur la terre qui les ait touchées pour prix de sa vertu. Tu le peux, toi qui es devenu mon ami aussitôt que je t'ai vu. C'est aussi en récompense d'un service que je les ai reçues. Un ami qui sait reconnaître un bienfait est le plus précieux des trésors.

NÉOPTOLÈME. Entre dans ta grotte.

PHILOCTÈTE. Viens avec moi ; mon mal réclame ton assistance.

LE CHOEUR. J'ai connu par la renommée, je n'ai pas vu de mes yeux cet Ixion, qui osa jadis approcher de la couche de Jupiter. On dit que, surpris par le puissant fils de Saturne, il fut attaché à une roue qui tourne sans cesse ; mais jamais je n'ai vu, jamais je n'ai connu de mortel plus malheureux que Philoctète, qui, n'ayant jamais fait le mal ni négligé le bien, mais juste envers les justes, périssait si cruellement. Ce qui m'étonne, c'est que seul, et n'entendant que

ἐπιψαῦσαι τῶνδε	d'avoir touché cet *arc*
ἕκατι ἀρετῆς	à cause de *ta* vertu,
μόνον βροτῶν	seul d'entre les mortels,
οὐκ ἄχθομαι,	je n'*en* serai pas fâché,
σὲ ἰδών τε καὶ λαβὼν φίλον.	et t'ayant vu, et *t'*ayant pris pour ami.
Καὶ αὐτὸς γὰρ ἐκτησάμην αὐτὰ	Car moi aussi je gagnai lui,
εὐεργετῶν.	en rendant-service.
Ὅστις γὰρ ἐπίσταται	Car quiconque sait
δρᾷν εὖ παθὼν εὖ,	faire du bien ayant éprouvé du bien,
γένοιτο ἂν φίλος	sera facilement un ami
κρείσσων παντὸς κτήματος.	meilleur que toute possession.
ΝΕΟΠΤΟΛΕΜΟΣ. Χωροῖς ἂν	NÉOPTOLÈME. Entre
εἴσω.	dedans.
ΦΙΛΟΚΤΗΤΗΣ. Καὶ εἰςάξω	PHILOCTÈTE. Et j'introduirai
σέ γε. Τὸ γὰρ νοσοῦν ποθεῖ	toi certes. Car le étant-malade désire
λαβεῖν σε ξυμπαραστάτην.	prendre toi pour soutien.

(Στροφὴ α'.)	(*Strophe I.*)
ΧΟΡΟΣ. Ἐξήκουσα μὲν	LE CHOEUR. J'ai entendu à la vérité,
λόγῳ.	par le discours,
ὄπωπα δὲ οὐ μάλα,	mais je n'ai pas vu certainement,
ὡς παῖς ὁ παγκρατὴς	comment le fils tout-puissant
Κρόνου ἔβαλε	de Saturne jeta
τὸν πελάταν ποτὲ	*celui*-qui-avait-approché un jour
λέκτρων τῶν Διός,	du lit de Jupiter,
Ἰξίονα, δέσμιον	Ixion, enchaîné
κατὰ ἄμπυκα δρομάδα·	sur une roue qui-courait;
οἶδα δὲ ἔγωγε	mais pour moi je ne sais
κλύων,	*en ayant* entendu *parler*,
οὐδὲ ἔςιδον	ni n'ai-vu
οὔτινα ἄλλον θνατῶν	aucun autre des mortels
συντυχόντα μοίρα	ayant rencontré une destinée
ἐχθίονι τοῦδε,	plus ennemie que *celle* de celui-ci,
ὃς οὔτε ἔρξας τινὰ	qui n'ayant ni fait *du mal* à quelqu'un,
οὔτε νοσφίσας,	ni privé *quelqu'un d'un bien*,
ἀλλὰ ὢν ἀνὴρ ἴσος	mais étant un homme équitable
ἴσοις,	à l'égard des *hommes* équitables,
ὤλλυτο ὧδε ἀναξίως.	dépérissait si indignement.
Τόδε δὲ θαῦμα ἔχει με αὖ	Mais cet étonnement tient moi encore,
πῶς ποτε πῶς ποτε	comment enfin, comment enfin,

4.

ῥοθίων μόνος κλύων, πῶς
ἄρχ πανδάκρυτον οὕτω βιοτὰν κατέσχεν·   690
        ('Αντιστροφὴ α'.)
ἵν' αὐτὸς ἦν πρόσουρος, οὐκ ἔχων βάσιν [1],
    οὐδέ τιν' ἐγχώρων, κακογείτονα
        παρ' ᾧ στόνον ἀντίτυπον
        βαρυβρῶτ' [2] ἀποκλαύ-
    σειεν αἱματηρόν·   695
        ὃς τὰν θερμοτάταν αἱμά-
    δα, κηκιομέναν ἑλκέων
ἐνθήρου ποδὸς, ἠπίοισι φύλλοις
κατευνάσειεν, εἴ τις ἐμπέσοι,
    φορβάδος ἔκ τε γᾶς ἑλεῖν [3].   700
        Εἷρπε δ' ἄλλοτ' ἀλλαχῇ
        τότ' ἂν εἰλυόμενος,
    παῖς ἄτερ ὡς φίλας τιθήνας
        ὅθεν εὐμάρει' ὑπάρχοι
πόρου, ἀνίχ' ἐξανείη δακέθυμος ἄτα·   705
        (Στροφὴ β'.)
        Οὐ φορβὰν [5] ἱερᾶς
        γᾶς σπόρον, οὐκ ἄλλων
        αἴρων, τῶν νεμόμεσθ'
    ἀνέρες ἀλφησταί [6].

le bruit des flots qui se brisent contre les rochers, il ait pu supporter
une si déplorable existence.

Abandonné à lui-même, ne pouvant marcher, il n'avait près de lui
personne avec qui il pût donner cours aux pleurs et aux gémissements que lui arrachaient les douleurs dévorantes de son ulcère en-
sanglanté, personne qui arrachant à la terre des plantes salutaires,
pût arrêter le sang noir qui parfois s'échappait à flots brûlants de sa
blessure envenimée. Il se traînait tantôt d'un côté, tantôt d'un autre,
rampant quelquefois, comme un enfant loin de sa nourrice, dans les
sentiers qui entraveraient le moins sa marche, quand il serait saisi
par quelque accès du mal qui le dévore.

Ne recueillant pour sa nourriture ni les fruits de la terre ni les
productions qui servent d'aliments à l'homme industrieux, il n'avait,

μόνος κλύων
ῥοθίων ἀμφιπλήκτων,
πῶς ἄρα κατέσχεν
οὕτω βιοτὰν
πανδάκρυτον,

seul, entendant
les flots qui-se-brisent-autour,
comment donc il a supporté
ainsi une existence
tout-à fait-déplorable;

(Ἀντιστροφὴ α'.)

(Antistrophe I.)

ἵνα ἦν αὐτὸς
πρόςουρος,
οὐκ ἔχων βάσιν,
οὔτε τινὰ ἐγχώρων,
παρὰ ᾧ ἀποκλαύσειεν
στόνον κακογείτονα,
ἀντίτυπον,
βαρυβρῶτα,
αἱματηρόν·
ὃς κατευνάσειεν
φύλλοις ἡπίοισιν
αἱμάδα τὰν θερμοτάταν,
κηκιομέναν ἑλκέων
ποδὸς ἐνθήρου,
εἰ ἐμπέσοι τις,
ἑλεῖν τε
ἐκ γᾶς φορβάδος.
Εἷρπε δὲ
ἄλλοτε ἀλλαχῇ,
τοτὲ ἂν εἰλυόμενος,
ὡς παῖς
ἄτερ τιθήνας φίλας,
ὅθεν ὑπάρχοι
εὐμάρεια πόρου
ἀνίκα ἐξανείη
ἄτα δακέθυμος.

où il était lui-même
son voisin,
n'ayant pas la faculté-de-marcher,
ni aucun des habitants,
auprès duquel il pût-pleurer (pousser)
un gémissement mauvais-voisin,
répercuté,
rongeant-profondément,
sanglant;
lequel habitant pût endormir
avec des herbes adoucissantes
l'hémorrhagie très chaude
jaillissant des plaies
du pied sauvage (douloureux),
si quelqu'une survenait,
et enlever ces plantes
de la terre nourricière.
Mais il rampait
d'autres fois d'une autre manière,
quelquefois se traînant
comme un enfant
sans sa nourrice chérie,
là où pouvait se trouver
la facilité d'une sortie,
lorsque surgirait
la calamité rongeant-l'âme.

(Στροφὴ β'.)

(Strophe II.)

Οὐκ αἴρων φορβὰν
σπόρον γᾶς ἱερᾶς,
οὐκ ἄλλων
τῶν νεμόμεσθα
ἀνέρες ἀλφησταί·

Ne prenant pas pour nourriture
la semence de la terre sacrée,
ni rien des autres choses
dont nous nous nourrissons
hommes industrieux;

πλὴν ἐξ ὠκυβόλων   710
εἴ ποτε τόξων πτανοῖς ἰῷ
ἀνύσειε γαστρὶ φορβάν.
Ὦ μελέα ψυχὰ,
ὃς ¹ μηδ' ² οἰνοχύτου πώματος
ἥσθη δεκέτει χρόνῳ·   715
λεύσσων δ' εἴ που γνοίη ³ στατὸν εἰς ὕδωρ
αἰεὶ προσενώμα.
              (Ἀντιστροφὴ β'.)
Νῦν δ' ἀνδρῶν ἀγαθῶν
παιδὸς ⁴ ὑπαντήσας,
εὐδαίμων ἀνύσει   720
καὶ μέγας ἐκ κείνων·
ὅς νιν ποντοπόρῳ
δούρατι, πλήθει πολλῶν μηνῶν,
πατρῴαν ἄγει πρὸς αὐλὰν
Μηλιάδων ⁵ Νυμφᾶν   725
Σπερχειοῦ τε παρ' ὄχθαις, ἵν'
ὁ χάλκασπις ⁶ ἀνὴρ θεοῖς
πλάθει πᾶσιν, θείῳ πυρὶ παμφαὴς ⁷,
Οἴτας ὑπὲρ ὄχθων.
              ΝΕΟΠΤΟΛΕΜΟΣ.
Ἕρπ' εἰ θέλεις. Τί δή ποθ' ὧδ' ἐξ οὐδενὸς   730
λόγου σιωπᾷς, κἀπόπληκτος ὧδ' ἔχει;
              ΦΙΛΟΚΤΗΤΗΣ.
      Ἃ, ᾶ, ᾶ, ᾶ.
              ΝΕΟΠΤΟΛΕΜΟΣ.
Τί ἔστιν ;

pour apaiser sa faim, que les oiseaux qu'il perçait quelquefois de ses
flèches rapides. L'infortuné! depuis dix ans, le vin ne lui a point of-
fert un doux breuvage : mais cherchant avec avidité quelque eau
stagnante, il s'y traînait chaque jour.

Aujourd'hui qu'il a rencontré un homme généreux, il sortira,
heureux et grand de ses malheurs. Après une si longue absence, ramené dans sa patrie par un vaisseau rapide, il va revoir les rives du
Sperchius, séjour des nymphes Méliades, où le héros au bouclier
d'airain, Hercule, s'élevant des sommets de l'OEta, parut tout brûlant
du feu divin dans l'assemblée des immortels.

NÉOPTOLÈME. Avance, si tu le veux. D'où vient ce silence sans
motif, cette morne stupeur ?

PHILOCTÈTE. Ah ! dieux !

NÉOPTOLÈME. Qu'y a-t-il ?

πλὴν εἴ ποτε	excepté si quelquefois
ἀνύσειε	il pouvait-achever (se procurer)
φορβὰν γαστρὶ	une nourriture pour *son* estomac
ἐκ τόξων	par *son* arc,
ὠκυβόλων	qui-frappe-rapidement
ἰοῖς πτανοῖς.	avec des flèches ailées.
Ὦ ψυχὰ μελέα,	O âme infortunée,
ὃς μηδὲ ἤσθη	qui n'a même pas joui
πώματος οἰνοχύτου	de boisson de-vin-versé
χρόνῳ δεκέτει·	pendant un temps décennal,
λεύσσων δὲ	mais qui-portant-ses-regards
εἰς ὕδωρ στατὸν,	vers l'eau stagnante,
εἴ που γνοίη,	si quelque part il *en* connaissait,
προςενώμα αἰεί.	s'en approchait toujours.

(Ἀντιστροφὴ β'.)	*Antistrophe II.*
Νῦν δὲ ὑπαντήσας	Mais maintenant ayant rencontré
παιδὸς ἀνδρῶν ἀγαθῶν,	un enfant d'hommes honnêtes,
ἀνύσει εὐδαίμων καὶ μέγας	il finira heureux et grand
ἐκ κείνων·	après ces *maux*;
ὃς ἄγει νιν	lequel *enfant* conduit lui
πλήθει	après une multitude
πολλῶν μηνῶν,	de beaucoup de mois
δούρατι ποντοπόρῳ,	sur le vaisseau qui-parcourt-la-mer
πρὸς αὐλὰν πατρῴαν	à la demeure paternelle
Νυμφᾶν Μηλιάδων	des Nymphes Méliades,
παρά τε ὄχθαις	et près des bords
Σπερχειοῦ, ἵνα ἀνὴρ	du Sperchius, où l'homme
ὁ χάλκασπις	au-bouclier-d'airain
πλάθει πᾶσι θεοῖς,	approche de tous les dieux
παμφαὴς πυρὶ θείῳ	tout-éclatant d'un feu divin
ὑπὲρ ὄχθων Οἴτας.	sur les hauteurs de l'OEta.
ΝΕΟΠΤΟΛΕΜΟΣ. Ἕρπε,	NÉOPTOLÈME. Marche,
εἰ θέλεις. Τί δή ποτε	si tu veux. Pourquoi donc enfin
σιωπᾷς ὧδε	te-tais-tu ainsi
ἐξ οὐδενὸς λόγου,	pour aucune raison,
καὶ ἔχει ὧδε	et te-trouves-tu ainsi
ἀπόπληκτος;	frappé-de-stupeur ?
ΦΙΛΟΚΤΗΤΗΣ. Ἃ, ἃ, ἃ, ἃ.	PHILOCTÈTE. Ah, ah!
ΝΕΟΠΤΟΛΕΜΟΣ. Τί ἔστιν;	NÉOPTOLÈME. Qu'est-ce ?

ΦΙΛΟΚΤΗΤΗΣ.
Οὐδὲν δεινόν. Ἀλλ᾽ ἴθ᾽, ὦ τέχνον.
ΝΕΟΠΤΟΛΕΜΟΣ.
Μῶν ἄλγος ἴσχεις τῆς παρεστώσης νόσου;
ΦΙΛΟΚΤΗΤΗΣ.
Οὐ δῆτ᾽ ἔγωγ᾽· ἀλλ᾽ ἄρτι χουφίζειν δοχῶ.   735
Ἰὼ θεοί.
ΝΕΟΠΤΟΛΕΜΟΣ.
Τί τοὺς θεοὺς οὕτως ἀναστένων καλεῖς;
ΦΙΛΟΚΤΗΤΗΣ.
Σωτῆρας αὐτοὺς ἠπίους θ᾽ ἡμῖν μολεῖν.
Ἆ, ἆ, ἆ, ἆ.
ΝΕΟΠΤΟΛΕΜΟΣ.
Τί ποτε πέπονθας ¹ ; οὐκ ἐρεῖς ; ἀλλ᾽ ὧδ᾽ ἔσει   740
σιγηλός ; ἐν κακῷ δέ τῳ φαίνει χυρῶν.
ΦΙΛΟΚΤΗΤΗΣ.
Ἀπόλωλα, τέχνον, χοὐ δυνήσομαι κακὸν
χρύψαι παρ᾽ ὑμῖν, ἀτταταῖ. Διέρχεται,
διέρχεται. Δύστηνος, ὦ τάλας ἐγώ.
Ἀπόλωλα, τέχνον. Βρύχομαι ², τέχνον. Παπαῖ,   745
Ἀπαππαπαῖ παπαππαπαππαπαππαπαῖ.
Πρὸς θεῶν, πρόχειρον εἴ τι σοι, τέχνον, πάρα
ξίφος χεροῖν, πάταξον εἰς ἄχρον πόδα ·
ἀπάμησον ὡς τάχιστα. Μὴ φείσῃ βίου.
Ἴθ᾽, ὦ παῖ.   750

PHILOCTÈTE. Ce n'est rien; marchons, mon fils.
NÉOPTOLÈME. Serait-ce un accès de ton mal?
PHILOCTÈTE. Non, non : je crois qu'il s'apaise. Ah! dieux!
NÉOPTOLÈME. Pourquoi invoques-tu ainsi les dieux en gémissant ?
PHILOCTÈTE. Je les prie de nous protéger et de nous sauver. Ah! ah!
NÉOPTOLÈME. Qu'as-tu donc? Tu ne réponds point? Pourquoi te taire ainsi? Tu parais souffrir.
PHILOCTÈTE. Je me meurs, mon fils. Je ne puis plus te cacher mes souffrances. Ah! il vient, il pénètre. Malheureux, infortuné que je suis! Je me meurs, mon fils! Je suis dévoré, mon fils. Ah! ah! dieux! dieux! Par pitié, si tu as sous la main quelque épée, mon fils, frappe l'extrémité de ce pied : tranche-le au plus tôt. N'épargne pas ma vie; frappe, mon fils.

ΦΙΛΟΚΤΗΤΗΣ. Οὐδὲν δεινόν. | PHILOCTÈTE. Rien d'extraordinaire.
Ἀλλὰ ἴθι, ὦ τέκνον. | Mais va, ô *mon* fils.
ΝΕΟΠΤΟΛΕΜΟΣ. Μῶν | NÉOPTOLÈME. Est-ce-que
ἴσχεις ἄλγος | tu as de la douleur
νόσου τῆς παρεστώσης; | de la maladie étant-présente?
ΦΙΛΟΚΤΗΤΗΣ. Οὐ δῆτα ἔγωγε· | PHILOCTÈTE. Non certes moi;
ἀλλὰ δοκῶ | mais je crois
κουφίζειν ἄρτι. | *elle* s'alléger à l'instant.
Ἰὼ θεοί. | O dieux!
ΝΕΟΠΤΟΛΕΜΟΣ. Τί | NÉOPTOLÈME. Pourquoi
καλεῖς τοὺς θεοὺς | appelles-tu les dieux,
ἀναστένων οὕτω; | gémissant ainsi?
ΦΙΛΟΚΤΗΤΗΣ. Αὐτοὺς | PHILOCTÈTE. Pour eux
μολεῖν ἡμῖν | venir à nous
σωτῆρας ἠπίους τε. | sauveurs et propices.
Ἆ, ἆ, ἆ, ἆ. | Ah! ah!
ΝΕΟΠΤΟΛΕΜΟΣ. Τί ποτε | NÉOPTOLÈME. Quoi donc
πέπονθας; | as-tu souffert?
οὐκ ἐρεῖς; | ne *le* diras-tu pas?
ἀλλὰ ἔσει σιγηλὸς ὧδε; | mais seras-tu silencieux ainsi?
φαίνει δὲ κυρῶν | mais tu parais te trouvant
ἐν τῷ κακῷ. | dans quelque mal.
ΦΙΛΟΚΤΗΤΗΣ. Τέκνον, | PHILOCTÈTE. *Mon* enfant,
ἀπόλωλα | je suis perdu
καὶ οὐ δυνήσομαι | et je ne pourrai
κρύψαι κακὸν παρὰ ὑμῖν, | cacher le mal auprès de vous,
ἀτταταῖ. Διέρχεται, διέρχεται.. | ah, ah! il pénètre, il pénètre!
Δύστηνος, ὦ τάλας ἐγώ. | malheureux, ô infortuné *que* je *suis*.
Τέκνον, ἀπόλωλα. | *Mon* enfant, je suis perdu.
Τέκνον, βρύχομαι. | *Mon* enfant, je suis dévoré.
Παπαῖ, ἀπαππαπαῖ, | Hélas! hélas! ah! ah!
παπαππαπαππαπαππαπαῖ. | ah! ah! ah! ah!
Πρὸς θεῶν, τέκνον, | Au nom des dieux, *mon* enfant,
εἴ τι ξίφος | si quelque épée
πάρα χεροῖν | *est*-présente à *tes* mains,
πρόχειρόν σοι, | à-portée à toi,
πάταξον εἰς πόδα ἄκρον· | frappe sur le pied à-sa-pointe,
ἀπάμησον ὡς τάχιστα. | coupe *le* au plus vite.
Μὴ φείσῃ βίου. | N'épargne pas *ma* vie.
Ἴθι, ὦ παῖ. | Va, ô *mon* fils.

ΦΙΛΟΚΤΗΤΗΣ.

ΝΕΟΠΤΟΛΕΜΟΣ.

Τί δ' ἔστιν οὕτω νεοχμὸν ἐξαίφνης, ὅτου
τοσήνδ' ἰυγὴν καὶ στόνον σαυτοῦ[1] ποιεῖς;

ΦΙΛΟΚΤΗΤΗΣ.

Οἶσθ', ὦ τέκνον.

ΝΕΟΠΤΟΛΕΜΟΣ.

Τί ἔστιν;

ΦΙΛΟΚΤΗΤΗΣ.

Οἶσθ', ὦ παῖ.

ΝΕΟΠΤΟΛΕΜΟΣ.

Τί σοι;

Οὐκ οἶδα.

ΦΙΛΟΚΤΗΤΗΣ.

Πῶς οὐκ οἶσθα; παππαπαππαπαῖ.

ΝΕΟΠΤΟΛΕΜΟΣ.

Δεινόν γε τοὐπίσαγμα τοῦ νοσήματος.   755

ΦΙΛΟΚΤΗΤΗΣ.

Δεινὸν γὰρ, οὐδὲ ῥητόν· ἀλλ' οἴκτειρέ με.

ΝΕΟΠΤΟΛΕΜΟΣ.

Τί δῆτα δράσω;

ΦΙΛΟΚΤΗΤΗΣ.

Μή με ταρβήσας προδῷς.

Ἥκει γὰρ αὕτη διὰ χρόνου πλάνοις, ἴσως
ὡς ἐξεπλήσθη[2].

ΝΕΟΠΤΟΛΕΜΟΣ.

Ἰὼ, ἰὼ, δύστηνε σύ.

ΦΙΛΟΚΤΗΤΗΣ[3].

Δύστηνε δῆτα διὰ πόνων πάντων φανείς.   760

NÉOPTOLÈME. Quelle douleur soudaine t'arrache ces cris et ces
plaintes sur toi-même ?

PHILOCTÈTE. Tu le sais, ô mon fils.

NÉOPTOLÈME. Qu'est-ce donç ?

PHILOCTÈTE. Tu le sais, mon fils.

NÉOPTOLÈME. Qu'as-tu ? je l'ignore.

PHILOCTÈTE. Comment ! Tu l'ignores !... Ah ! ah ! dieux ! dieux !

NÉOPTOLÈME. Oh ! que le fardeau de ton mal est terrible !

PHILOCTÈTE. Oui, terrible, inexprimable ; mais prends pitié de
moi.

NÉOPTOLÈME. Que faut-il faire ?

PHILOCTÈTE. Ne t'effraye pas ! Ne me trahis point ! Il vient par
intervalles, et s'épuise comme il a coutume de le faire.

NÉOPTOLÈME. Ah ! tu es bien malheureux !

PHILOCTÈTE. Oui, malheureux ! mille fois malheureux, que tant
de douleurs assiégent !

ΝΕΟΠΤΟΛΕΜΟΣ.
Τί δέ ἐστι
νεοχμὸν οὕτω ἐξαίφνης,
ὅτου ποιεῖς
τοσήνδε ἰυγὴν καὶ στόνον
σαυτοῦ.

ΝΕΟΡΤΟLÈΜΕ.
Mais qu'y-a-t-il
de nouveau ainsi subitement,
à cause de quoi tu fais
si grande lamentation et gémissement
sur toi-même.

ΦΙΛΟΚΤΗΤΗΣ.
Οἶσθα,
ὦ τέκνον.

PHILOCTÈTE.
Tu *le* sais,
ô *mon* enfant.

ΝΕΟΠΤΟΛΕΜΟΣ.
Τί ἔστιν;

NÉOPTOLÈME.
Qu'est-*ce* ?

ΦΙΛΟΚΤΗΤΗΣ. Οἶσθα,
ὦ παῖ.

PHILOCTÈTE. Tu le sais,
ô *mon* enfant.

ΝΕΟΠΤΟΛΕΜΟΣ.
Τί σοι ;
οὐκ οἶδα.

NÉOPTOLÈME.
Quelle chose *est* à toi?
je ne *le* sais pas.

ΦΙΛΟΚΤΗΤΗΣ. Πῶς
οὐκ οἶσθα;
παππαπαππαπαῖ.

PHILOCTÈTE. Comment
ne *le* sais-tu pas ?
ah, ah, ah, ah!

ΝΕΟΠΤΟΛΕΜΟΣ. Τὸ ἐπίσαγμα
τοῦ νοσήματος δεινόν.

NÉOPTOLÈME. Le poids
de la maladie *est* terrible.

ΦΙΛΟΚΤΗΤΗΣ. Δεινὸν γὰρ,
οὐδὲ ῥητόν·
ἀλλὰ οἴκτειρέ με.

PHILOCTÈTE. Oui, terrible
et non exprimable;
mais aie-pitié de moi.

ΝΕΟΠΤΟΛΕΜΟΣ.
Τί δῆτα δράσω;

NÉOPTOLÈME.
Que ferai-je donc ?

ΦΙΛΟΚΤΗΤΗΣ.
Μὴ προδῷς με
ταρβήσας.
Αὕτη γὰρ
ἥκει πλάνοις
διὰ χρόνου,
ἴσως
ὡς ἐξεπλήσθη.

PHILOCTÈTE.
Ne trahis pas moi
ayant-eu-peur.
Car celle-ci (la maladie)
est venue dans *ses* courses-errantes
après un *long* temps,
devant se rassasier sans doute
comme elle a coutume de se rassasier.

ΝΕΟΠΤΟΛΕΜΟΣ. Ἰὼ, ἰὼ,
δύστηνε σύ.

NÉOPTOLÈME. Hélas, hélas,
infortuné *que* tu es.

ΦΙΛΟΚΤΗΤΗΣ.
Δύστηνε δῆτα,
φανεὶς
διὰ πάντων πόνων.

PHILOCTÈTE.
Infortuné en vérité,
ayant paru *tel*
par toutes *mes* peines.

ΝΕΟΠΤΟΛΕΜΟΣ.

Βούλει λάβωμαι δῆτα καὶ θίγω τί σου ;

ΦΙΛΟΚΤΗΤΗΣ.

Μὴ δῆτα τοῦτό γ'· ἀλλά μοι τὰ τόξ' ἑλὼν
τάδ' ὥσπερ ᾔτου μ' ἀρτίως, ἕως ἀνῇ
τὸ πῆμα τοῦτο τῆς νόσου τὸ νῦν παρὸν,
σῶζ' αὐτὰ καὶ φύλασσε· λαμβάνει γὰρ οὖν   765
ὕπνος μ', ὅταν περ τὸ κακὸν ἐξήκη τόδε·
κοὐκ ἔστι λῆξαι πρότερον, ἀλλ' ἐᾶν χρεὼν
ἔκηλον εὕδειν. Ἢν δὲ τῷδε τῷ χρόνῳ
μόλωσ' ἐκεῖνοι, πρὸς θεῶν, ἐφίεμαι
ἑκόντα μήτ' ἄκοντα, μηδέ τῳ τέχνῃ   770
κείνοις μεθεῖναι ταῦτα, μὴ σαυτόν θ' ἅμα,
κἄμ', ὄντα σαυτοῦ πρόστροπον, κτείνας γένη.

ΝΕΟΠΤΟΛΕΜΟΣ.

Θάρσει προνοίας γ' οὕνεχ'. Οὐ δοθήσεται
πλὴν σοί τε κἀμοί· ξὺν τύχῃ δὲ πρόσφερε.

ΦΙΛΟΚΤΗΤΗΣ.

Ἰδοὺ, δέχου, παῖ· τὸν Φθόνον δὲ πρόσχυσον,   775
μή σοι γενέσθαι πολύπον' αὐτὰ, μηδ' ὅπως
ἐμοί τε καὶ τῷ πρόσθ' ἐμοῦ κεκτημένῳ.

NÉOPTOLÈME. Veux-tu que je te soutienne, que je te touche
PHILOCTÈTE. Non, non; prends cet arc que tu me demandais tout à l'heure; garde-le, conserve-le avec soin jusqu'à ce que cet accès soit calmé. Car le sommeil s'empare de moi lorsque mes douleurs ont cessé. Je ne puis auparavant espérer de repos; mais il faut me laisser dormir en paix. S'ils viennent pendant mon sommeil, au nom des dieux, je t'en conjure, garde-toi de leur livrer ces armes, de gré ou de force, ou d'aucune manière, si tu ne veux causer à la fois ta perte et celle de ton suppliant.

NÉOPTOLÈME. Compte sur ma prudence. Nul autre que toi ou moi ne les possédera : donne-les-moi, et que les dieux nous exaucent!

PHILOCTÈTE. Tiens, prends, mon fils; mais conjure l'Envie de ne pas te les rendre aussi funestes qu'elles l'ont été pour moi, et pour celui qui les posséda le premier.

ΝΕΟΠΤΟΛΕΜΟΣ. Βούλει δῆτα **NÉOPTOLÈME**. Veux-tu donc
λάβωμαι καὶ θίγω que je prenne et que je touche
σού τι. toi quelque part?
ΦΙΛΟΚΤΗΤΗΣ. Μὴ δῆτα PHILOCTÈTE. *Non*, sans doute,
τοῦτό γε· ne *fais* pas cela ;
ἀλλὰ ἑλών μοι τάδε τὰ τόξα mais ayant pris à moi cet arc,
ὥσπερ ᾖτου με ἀρτίως, comme tu *le* demandais à moi à l'ins-
σῶζε καὶ φύλασσε αὐτά, garde-*le* et veille-sur lui,　　　[tant,
ἕως ἀνῇ jusqu'à ce qu'ait cessé
τοῦτο τὸ πῆμα τῆς νόσου cette souffrance de la maladie
τὸ παρὸν νῦν· qui-est-présente maintenant ;
ὕπνος γὰρ οὖν λαμβάνει με, car alors le sommeil saisit moi,
ὅταν περ τόδε τὸ κακὸν ἐξήκῃ· chaque fois que ce mal a atteint-*sa*-fin,
καὶ οὐκ ἔστι et il n'est pas *possible*
λῆξαι πρότερον, de le *faire* cesser avant ;
ἀλλὰ χρεὼν ἐᾶν mais il est-nécessaire de *me* laisser
εὕδειν ἕκηλον. dormir tranquille.
Ἢν δὲ ἐκεῖνοι μόλωσι Mais si ceux-là viennent,
τῷδε τῷ χρόνῳ, pendant ce temps,
πρὸς θεῶν ἐφίεμαι au nom des dieux, je *t'*enjoins
μεθεῖναι ταῦτα κείνοις de *ne* laisser cet *arc* à eux
ἕκοντα μήτε ἄκοντα, *ni* volontairement ni involontairement
μηδέ τῳ τέχνῃ, ni *étant trompé* par quelque ruse,
μὴ γένῃ κτείνας de peur que tu ne sois tuant
ἅμα τε σαυτὸν, καὶ ἐμὲ en même temps et toi, et moi
ὄντα πρόστροπον σαυτοῦ. étant le suppliant de toi.
ΝΕΟΠΤΟΛΕΜΟΣ. Θάρσει NÉOPTOLÈME. Aie courage
προνοίας γε οὕνεκα. au moins quant à *ma* prévoyance.
Οὐ δοθήσεται L'*arc* ne sera donné *à personne*,
πλὴν σοί τε καὶ ἐμοί· excepté à toi et à moi ;　　　[bonheur.
πρόσφερε δὲ ξὺν τύχῃ· mais présente-*le* *à moi* pour *notre*
ΦΙΛΟΚΤΗΤΗΣ. Παῖ, PHILOCITÈTE. *Mon* enfant,
ἰδού, δέχου· tiens, reçois-*le* ;
πρόσκυσον δὲ τὸν Φθόνον, mais prie l'Envie
αὐτὰ μὴ γενέσθαι σοι lui (l'arc) ne pas devenir à toi
πολύπονα, cause-de-beaucoup-de-peines ;
μηδὲ et *qu'il* ne *soit* pas *à toi*
ὅπως ἐμοί τε comme et à moi
καὶ τῷ κεκτημένῳ et à celui qui-*le*-possédait
πρόσθεν ἐμοῦ. avant moi.

ΝΕΟΠΤΟΛΕΜΟΣ.

Ὦ θεοὶ, γένοιτο ταῦτα νῶν [1]· γένοιτο δὲ
πλοῦς οὔριός τε κεὐσταλὴς, ὅποι ποτὲ
θεὸς δικαιοῖ, χὠ στόλος πορσύνεται.   780

ΦΙΛΟΚΤΗΤΗΣ.

Ἀλλὰ δέος, ὦ παῖ, μὴ ἀτελὴς εὐχὴ φανῇ [2].
Στάζει γὰρ αὖ μοι φοίνιον τόδ' ἐκ βυθοῦ
κηκίον αἷμα, καί τι προσδοκῶ νέον.
        Παπαῖ, φεῦ.
Παπαῖ μάλ', ὦ ποὺς, οἷά μ' ἐργάσει κακά.   785
        Προσέρπει,
προσέρχεται τόδ' ἐγγύς. Οἴ μοί μοι τάλας,
ἔχετε τὸ πρᾶγμα. Μὴ φύγητε μηδαμῆ.
        Ἀτατταῖ.
Ὦ ξένε Κεφαλλὴν, εἴθε σου διαμπερὲς   790
στέρνων ἔχοιτ' ἄλγησις ἥδε. Φεῦ, παπαῖ.
Παπαῖ μάλ' αὖθις. Ὦ διπλοῖ στρατηλάται,
Ἀγάμεμνον, ὦ Μενέλαε, πῶς ἂν ἀντ' ἐμοῦ
τὸν ἴσον χρόνον τρέφοιτε [3] τήνδε τὴν νόσον;
        Ὦ μοί μοι.   795
Ὦ θάνατε, θάνατε, πῶς ἀεὶ καλούμενος
οὕτω κατ' ἦμαρ, οὐ δύνᾳ μολεῖν ποτε ;
Ὦ τέκνον, ὦ γενναῖον, ἀλλὰ συλλαβὼν,
τῷ Λημνίῳ τῷδ' ἀνακαλουμένῳ πυρὶ [4]
ἔμπρησον, ὦ γενναῖε· κἀγώ τοί ποτε   800

NÉOPTOLÈME. Dieux immortels, qu'il en soit ainsi ! qu'un vent
doux et favorable nous conduise au terme de notre expédition et au
but marqué par le dieu !

PHILOCTÈTE. Je crains bien, mon fils, que ce vœu ne soit sans
effet. Un sang noir coule encore du fond de ma blessure, et m'annonce de nouvelles douleurs. Dieux ! ah ! ah ! hélas ! Pied maudit, que
tu vas me faire souffrir ! Le mal s'avance, le voici qui approche. Ah !
malheureux ! vous voyez mon état : ne m'abandonnez pas. O ciel !
Odieux roi de Céphallénie, puissé-je voir tes entrailles déchirées par
de pareils tourments ! Ah ! ah ! encore ? Couple abhorré, Agamemnon,
Ménélas, c'était à vous qu'étaient dus de si longs, de si cruels sup-
plices. Hélas ! hélas ! ô mort, ô mort, tant de fois invoquée chaque
jour, ne viendras-tu jamais ? O mon fils, homme généreux, prends-
moi, brûle-moi avec le feu de Lemnos, comme mes mains ont jadis

ΝΕΟΠΤΟΛΕΜΟΣ. Ὦ θεοὶ,
ταῦτα γένοιτο νῶν·
πλοῦς δὲ γένοιτο
οὔριός τε καὶ εὐσταλὴς,
ὅποι ποτὲ θεὸς
δικαιοῖ,
καὶ ὁ στόλος πορσύνεται.
ΦΙΛΟΚΤΗΤΗΣ. Ὦ παῖ,
ἀλλὰ δέος,
μὴ εὐχὴ φανῇ ἀτελής.
Αἷμα γὰρ φοίνιον τόδε
κηκῖον ἐκ βυθοῦ
στάζει μοι αὖ,
καὶ προςδοκῶ τι νέον.
Παπαῖ, φεῦ. Παπαῖ μάλα, ὦ πούς,
οἷα κακὰ ἐργάσει με.
Τόδε προςέρπει,   "
προςέρχεται ἐγγύς.
Οἵ μοί μοι τάλας,
ἔχετε τὸ πρᾶγμα·
μὴ φύγητε μηδαμῇ. Ἀτατταῖ.
Ὦ ξένε Κεφαλλὴν,
εἴθε ἧδε ἄλγησις
ἔχοιτο στέρνων σου
διαμπερές. Φεῦ, παπαῖ.
Παπαῖ μάλα αὖθις.
Ὦ διπλοῖ στρατηλάται,
Ἀγάμεμνον, ὦ Μενέλαε,
πῶς ἂν
τρέφοιτε τήνδε τὴν νόσον
χρόνον τὸν ἴσον ἀντὶ ἐμοῦ.
Ὦ μοί μοι. Ὦ θάνατε, θάνατε,
πῶς καλούμενος
ἀεὶ οὕτω κατὰ ἦμαρ,
οὐ δύνᾳ μολεῖν ποτε;
Ὦ τέκνον, ὦ γενναῖον,
ἀλλὰ, συλλαβὼν,
ἔμπρησον, ὦ γενναῖε,
τῷδε πυρὶ τῷ Λημνίῳ
ἀνακαλουμένῳ·

NÉOPTOLÈME. O dieux,
que ces choses soient à nous;
et que la navigation soit
et favorable et facile,
vers quelque lieu que la divinité
le juge-convenable,
et *que* l'entreprise est préparée !
PHILOCTÈTE. O *mon* enfant,
mais il *est* une crainte,
que *ce* vœu ne paraisse non-accompli.
Car le sang noir que voici
jaillissant du fond   "
tombe-par-gouttes à moi de nouveau,
et j'attends quelque-chose de nouveau.
Ah, hélas! Ah encore, ô pied,
quels maux feras-tu à moi !
Le voici (le mal) *qui* s'avance.
il vient tout-près.
Hélas, infortuné *que* je *suis*.
Vous avez (connaissez) la chose,
ne fuyez nullement. Ah, ah !
O étranger de-Cephallénie,
si cette souffrance
pouvait-s'attacher à la poitrine de toi
de part-en-part ! Hélas, ah !
Ah encore, encore !
O doubles chefs-de-l'armée,
Agamemnon, ô Ménélas,
comment *pourrais-je faire*
que vous nourrissiez cette maladie,
un temps égal au lieu de moi !
Hélas, hélas ! O mort, mort,
comment étant appelée
toujours ainsi chaque jour
ne peux-tu venir enfin ?
O *mon* enfant, ô noble *enfant*,
va, m'ayant saisi,
brûle *moi*, ô homme courageux,
avec ce feu de-Lemnos
invoqué-*souvent*,

τὸν τοῦ Διὸς παῖδ᾽, ἀντὶ τῶνδε τῶν ὅπλων,
ἃ νῦν σὺ σώζεις, τοῦτ᾽ ἐπηξίωσα δρᾶν.
Τί φῇς, παῖ;
τί φῇς; τί σιγᾷς; ποῦ ποτ᾽ ὢν, τέκνον, κυρεῖς;

ΝΕΟΠΤΟΛΕΜΟΣ.

Ἀλγῶ πάλαι δὴ τἀπὶ σοὶ στένων κακά.   805

ΦΙΛΟΚΤΗΤΗΣ.

Ἀλλ᾽, ὦ τέκνον, καὶ θάρσος ἴσχ᾽ ¹· ὡς ἥδε μοι
ὀξεῖα φοιτᾷ, καὶ ταχεῖ᾽ ἀπέρχεται.
Ἀλλ᾽ ἀντιάζω, μή με καταλίπῃς μόνον.

ΝΕΟΠΤΟΛΕΜΟΣ.

Θάρσει, μενοῦμεν.

ΦΙΛΟΚΤΗΤΗΣ.

Ἦ μενεῖς;

ΝΕΟΠΤΟΛΕΜΟΣ.

Σαφῶς φρόνει.

ΦΙΛΟΚΤΗΤΗΣ.

Οὐ μήν σ᾽ ἔνορχόν γ᾽ ἀξιῶ θέσθαι, τέκνον.   810

ΝΕΟΠΤΟΛΕΜΟΣ.

Ὡς οὐ θέμις ² γ᾽ ἐμοί ᾽στι σοῦ μολεῖν ἄτερ.

ΦΙΛΟΚΤΗΤΗΣ.

Ἔμβαλλε χειρὸς πίστιν.

ΝΕΟΠΤΟΛΕΜΟΣ.

Ἐμβάλλω μενεῖν.

ΦΙΛΟΚΤΗΤΗΣ.

Ἐκεῖσε ³ νῦν μ᾽, ἐκεῖσε

ΝΕΟΠΤΟΛΕΜΟΣ.

Ποῖ λέγεις;

---

brûlé le fils de Jupiter, qui m'a donné en récompense ces armes que tu tiens. Que dis-tu, mon fils? que dis-tu? Pourquoi gardes-tu le silence? Où es-tu?

NÉOPTOLÈME. Je souffre, je gémis de tes maux.

PHILOCTÈTE. Prends courage, mon fils; ce mal vient avec violence, et se retire promptement. Je t'en supplie, ne m'abandonne pas.

NÉOPTOLÈME. Rassure-toi, nous resterons.

PHILOCTÈTE. Est-il vrai?

NÉOPTOLÈME. Sois-en certain.

PHILOCTÈTE. Je ne veux point t'enchaîner par un serment, mon fils.

NÉOPTOLÈME. Ce serait un crime de partir sans toi.

PHILOCTÈTE. Donne-moi ta main, pour gage de ta foi.

NÉOPTOLÈME. La voici : je resterai.

PHILOCTÈTE. Là maintenant, là....

NÉOPTOLÈME. Que dis-tu?

καὶ ἐγώ τοι	moi aussi certes
ἐπηξίωσα	j'ai cru-devoir
δρᾶν τοῦτό ποτε	faire cela un jour
τὸν παῖδα τοῦ Διὸς	au fils de Jupiter,
ἀντὶ τῶνδε τῶν ὅπλων,	pour-prix de ces armes
ἃ σὺ νῦν σώζεις.	que toi tu gardes-maintenant.
Τί φῂς, παῖ;	Que dis-tu, *mon* enfant?
Τί φῄς; τί σιγᾷς;	Que dis-tu, pourquoi te tais-tu.
ποῦ ποτε κυρεῖς ὤν,	Où donc te trouves-tu étant?
τέκνον;	*mon* enfant?
ΝΕΟΠΤΟΛΕΜΟΣ. Ἀλγῶ	NÉOPTOLÈME. Je souffre
πάλαι δὴ στένων	depuis longtemps déjà gémissant
κακὰ τὰ ἐπὶ σοί.	les maux *qui pèsent* sur toi.
ΦΙΛΟΚΤΗΤΗΣ. Ὦ τέκνον,	PHILOCTÈTE. O *mon* enfant,
ἀλλὰ ἴσχε καὶ θάρσος·	mais aie aussi du courage;
ὡς ἥδε	car celle-ci (la maladie)
φοιτᾷ μοι ὀξεῖα	vient à moi violente,
καὶ ἀπέρχεται	et elle s'en va
ταχεῖα.	prompte (promptement).
Ἀλλὰ ἀντιάζω,	Mais je *t'en* prie,
μὴ καταλίπῃς με μόνον.	ne délaisse pas moi seul.
ΝΕΟΠΤΟΛΕΜΟΣ. Θάρσει,	NÉOPTOLÈME. Aie-courage,
μενοῦμεν.	nous resterons.
ΦΙΚΟΚΤΗΤΗΣ.	PHILOCTÈTE.
Ἦ μενεῖς;	Est-ce que tu resteras?
ΝΕΟΠΤΟΛΕΜΟΣ. Φρόνει	NÉOPTOLTME. Sache-*le*
σαφῶς.	avec certitude.
ΦΙΛΟΚΤΗΤΗΣ. Τέκνον,	PHILOCTÈTE. *Mon* enfant,
οὐ μὴν ἀξιῶ	pourtant je ne juge-pas-convenable
θέσθαι σε ἔνορκόν γε.	de rendre toi lié-par-un-serment.
ΝΕΟΠΤΟΛΕΜΟΣ. Ὡς	NÉOPTOLÈME. Car
οὐκ ἔστι θέμις γε ἐμοὶ	il n'*est*-pas-permis à moi
μολεῖν ἄτερ σοῦ.	de partir sans toi.
ΦΙΛΟΚΤΗΤΗΣ. Ἔμβαλλε	PHILOCTÈTE. Mets-daus *ma main*
πίστιν χειρός.	l'assurance de *ta* main.
ΝΕΟΠΤΟΛΕΜΟΣ.	NÉOPTOLÈME.
Ἐμβάλλω μενεῖν.	Je *la* mets pour rester.
ΦΙΛΟΚΤΗΤΗΣ. Νῦν	PHILOCTÈTE. Maintenant
ἐκεῖσέ με, ἐκεῖσε	*conduis* moi là, là....
ΝΕΟΠΤΟΛΕΜΟΣ. Ποῖ λέγεις;	NÉOPTOLÈME. Où dis-tu?

ΦΙΛΟΚΤΗΤΗΣ.

ἄνω

ΝΕΟΠΤΟΛΕΜΟΣ.

Τί παραφρονεῖς αὖ; τί τὸν ἄνω λεύσσεις κύκλον;

ΦΙΛΟΚΤΗΤΗΣ.

Μέθες, μέθες με.

ΝΕΟΠΤΟΛΕΜΟΣ.

Ποῖ μεθῶ;

ΦΙΛΟΚΤΗΤΗΣ.

Μέθες ποτέ.   815

ΝΕΟΠΤΟΛΕΜΟΣ.

Οὔ φημ' ἐάσειν.

ΦΙΛΟΚΤΗΤΗΣ.

Ἀπό μ' ὀλεῖς, ἢν προσθίγῃς.

ΝΕΟΠΤΟΛΕΜΟΣ.

Καὶ δὴ μεθίημ', εἴ τι δὴ πλέον φρονεῖς.

ΦΙΛΟΚΤΗΤΗΣ.

Ὦ γαῖα, δέξαι θανάσιμόν μ', ὅπως ἔχω.
Τὸ γὰρ κακὸν τόδ' οὐκ ἔτ' ὀρθοῦσθαί μ' ἐᾷ.

ΝΕΟΠΤΟΛΕΜΟΣ.

Τὸν ἄνδρ' ἔοικεν ὕπνος οὐ μακροῦ χρόνου   820
ἕξειν· κάρα γὰρ ὑπτιάζεται τόδε.
Ἱδρώς γέ τοί νιν πᾶν καταστάζει δέμας,
μέλαινά τ' ἄκρου τις παρέρρωγεν ποδὸς
αἱμορραγὴς φλέψ. Ἀλλ' ἐάσωμεν, φίλοι,
ἕκηλον αὐτὸν, ὡς ἂν εἰς ὕπνον πέσῃ.   825

PHILOCTÈTE. En haut.

NÉOPTOLÈME. Quel nouvel égarement ! Pourquoi lever ainsi les yeux au ciel?

PHILOCTÈTE Laisse-moi , laisse-moi.

NÉOPTOLÈME. Où veux-tu que je te laisse ?

PHILOCTÈTE. Laisse-moi , te dis-je.

NÉOPTOLÈME. Je ne te quitterai point.

PHILOCTÈTE Je meurs, si tu me touches.

NÉOPTOLÈME. Eh bien, je te laisse , si tu es'un peu plus calme.

PHILOCTÈTE. O terre , reçois un mourant à qui la douleur ne permet plus de se soutenir.

NÉOPTOLÈME. Le sommeil semble prêt à s'emparer de lui. Sa tête s'appesantit. Une sueur abondante se répand sur tout son corps. La veine de son pied s'est ouverte, et un sang noir coule de sa blessure. Mes amis, laissons-le s'endormir tranquillement.

ΦΙΛΟΚΤΗΤΗΣ.
Ἄνω.

ΝΕΟΠΤΟΛΕΜΟΣ Τί
παραφρονεῖς αὖ ;
τί λεύσσεις
κύκλον τὸν ἄνω ;
ΦΙΛΟΚΤΗΤΗΣ.
Μέθες, μέθες με.
ΝΕΟΠΤΟΛΕΜΟΣ.
Ποῖ μεθῶ ;
ΦΙΛΟΚΤΗΤΗΣ.
Μέθες ποτέ.
ΝΕΟΠΤΟΛΕΜΟΣ.
Οὔ φημι ἐάσειν.
ΦΙΛΟΚΤΗΤΗΣ.
Ἀπολεῖς με,
ἢν προςθίγῃς.
ΝΕΟΠΤΟΛΕΜΟΣ.
Καὶ δὴ μεθίημι,
εἰ δὴ φρονεῖς τι πλέον.
ΦΙΛΟΚΤΗΤΗΣ.
Ὦ γαῖα,
δέξαι με θανάσιμον,
ὅπως ἔχω.
Τόδε γὰρ τὸ κακὸν
οὐκ ἔτι ἐᾷ με
ὀρθοῦσθαι.
ΝΕΟΠΤΟΛΕΜΟΣ. Ὕπνος
ἔοικεν ἕξειν τὸν ἄνδρα
χρόνου οὐ μακροῦ·
τόδε γὰρ κάρα ὑπτιάζεται
Ἱδρώς γέ τοι καταστάζει
πᾶν δέμας νιν,
φλέψ τέ τις μέλαινα
αἱμοῤῥαγὴς
παρέῤῥωγε
ποδὸς ἄκρου.
Ἀλλά, φίλοι,
λάβωμεν αὐτὸν ἔκηλον,
ὡς ἂν εἰς ὕπνον.
ΦΙΛΟΚΤΗΤΗΣ.

PHILOCTÈTE.
En haut.

NÉOPTOLÈME. En quoi
es-tu-en-délire de nouveau ?
pourquoi regardes-tu
le cercle *qui est* en haut?
PHILOCTÈTE.
Laisse, laisse-moi.
NÉOPTOLÈME
Où *t'ayant conduit te* laisserais-je ?
PHILOCTÈTE.
Laisse *moi* enfin.
NÉOPTOLÈME.
Je nie devoir-laisser *toi*.
PHILOCTÈTE.
Tu perdras moi,
si tu touches *moi*.
NÉOPTOLÈME.
Eh bien donc, je laisse *toi*,
si tu es-raisonnable un peu plus.
PHILOCTÈTE.
O terre,
reçois-moi moribond
comme je suis (sur-le-champ).
Car ce mal
ne laisse plus *moi*
me tenir-droit.
NÉOPTOLÈME. Le sommeil
paraît devoir tenir l'homme
un temps non long ;
car voici *sa* tête qui se penche.
La sueur au moins coule
sur tout le corps à lui,
et une veine noire
d'où-jaillit-le-sang
a crevé
sur le pied à-sa-pointe.
Eh bien, *mes* amis,
laissons le tranquille
afin qu'il tombe en sommeil.
PHILOCTÈTE.

5

ΧΟΡΟΣ.

(Στροφή.)

Ὕπν' ὀδύνας ἀδαὴς, Ὕπνε δ' ἀλγέων,
εὐαὴς ἡμῖν ἔλθοις,
εὐαίων, εὐαίων ἄναξ·
ὄμμασι δ' ἀντίσχοις τάνδ' αἴγλαν [1],
ἃ τέταται τανῦν.   830
Ἴθι, ἴθι μοι, παιών.
Ὦ τέκνον, ὅρα γε ποῦ στάσει [2],
ποῖ δὲ βάσει, πῶς δ' ἐμοὶ
τἀντεῦθεν φροντίδος. Ὁρᾷς
ἤδη [3]. Πρὸς τί μενοῦμεν πράσσειν;   835
Καιρός τοι πάντων γνώμαν ἴσχων
πολὺ παρὰ πόδα κράτος ἄρνυται.

ΝΕΟΠΤΟΛΕΜΟΣ.

Ἀλλ' ὅδε μὲν κλύει οὐδέν· ἐγὼ δ' ὁρῶ οὕνεκα θήραν
τήνδ' ἁλίως ἔχομεν τόξων, δίχα τοῦδε πλέοντες.
Τοῦδε γὰρ ὁ στέφανος, τοῦτον θεὸς εἶπε κομίζειν.   840
Κομπεῖν δ' ἔστ' ἀτελῆ ξὺν ψεύδεσιν [4] αἰσχρὸν ὄνειδος.

LE CHOEUR. Sommeil, qui ne connais ni les peines ni les dou-
leurs, dieu puissant, charme de la vie, viens avec ta douce haleine.
Conserve sur ses traits ce doux éclat qui y est maintenant répandu.
Viens à ma voix, toi qui guéris les maux.

Mon fils, prends bien garde au parti que tu vas prendre, et à ce qui
nous reste à faire. Tu vois notre situation; qu'attendons-nous encore?
L'occasion, qui décide de tout, apporte le succès à qui sait la saisir.

NÉOPTOLÈME. Il n'entend plus rien; mais, je le reconnais,
c'est en vain que nous possédons ces armes, si nous partons sans lui.
C'est à lui qu'est réservée la victoire, c'est lui qu'un dieu a ordonné
d'emmener. Quelle honte de se glorifier d'une entreprise qui a échoué
malgré la ruse et le mensonge!

(Στροφή.)

Strophe.

ΧΟΡΟΣ. Ὕπνε
ἀδαὴς ὀδύνας,
Ὕπνε δὲ
ἀλγέων, ἔλθοις
ἡμῖν εὐαὴς,
ἄναξ εὐαίων, εὐαίων ·
ἀντίσχοις δὲ ὄμμασι
τάνδε αἴγλαν,
ἃ τέταται τανῦν.
Ἴθι, ἴθι μοι,
παιών.
Ὦ τέκνον,
ὅρα ποῦ στάσει,
ποῖ δὲ βάσει,
πῶς δὲ φροντίδος
(ἔσται) μοι
τὰ ἐντεῦθεν.
Ὁρᾷς ἤδη.
Πρὸς τί πράσσειν
μενοῦμεν;
Καιρός τοι
ἰσχύων γνώμαν πάντων
ἄρνυται πολὺ κράτος
παρὰ πόδα.
ΝΕΟΠΤΟΛΕΜΟΣ. Ἀλλὰ
ὅδε μὲν κλύει οὐδὲν
ἐγὼ δὲ ὁρῶ,
οὕνεκα, πλέοντες δίχα τοῦδε,
ἔχομεν ἁλίως
τήνδε θήραν τόξων.
Τοῦδε γὰρ
ὁ στέφανος,
τοῦτον θεὸς
εἶπε κομίζειν.
Κομπεῖν δὲ
ἀτελῆ
ξὺν ψεύδεσιν
ἐστὶν ὄνειδος αἰσχρόν.

LE CHOEUR. Sommeil
qui-ne-connais-pas la douleur,
sommeil *qui-ne-connais-pas*
les souffrances, puisses-tu venir
à nous, ayant-une-douce-haleine,
ô roi qui-amènes-le-bonheur ;
et puisses-tu-tenir-devant *ses* yeux
cet éclat,
qui *y* est étendu maintenant.
Viens, viens à moi,
toi qui-guéris-les-maux.
O *mon* enfant,
vois où tu te tiendras,
et où tu iras
et comment d'inquiétude
seront à moi
les choses à-partir-d'ici.
Tu vois déjà.
Pour quoi faire
resterons-nous ?
L'occasion assurément
ayant la prudence en toutes choses
obtient une grande puissance
devant le pied (tout de suite).
NÉOPTOLÈME. Mais
celui-ci d'un côté n'entend rien,
de l'autre moi je vois,
que naviguant sans celui-ci,
nous avons vainement
cette proie de l'arc.
Car *c'est* de celui-ci,
qu'est la couronne ;
c'est lui *que* le Dieu
a dit d'amener.
Mais se vanter
de choses non-accomplies
avec des mensonges
c'est un opprobre honteux.

ΧΟΡΟΣ.
(Ἀντιστροφή.)

Ἀλλὰ, τέκνον, τάδε [1] μὲν θεὸς ὄψεται·
  ὧν δ' ἂν κἀμείθῃ μ' αὖθις,
  βαιάν μοι, βαιὰν, ὦ τέκνον,
πέμπε λόγων φάμαν· ὡς πάντων [2]   845
  ἐν νόσῳ εὐδρακὴς
  ὕπνος ἄϋπνος λεύσσειν.

Ἀλλ' ὅτι δύνᾳ μάκιστον
  κεῖνό μοι, κεῖνο λάθρα
  ἐξιδοῦ, ὅ τι πράξεις·   850
(οἶσθα γὰρ ὃν αὐδῶμαι) εἰ ταύταν [3]
τούτῳ γνώμαν ἴσχεις, μάλα τοι
ἄπορα πυκινοῖς ἐνιδεῖν πάθη.

            (Ἐπῳδός.)
Οὖρός τοι, τέκνον, οὖρος.
  Ἀνὴρ δ' ἀνόμματος,   855
  οὐδ' ἔχων ἀρωγὰν,   ‹
  ἐκτέταται νύχιος
  (ἀλεὴς ὕπνος ἐσθλός),
οὐ χερὸς, οὐ ποδὸς, οὔ τινος ἄρχων·
ἀλλά τις ὡς Ἀΐδᾳ παρακείμενος,   860

LE CHOEUR. Les dieux en décideront, mon fils ; mais pour me répondre, songe, songe bien à parler à voix basse. Rien n'échappe au sommeil du malade, qui mérite à peine le nom de sommeil. Réfléchis donc attentivement et en silence ; tu sais de qui je veux parler, si tu entres dans ses projets, je prévois des maux sans nombre que la prudence ne saurait conjurer. Mon fils, voici le moment favorable. Ses yeux sont fermés, il est étendu sans défense, enveloppé des ombres d'un profond sommeil ; il ne peut faire usage ni de ses pieds, ni de ses mains, ni d'aucun de ses membres. Il ressemble à un homme dans les bras de la mort. Vois si ce que tu ordonnes est

(Ἀντιστροφή.)

(Antistrophe.)

ΧΟΡΟΣ. Τέκνον,
ἀλλὰ θεὸς μὲν
ὄψεται τάδε·
πέμπε δέ μοι,
ὦ τέκνον,
βαιὰν, βαιὰν φάμαν
λόγων ὧν ἂν
καὶ ἀμείβῃ
αὖθίς με·
ὡς ὕπνος
ἐν νόσῳ
ἄϋπνος
εὐδρακὴς πάντων
λεύσσειν.
Ἀλλὰ ἐξιδοῦ
κεῖνο, κεῖνό μοι
λάθρᾳ,
ὅτι μάκιστον δύνᾳ,
ὅ τι πράξεις.
Εἰ ἴσχεις,
ταύταν γνώμαν τούτῳ,
οἶσθα γὰρ ὃν αὐδῶμαι,
ἐνιδεῖν πάθη
μάλα τοι ἄπορα
πυκινοῖς.

LE CHOEUR. *Mon* enfant,
mais d'un côté, le Dieu
verra ces choses
de l'autre envoie à moi
o *mon* enfant,
un faible, un faible bruit
des paroles par lesquelles
tu pourrais encore répliquer
de nouveau à moi ;
car le sommeil,
qui est pendant la maladie
non-sommeil,
est bien-voyant toutes les choses
de manière à *les* distinguer.
Mais recherche-bien
ceci, ceci à moi
secrètement,
du plus-loin que tu pourras
ce que tu feras.
Si tu as
cette opinion à celui-ci,
car tu sais qui je nomme,
*il y a lieu d'y-*voir des maux
très embarrassants assurément
pour les *hommes* intelligents.

(Ἐπῳδός.)

Epode.

Τέκνον,
οὖρός τοι,
οὖρος.
Ὁ ἀνὴρ δὲ ἀνόμματος
οὐδὲ ἔχων ἀρωγάν,
ἐκτέταται νύχιος,
(ὕπνος ἀλεὴς ἐσθλός),
ἄρχων οὐ χερὸς,
οὐ ποδὸς, οὔ τινος·
ἀλλὰ ὁρᾷ
ὥς τις παρακείμενος

Mon enfant,
il y a certes vent-favorable
vent-favorable.
Et *cet* homme, sans yeux
et n'ayant pas de secours
est étendu couvert-de-ténèbres
(le sommeil tiède *est* propice),
n'étant-maître ni de *sa* main,
ni de *son* pied, ni d'aucune chose ;
mais il regarde (il est)
comme quelqu'un gisant-auprès

ὁρᾷ [1]. Βλέπ᾽ εἰ καίρια φθέγγει·
τὸ [2] δ᾽ ἁλώσιμον ἐμᾷ φροντίδι, παῖ,
πόνος δ μὴ φοβῶν κράτιστος.

ΝΕΟΠΤΟΛΕΜΟΣ.

Σιγᾶν κελεύω, μηδ᾽ ἀφεστάναι φρενῶν.
Κινεῖ γὰρ ἀνὴρ ὄμμα, κἀνάγει κάρα.　　　　　865

ΦΙΛΟΚΤΗΤΗΣ.

Ὦ φέγγος ὕπνου διάδοχον, τό τ᾽ ἐλπίδων
ἄπιστον οἰκούρημα τῶνδε τῶν ξένων·
οὐ γάρ ποτ᾽, ὦ παῖ, τοῦτ᾽ ἂν ἐξηύχησ᾽ ἐγὼ,
τλῆναί σ᾽ ἐλεινῶς ὧδε τἀμὰ πήματα
μεῖναι παρόντα καὶ ξυνωφελοῦντά μοι.　　　　870
Οὔκουν Ἀτρεῖδαι τοῦτ᾽ ἔτλησαν εὐπόρως [3]
οὕτως ἐνεγκεῖν, οἱ 'γαθοὶ στρατηλάται.
Ἀλλ᾽ εὐγενὴς γὰρ ἡ φύσις κἀξ εὐγενῶν,
ὦ τέκνον, ἡ σὴ, πάντα ταῦτ᾽ ἐν εὐχερεῖ
ἔθου, βοῆς τε καὶ δυσοσμίας γέμων.　　　　875
Καὶ νῦν, ἐπειδὴ τοῦδε τοῦ κακοῦ δοκεῖ
λήθη τις εἶναι κἀνάπαυλα δὴ, τέκνον,
σύ μ᾽ αὐτὸς ἆρον, σύ με κατάστησον, τέκνον.

---

ce qu'il faut ordonner. Autant que j'en puis juger, une peine sans danger est toujours préférable.

NÉOPTOLÈME. Tais-toi, pas d'imprudence; il ouvre les yeux et soulève la tête.

PHILOCTÈTE. Douce clarté qui succède au sommeil! Présence de mes hôtes qui, contre mon espérance, m'êtes restés fidèles! Non, mon fils, je ne t'aurais jamais cru assez de courage et de pitié pour supporter mes maux, m'assister et me secourir. Les Atrides, ces chefs courageux, ne les ont pas supportés avec tant de constance. Mais toi, mon fils, ta générosité répond à ta naissance; ni mes cris, ni l'odeur infecte de ma blessure, rien ne t'a rebuté. Maintenant que mon mal semble se calmer et me laisser quelque repos, relève-moi,

Ἀΐδα. Βλέπε, | de Pluton. Vois
εἰ φθέγγει καίρια· | si tu dis des choses opportunes,
παῖ, | mon enfant,
τὸ δὲ ἀλώσιμον | mais en tant que cela est saisissable
ἐμᾷ φροντίδι, πόνος | à ma pensée, la peine
ὁ μὴ φοβῶν | qui ne donne-pas-de-crainte
κράτιστος. | est la meilleure.

ΝΕΟΠΤΟΛΕΜΟΣ. | NÉOPTOLÈME.
Κελεύω σιγᾷν | Je t'ordonne de te taire
μηδὲ ἀφεστάναι φρενῶν. | et de ne pas t'éloigner du bon-sens
Ὁ ἀνὴρ γὰρ κινεῖ ὄμμα | Car l'homme remue l'œil
καὶ ἀνάγει κάρα. | et relève la tête.

ΦΙΛΟΚΤΗΤΗΣ. Ὦ φέγγος | PHILOCTÈTE. O lumière
διάδοχον ὕπνου, οἰκούρημά τε | qui-succède-au-sommeil, et garde
τὸ ἄπιστον ἐλπίδων | incroyable à mes espérances
τῶνδε τῶν ξένων· | de ces étrangers,
ὦ παῖ, οὐ γάρ ποτε ἐγὼ | o mon enfant, car jamais moi
ἐξηύχησα τοῦτο, | je n'aurais cru ceci,
σὲ τλῆναι μεῖναι | toi avoir-la-patience d'attendre (sup-
τὰ ἐμὰ πήματα | mes maux   [porter)
ἐλεινῶς ὧδε, | avec-compassion ainsi,
παρόντα καὶ ξυνωφελοῦντά μοι. | étant-présent et aidant moi.
Οὔκουν Ἀτρεῖδαι | Certes les Atrides
ἔτλησαν | n'auraient pas eu la patience
ἐνεγκεῖν τοῦτο εὐπόρως οὕτως, | de supporter cela aisément ainsi,
οἱ ἀγαθοὶ στρατηλάται. | les braves chefs.
Ἀλλὰ, ὦ τέκνον, | Mais o mon enfant
γέμων βοῆς τε | étant rempli et de mes cris
καὶ δυσοσμίας, | et de ma mauvaise-odeur,
ἔθου πάντα ταῦτα | tu as pris toutes ces choses
ἐν εὐχερεῖ, | légèrement,
ἡ γὰρ φύσις ἡ σὴ | car le naturel tien
εὐγενὴς καὶ ἐξ εὐγενῶν. | est noble et venant de parens nobles.
Καὶ νῦν, τέκνον, | Et maintenant, mon enfant,
ἐπειδὴ λήθη τις | qu'un certain oubli
καὶ ἀνάπαυλα τοῦδε τοῦ κακοῦ | et repos de ce mal
δοκεῖ εἶναι δὴ, | paraît être enfin,
σὺ αὐτὸς, τέκνον, ἆρόν με, | toi même, mon enfant, relève moi
σὺ κατάστησόν με, | toi remets-sur-mes-pieds moi
ἵνα, ἡνίκα κόπος, | afin que, quand la fatigue

ἵν᾿, ἡνίκ᾿ ἂν κόπος μ᾿ ἀπαλλάξῃ ποτὲ,
ὁρμώμεθ᾿ ἐς ναῦν, μηδ᾿ ἐπίσχωμεν τὸ πλεῖν.   880
ΝΕΟΠΤΟΛΕΜΟΣ.
Ἀλλ᾿ ἥδομαι μέν σ᾿ εἰσιδὼν παρ᾿ ἐλπίδα
ἀνώδυνον βλέποντα κἀμπνέοντ᾿ ἔτι·
ὡς οὐκ ἔτ᾿ ὄντος γὰρ τὰ συμβόλαιά σου
πρὸς τὰς παρούσας ξυμφορὰς ἐφαίνετο.
Νῦν δ᾿ αἶρε σαυτόν· εἰ δέ σοι μᾶλλον φίλον,   885
οἴσουσί σ᾿ οἵδε· τοῦ πόνου γὰρ οὐκ ὄκνος,
ἐπείπερ οὕτως σοί τ᾿ ἔδοξ᾿ ἐμοί τε δρᾶν.
ΦΙΛΟΚΤΗΤΗΣ.
Αἰνῶ τάδ᾿ ¹, ὦ παῖ, καί μ᾿ ἔπαιρ᾿, ὥσπερ νοεῖς·
τούτους δ᾿ ἔασον, μὴ βαρυνθῶσιν κακῇ
ὀσμῇ πρὸ τοῦ δέοντος· οὑπὶ νηῒ γὰρ   890
ἅλις πόνος τούτοισι συνναίειν ἐμοί.
ΝΕΟΠΤΟΛΕΜΟΣ.
Ἔσται τάδ᾿· ἀλλ᾿ ἵστω τε, καὐτὸς ἀντέχου.
ΦΙΛΟΚΤΗΤΗΣ.
Θάρσει. Τό τοι ξύνηθες ὀρθώσει μ᾿ ἔθος.
ΝΕΟΠΤΟΛΕΜΟΣ.
Παπαῖ· τί δῆτ᾿ ἂν δρῷμ᾿ ἐγὼ τοὐνθένδε γε;
ΦΙΛΟΚΤΗΤΗΣ.
Τί δ᾿ ἔστιν, ὦ παῖ; ποῖ ποτ᾿ ἐξέβης λόγῳ;   895

---

mon fils, soutiens-moi. Dès que mon épuisement aura cessé, nous
marcherons vers ton vaisseau, et nous partirons sans délai.

NÉOPTOLÈME. Je me réjouis de te voir „contre toute espérance,
délivré de tes douleurs, et rappelé à la lumière et à la vie; car
les symptômes de ton mal semblaient annoncer la mort. Lève-
toi donc, ou, si tu le préfères, mes compagnons vont te porter; ils ne
se refuseront pas à ce service, si telle est ta volonté et la mienne.

PHILOCTÈTE. Je te rends grâces, mon fils : lève-moi, comme tu
le désires ; mais laisse tes compagnons, pour qu'ils ne soient pas
avant le temps incommodés par l'odeur infecte de ma plaie. Je ne leur
serai que trop à charge pendant la traversée.

NÉOPTOLÈME. Il suffit ; mais soutiens-toi et appuie-toi contre
moi.

PHILOCTÈTE. Ne crains rien; je me relèverai comme j'ai coutume de le faire.

NÉOPTOLÈME. Grands dieux ! Que faire à présent ?

PHILOCTÈTE. Qu'as-tu, mon fils ? Où s'égarent tes discours ?

ἀπαλλάξῃ με ἄν ποτε,
ὁρμώμεθα ἐς ναῦν
μηδὲ ἐπίσχωμεν τὸ πλεῖν.
ΝΕΟΠΤΟΛΕΜΟΣ. Ἀλλὰ
ἥδομαι μὲν εἰσιδών σε,
παρὰ ἐλπίδα,
ἀνώδυνον βλέποντα
καὶ ἀναπνέοντα ἔτι·
τὰ γὰρ συμβόλαιά σου ἐφαίνετο
ὡς οὐκ ὄντος ἔτι
πρὸς ξυμφορὰς τὰς παρούσας.
Νῦν δὲ αἶρε σαυτόν·
εἰ δὲ φίλον μᾶλλόν σοι,
οἵδε οἴσουσί σε·
οὐ γὰρ ὄκνος
τοῦ πόνου,
ἐπείπερ ἔδοξε
σοί τε ἐμοί τε δρᾶν οὕτως.
ΦΙΛΟΚΤΗΤΗΣ. Ὦ παῖ,
αἰνῶ τάδε,
καὶ ἔπαιρέ με, ὥσπερ νοεῖς·
ἔασον δὲ τούτους,
μὴ βαρυνθῶσιν
ὀσμῇ κακῇ
πρὸ τοῦ δέοντος·
πόνος γὰρ ὁ ἐπὶ νηὶ
συνναίειν ἐμοὶ
ἅλις τούτοισιν.
ΝΕΟΠΤΟΛΕΜΟΣ. Τάδε ἔσται,
ἀλλὰ ἴστω τε
καὶ ἀντέχου αὐτός.
ΦΙΛΟΚΤΗΤΗΣ. Θάρσει·
τό τοι ἔθος ξύνηθες
ὀρθώσει με.
ΝΕΟΠΤΟΛΕΜΟΣ. Παπαῖ·
τί δῆτα ἂν δρῷμι ἐγὼ
τὸ ἐνθένδε γε;
ΦΙΛΟΚΤΗΤΗΣ. Τί δέ ἐστιν,
ὦ παῖ;
ποῖ ποτε ἐξέβης λόγῳ;

aura quitté moi à la fin,
nous nous élancions vers le vaisseau
et ne tardionspas à naviguer.
NÉOPTOLÈME. Mais
à la vérité je me réjouis voyant toi
contre *toute* espérance
sans-douleur, voyant (vivant)
et respirant encore;
car les signes de toi paraissaient
comme d'un *homme* n'étant plus,
rapprochés-de tes maux présents.
Mais maintenant lève toi;
et s'il *est* agréable davantage à toi,
ceux-ci porteront toi;
car il n'est *aucune* répugnance
de la peine,
pourvu qu'il semble-bon
et à toi et à moi d'agir ainsi.
PHILOCTÈTE. O *mon* enfant,
j'approuve ces choses,
et relève moi, comme tu *l'*entends;
mais laisse ceux-là,
de peur qu'ils ne soient accablés
par l'odeur mauvaise,
avant le *temps* nécessaire;
car la peine sur le navire
de demeurer-avec moi,
est assez pour ceux-ci.
NÉOPTOLÈME. Ces choses seront,
mais et lève-toi
et soutiens-toi toi-même.
PHILOCTÈTE. Aie-courage;
assurément l'habitude ordinaire
relèvera moi.
NÉOPTOLÈME. Ah;
quoi donc ferai-je moi
ensuite?
PHILOCTÈTE. Qu'y a-t-il donc,
ô *mon* enfant?
où enfin t'es-tu dirigé par le discours?

ΝΕΟΠΤΟΛΕΜΟΣ.

Οὐκ οἶδ' ὅποι χρὴ τἄπορον τρέπειν ἔπος.

ΦΙΛΟΚΤΗΤΗΣ.

Ἀπορεῖς δὲ τοῦ σύ; μὴ λέγ', ὦ τέκνον, τάδε.

ΝΕΟΠΤΟΛΕΜΟΣ.

Ἀλλ' ἐνθάδ' ἤδη τοῦδε τοῦ πάθους κυρῶ [6].

ΦΙΛΟΚΤΗΤΗΣ.

Οὐ δή σε δυσχέρεια τοῦ νοσήματος
ἔπεισεν, ὥστε μή μ' ἄγειν ναύτην ἔτι;   900

ΝΕΟΠΤΟΛΕΜΟΣ.

Ἅπαντα δυσχέρεια, τὴν αὑτοῦ φύσιν
ὅταν λιπών τις δρᾷ τὰ μὴ προσεικότα.

ΦΙΛΟΚΤΗΤΗΣ.

Ἀλλ' οὐδὲν ἔξω τοῦ φυτεύσαντος σύ γε
δρᾷς, οὐδὲ φωνεῖς, ἐσθλὸν ἄνδρ' ἐπωφελῶν.

ΝΕΟΠΤΟΛΕΜΟΣ.

Αἰσχρὸς φανοῦμαι· τοῦτ' ἀνιῶμαι πάλαι.   905

ΦΙΛΟΚΤΗΤΗΣ.

Οὔκουν ἐν οἷς γε δρᾷς· ἐν οἷς δ' αὐδᾷς, ὀκνῶ.

ΝΕΟΠΤΟΛΕΜΟΣ.

Ὦ Ζεῦ, τί δράσω; δεύτερον [2] ληφθῶ κακὸς,
κρύπτων θ' ἃ μὴ δεῖ, καὶ λέγων αἴσχιστ' ἐπῶν;

ΦΙΛΟΚΤΗΤΗΣ.

Ἀνὴρ ὅδ', εἰ μὴ 'γὼ κακὸς γνώμην ἔφυν,
προδούς μ' ἔοικε κἀκλιπὼν τὸν πλοῦν στελεῖν.   910

NÉOPTOLÈME. Je ne sais que lui dire dans mon incertitude.
PHILOCTÈTE. Quelle incertitude? Ne parle pas ainsi, mon fils.
NÉOPTOLÈME. C'est cependant le tourment que j'éprouve.
PHILOCTÈTE. Les embarras que te causera mon mal te détourne-
raient-ils de m'emmener avec toi?
NÉOPTOLÈME. Tout embarrasse, lorsqu'on dément son caractère
et sa naissance.
PHILOCTÈTE. Mais ni ta conduite ni tes paroles ne démentent ta
naissance, lorsque tu sauves un homme de bien.
NÉOPTOLÈME. Je serai déshonoré; voilà ce qui me tourmente.
PHILOCTÈTE. Ce ne sera pas pour ta conduite; quant à tes pa-
roles, je ne sais.
NÉOPTOLÈME. O Jupiter, que ferai-je? Me rendrai-je encore une
fois coupable en lui cachant ce que je dois lui dire, et en l'abusant
par de honteux mensonges?
PHILOCTÈTE. Si je ne me trompe, il veut me trahir et partir en
m'abandonnant

ΝΕΟΠΤΟΛΕΜΟΣ. Οὐκ οἶδα
ὅποι χρὴ τρέπειν ἔπος τὸ ἄπορον.
ΦΙΛΟΚΤΗΤΗΣ. Τοῦ δὲ
ἀπορεῖς σύ;
μὴ λέγε τάδε, ὦ τέκνον.
ΝΕΟΠΤΟΛΕΜΟΣ.
Ἀλλὰ κυρῶ ἤδη
ἐνθάδε τοῦδε τοῦ πάθους.
ΦΙΛΟΚΤΗΤΗΣ. Οὐ δὴ
δυσχέρεια τοῦ νοσήματος
ἔπεισέ σε
ὥστε μὴ ἄγειν ἔτι
ναύτην με.
ΝΕΟΠΤΟΛΕΜΟΣ.
Ἅπαντα δυσχέρεια,
ὅταν τις λιπὼν
φύσιν τὴν αὑτοῦ
δρᾷ τὰ μὴ προςεικότα.
ΦΙΛΟΚΤΗΤΗΣ. Ἀλλὰ σύ γε,
ἐπωφελῶν ἄνδρα ἐσθλόν,
οὐδὲν δρᾷς οὐδὲ φωνεῖς
ἔξω τοῦ φυτεύσαντος.
ΝΕΟΠΤΟΛΕΜΟΣ. Φανοῦμαι
αἰσχρός·
ἀνιῶμαι τοῦτο πάλαι.
ΦΙΛΟΚΤΗΤΗΣ. Οὔκουν
ἐν οἷς γε δρᾷς·
ἐν οἷς δὲ αὐδᾷς,
ὀκνῶ.
ΝΕΟΠΤΟΛΕΜΟΣ. Ὦ Ζεῦ,
τί δράσω; ληφθῶ
κακὸς δεύτερον,
κρύπτων τε ἃ μὴ δεῖ,
καὶ λέγων
αἴσχιστα ἐπῶν.
ΦΙΛΟΚΤΗΤΗΣ. Ὅδε ὁ ἀνὴρ
ἔοικε, εἰ ἐγὼ μὴ ἔφυν
κακὸς γνώμην,
στελεῖν τὸν πλοῦν
προδοὺς καὶ ἐκλιπών με.

NÉOPTOLÈME. Je ne sais
où il faut tourner la parole embarras-
PHILOCTÈTE. Mais de quoi [sante.
es-tu-embarrassé toi?
Ne dis pas ces choses, ô *mon* enfant.
NÉOPTOLÈME.
Mais je me trouve déjà
à ce point de ce malheur.
PHILOCTÈTE. N'*est-ce* pas
le désagrément de la maladie,
qui a persuadé toi
au point de ne conduire plus
comme passager moi.
NÉOPTOLÈME.
Toutes choses sont désagrément,
quand quelqu'un ayant abandonné
le naturel de lui-même,
fait des choses non convenables.
PHILOCTÈTE. Mais toi au-moins
en secourant un homme bon,
tu ne fais ni ne dis rien
en-dehors de *celui* qui t'a engendré.
NÉOPTOLÈME. Je paraîtrai
méchant;
je suis affligé de cela depuis longtemps
PHILOCTÈTE. Certes non pas
dans-*les-choses*-que tu fais;
mais dans *les choses* que tu dis,
je *le* crains.
NÉOPTOLÈME. O Jupiter,
que ferai-je? Serai-je surpris
étant méchant une seconde fois,
et en cachant *les choses* que il ne faut
et en disant [pas,
les plus honteuses des paroles?
PHILOCTÈTE. Cet homme
paraît, si moi je ne suis-pas-né
mauvais quant au jugement,
devoir entreprendre la navigation
ayant trahi et abandonné moi.

ΝΕΟΠΤΟΛΕΜΟΣ.

Λιπὼν μὲν οὐκ ἔγωγε· λυπηρῶς δὲ μὴ
πέμπων ¹ σε μᾶλλον, τοῦτ᾽ ἀνιῶμαι πάλαι.

ΦΙΛΟΚΤΗΤΗΣ.

Τί ποτε λέγεις, ὦ τέκνον; ὡς οὐ μανθάνω.

ΝΕΟΠΤΟΛΕΜΟΣ.

Οὐδέν σε κρύψω. Δεῖ γὰρ ἐς Τροίαν σε πλεῖν
πρὸς τοὺς Ἀχαιοὺς καὶ τὸν Ἀτρειδῶν στόλον.   915

ΦΙΛΟΚΤΗΤΗΣ.

Οἴ μοι, τί εἶπας;

ΝΕΟΠΤΟΛΕΜΟΣ.

Μὴ στέναζε, πρὶν μάθῃς.

ΦΙΛΟΚΤΗΤΗΣ.

Ποῖον μάθημα; τί με νοεῖς δρᾶσαί ποτε;

ΝΕΟΠΤΟΛΕΜΟΣ.

Σῶσαι κακοῦ μὲν πρῶτα τοῦδ᾽, ἔπειτα δὲ
ξὺν σοὶ τὰ Τροίας πεδία πορθῆσαι μολών.

ΦΙΛΟΚΤΗΤΗΣ.

Καὶ ταῦτ᾽ ἀληθῆ δρᾶν νοεῖς;

ΝΕΟΠΤΟΛΕΜΟΣ.

           Πολλὴ κρατεῖ   920
τούτων ἀνάγκη· καὶ σὺ μὴ θυμοῦ κλύων.

ΦΙΛΟΚΤΗΤΗΣ.

Ἀπόλωλα τλήμων, προδέδομαι. Τί μ᾽, ὦ ξένε,
δέδρακας; Ἀπόδος ὡς τάχος τὰ τόξα μοι.

NÉOPTOLÈME. Moi t'abandonner! Non. Mais je crains plutôt de t'affliger en t'emmenant; voilà ce qui me tourmente.

PHILOCTÈTE. Que dis-tu, mon fils? Je ne te comprends pas.

NÉOPTOLÈME. Je ne te cacherai rien. Il faut que tu viennes à Troie, auprès des Grecs, dans le camp des Atrides.

PHILOCTÈTE. Ah! qu'as-tu dit?

NÉOPTOLÈME. Suspends tes plaintes, écoute-moi.

PHILOCTÈTE. Et que puis-je écouter? Que veux-tu faire de moi?

NÉOPTOLÈME. Guérir d'abord ta blessure, puis aller avec toi ravager les campagnes de Troie.

PHILOCTÈTE. Et c'est là réellement ton dessein?

NÉOPTOLÈME. La nécessité l'ordonne : écoute-moi sans colère.

PHILOCTÈTE. Je suis perdu, je suis trahi, malheureux que je suis! O étranger, quel piége tu m'as tendu! Rends-moi promptement mes armes.

ΝΕΟΠΤΟΛΕΜΟΣ.
Οὐ μὲν ἔγωγε
λιπών·
μᾶλλον δὲ ἀνιῶμαι
πάλαι τοῦτο,
μὴ
πέμπων σε
λυπηρῶς.

NÉOPTOLÈME.
A la vérité *je* ne *naviguerai* pas
ayant abandonné *toi* ;
mais plutôt je suis tourmenté
depuis longtemps de ceci,
de peur que *je ne navigue*
emmenant toi
d'une manière-chagrinante.

ΦΙΛΟΚΤΗΤΗΣ.
Ὦ τέχνον,
τί ποτε λέγεις ;
ὡς οὐ μανθάνω.

PHILOCTÈTE.
O *mon* enfant
quelle-chose enfin dis-tu ?
car je ne comprends pas.

ΝΕΟΠΤΟΛΕΜΟΣ.
Κρύψω σε οὐδέν.
Δεῖ γάρ σε πλεῖν
ἐς Τροίαν πρὸς τοὺς Ἀχαιοὺς
καὶ τὸν στόλον τῶν Ἀτρειδῶν.

NÉOPTOLÈME.
Je ne cacherai à toi rien ;
car il faut toi naviguer
à Troie, vers les Achéens
et la flotte des Atrides.

ΦΙΛΟΚΤΗΤΗΣ.
Οἴμοι, τί εἶπας ;

PHILOCTÈTE.
Hélas qu'as-tu dit ?

ΝΕΟΠΤΟΛΕΜΟΣ.
Μὴ στέναζε,
πρὶν μάθῃς.

NÉOPTOLÈME.
Ne gémis pas,
avant que tu aies appris.

ΦΙΛΟΚΤΗΤΗΣ.
Ποῖον μάθημα ;
τί ποτε νοεῖς δρᾶσαί με ;

PHILOCTÈTE.
Quelle chose-à-apprendre ?
quoi enfin songes-tu faire à moi ?

ΝΕΟΠΤΟΛΕΜΟΣ.
Πρῶτα μὲν
σῶσαι τοῦδε κακοῦ,
ἔπειτα δὲ
πορθῆσαι ξὺν σοὶ
τὰ πεδία Τροίας μολών.

NÉOPTOLÈME.
D'abord d'un côté
sauver *toi* de ce mal,
ensuite de l'autre côté
dévaster avec toi
les plaines de Troie, *y* étant allé.

ΦΙΛΟΚΤΗΤΗΣ. Καὶ νοεῖς
δρᾶν ταῦτα ἀληθῆ ;

PHILOCTÈTE. Et tu penses
faire ces choses vraiment ?

ΝΕΟΠΤΟΛΕΜΟΣ. Πολλὴ
ἀνάγκη τούτων κρατεῖ·
καὶ σὺ μὴ θυμοῦ κλύων.

NÉOPTOLÈME. Une grande
nécessité de ces choses *me* domine ;
et toi ne t'irrite pas ayant entendu.

ΦΙΛΟΚΤΗΤΗΣ.
Ἀπόλωλα τλήμων,
προδέδομαι.
Ὦ ξένε, τί δέδρακάς με ;
Ἀπόδος μοι τὰ τόξα ὡς τάχος.

PHILOCTÈTE.
Je suis perdu infortuné !
je suis trahi.
O étranger, qu'as-tu fait à moi ?
Rends moi l'arc au plus vite.

ΝΕΟΠΤΟΛΕΜΟΣ.

Ἀλλ' οὐχ οἷόν τε· τῶν γὰρ ἐν τέλει κλύειν
τό τ' ἔνδικόν με καὶ τὸ συμφέρον ποιεῖ.   925

ΦΙΛΟΚΤΗΤΗΣ.

Ὦ πῦρ σὺ [1], καὶ πᾶν δεῖμα, καὶ πανουργίας
δεινῆς τέχνημ' ἔχθιστον, οἷά μ' εἰργάσω,
οἳ' ἠπάτηκας· οὐδ' ἐπαισχύνει μ' ὁρῶν
τὸν προστρόπαιον, τὸν ἱκέτην, ὦ σχέτλιε;
Ἀπεστέρηκας τὸν βίον, τὰ τόξ' ἑλών.   930
Ἀπόδος, ἱκνοῦμαί σ', ἀπόδος, ἱκετεύω, τέκνον.
Πρὸς θεῶν πατρῴων, τὸν βίον μή μου 'φέλῃς.
Ὤ μοι τάλας· ἀλλ' οὐδὲ προσφωνεῖ μ' ἔτι·
ἀλλ', ὡς μεθήσων μήποθ', ὧδ' ὁρᾷ πάλιν.
Ὦ λιμένες, ὦ προβλῆτες, ὦ ξυνουσίαι   935
θηρῶν ὀρείων, ὦ καταρρῶγες πέτραι,
ὑμῖν τάδ' (οὐ γὰρ ἄλλον οἶδ' ὅτῳ λέγω)
ἀνακλαίομαι παροῦσι τοῖς εἰωθόσιν [2],
οἳ' ἔργ' ὁ παῖς μ' ἔδρασεν οὑξ Ἀχιλλέως.
Ὀμόσας ἀπάξειν οἴκαδ', ἐς Τροίαν μ' ἄγει·   940

NÉOPTOLÈME. Je ne le puis : le devoir et l'intérêt commun me forcent d'obéir aux chefs.

PHILOCTÈTE. O le plus cruel, le plus perfide des hommes, exécrable artisan de la plus noire trahison, que m'as-tu fait! Comme tu m'as trompé! Peux-tu me regarder sans rougir, malheureux, moi ton suppliant, moi qui ai embrassé tes genoux? M'enlever mon arc, c'est m'arracher la vie. Rends-le-moi, je t'en supplie, rends-le-moi, je t'en conjure. Au nom des dieux de la patrie, ne m'enlève pas le soutien de ma vie. Hélas! malheureux que je suis! Il ne me répond plus; il détourne le visage, comme décidé à ne pas me le rendre. O rivage! ô promontoires de cette île! ô bêtes farouches, mon unique société! ô rochers escarpés, c'est à vous que je me plains! car je n'ai que vous à qui je puisse me plaindre. Vous êtes accoutumés à mes gémissements : voyez ce que m'a fait le fils d'Achille. Il jure de me

ΝΕΟΠΤΟΛΕΜΟΣ.
Ἀλλὰ οὐχ οἶόν τε·
τὸ γάρ τε ἔνδικον
καὶ τὸ συμφέρον
ποιεῖ με κλύειν
τῶν ἐν τέλει.
ΦΙΛΟΚΤΗΤΗΣ. Ὦ σὺ πῦρ,
καὶ πᾶν δεῖμα,
καὶ τέχνημα ἔχθιστον
πανουργίας δεινῆς,
οἶα εἰργάσω με,
οἶα ἠπάτηκας·
οὐδὲ ἐπαισχύνει,
ὦ σχέτλιε, ὁρῶν με
τὸν προςτρόπαιον
τὸν ἱκέτην;
Ἀπεστέρηκας τὸν βίον,
ἑλὼν τὰ τόξα.
Ἀπόδος, ἱκνοῦμαί σε,
ἀπόδος, ἱκετεύω,
τέκνον.
Πρὸς θεῶν πατρῴων,
μὴ ἀφέλῃς τὸν βίον μου.
Ὦ μοι τάλας.
Ἀλλὰ οὐδὲ προςφωνεῖ με ἔτι·
ἀλλὰ ὁρᾷ πάλιν ὧδε,
ὡς μεθήσων μήποτε.
Ὦ λιμένες, ὦ προβλῆτες,
ὦ ξυνουσίαι
θηρῶν ὀρείων,
ὦ πέτραι καταρρῶγες,
ἀνακλαίομαι τάδε
ὑμῖν παροῦσι
τοῖς εἰωθόσιν,
οὐ γὰρ οἶδα ἄλλον
ὅτῳ λέγω,
οἶα ἔργα ἔδρασέ με
ὁ παῖς ὁ ἐξ Ἀχιλλέως
Ὀμόσας
ἀπάξειν οἰκάδε,

NÉOPTOLÈME.
Mais ce n'est pas possible;
car et le devoir
et l'utilité
font moi écouter
ceux qui sont en charge.
PHILOCTÈTE. O toi feu,
et toute terreur,
et machination très odieuse
d'une scélératesse terrible,
quelles choses as-tu faites à moi,
en-quelles-choses-m'as-tu trompé !
et tu ne rougis pas même
ô malheureux, voyant moi
qui-suis-à-tes-genoux,
moi ton suppliant?
Tu m'as arraché la vie,
m'ayant ôté mon arc.
Rends-le, je supplie toi,
rends-le, je t'en conjure,
mon enfant.
Au nom des Dieux paternels,
n'ôte pas la vie de moi.
Hélas, infortuné que je suis.
Mais il ne me parle même plus;
mais il regarde en arrière ainsi,
comme ne le devant rendre jamais.
O ports, ô promontoires,
ô fréquentations
des bêtes de-la-montagne,
ô rochers escarpés
je me plains de ces choses
à vous étant présents,
et qui-y-êtes-habitués;
car je ne sais aucun autre,
à qui je puisse dire,
quelles actions a faites à moi
le fils d'Achille.
Ayant juré
de me conduire chez moi,

προθείς τε χεῖρα δεξιὰν, τὰ τόξα μου
ἱερὰ λαβὼν τοῦ Ζηνὸς Ἡρακλέους [1] ἔχει,
καὶ τοῖσιν Ἀργείοισι φήνασθαι θέλει.
Ὡς ἄνδρ' ἑλὼν ἰσχυρὸν, ἐκ βίας μ' ἄγει ·
κοὐκ οἶδ' ἐναίρων νεκρὸν [2], ἢ καπνοῦ σκιὰν,   945
εἴδωλον ἄλλως. Οὐ γὰρ ἂν σθένοντά γε
εἷλέν μ', ἐπεὶ οὐδ' ἂν ὧδ' ἔχοντ', εἰ μὴ δόλῳ.
Νῦν δ' ἠπάτημαι δύσμορος. Τί χρὴ ποιεῖν ;
Ἀλλ' ἀπόδος. Ἀλλὰ νῦν ἔτ' ἐν σαυτοῦ γενοῦ.
Τί φής ; σιωπᾷς. Οὐδέν εἰμ' ὁ δύσμορος.   950
Ὦ σχῆμα πέτρας δίπυλον, αὖθις αὖ πάλιν
εἴσειμι πρὸς σὲ [3] ψιλὸς, οὐκ ἔχων τροφήν ·
ἀλλ' αὐανοῦμαι τῷδ' ἐν αὐλίῳ μόνος,
οὐ πτηνὸν ὄρνιν, οὐδὲ θῆρ' ὀρειβάτην
τόξοις ἐναίρων τοισίδ' · ἀλλ' αὐτὸς τάλας   955
θανὼν, παρέξω δαῖθ', ὑφ' [4] ὧν ἐφερβόμην,
καί μ', οὓς ἐθήρων πρόσθε, θηράσουσι νῦν·
φόνον φόνου δὲ ῥύσιον τίσω τάλας,

ramener dans ma patrie, et c'est à Troie qu'il me conduit. Après m'a-
voir donné sa main pour gage de sa foi, il m'enlève l'arc sacré
d'Hercule, fils de Jupiter, il veut me traîner dans le camp des Grecs,
pour triompher de moi, comme d'un guerrier redoutable ; il ne voit
pas que c'est triompher d'un mort, d'une ombre, d'un vain fantôme
Ah ! s'il m'eût attaqué dans ma force ! Mais, encore à présent, ce n'est
que par surprise. Je suis victime de la ruse. Malheureux, que ferai-je ?
Rends-les-moi. Reprends ta générosité naturelle. Que dis-tu ? Tu ne dis
rien.. C'en est fait, je suis perdu. O rocher, mon asile, je reviens à toi
sans armes, sans nourriture ; je me consumerai seul dans cet antre.
Privé de mon arc, je ne pourrai plus percer les oiseaux qui fendent
les airs, ni les animaux qui habitent les montagnes ; mais hélas ! je
mourrai, ils me dévoreront, je leur servirai de pâture à mon tour ;
ils étaient ma proie, je deviendrai la leur, et ma mort vengera les
victimes que j'ai immolées. Et c'est l'ouvrage d'un homme que je

ἄγει με ἐς Τροίαν·	il conduit moi à Troie ;
προθείς τε χεῖρα δεξιὰν	et m'ayant tendu sa main droite
ἔχει λαβὼν τὰ τόξα μου	il a, l'ayant pris, l'arc de moi
ἱερὰ Ἡρακλέους	consacré à Hercule
τοῦ Ζηνός,	fils de Jupiter,
καὶ θέλει φήνασθαι	et il veut le montrer
τοῖσιν Ἀργείοισιν.	aux Argiens.
Ἄγει με ἐκ βίας	Il conduit moi par violence
ἑλών	m'ayant pris
ὡς ἄνδρα ἰσχυρόν·	comme un homme vigoureux ;
καὶ οὐκ οἶδεν ἐναίρων νεκρὸν,	et il ne sait pas tuant un mort
ἢ σκιὰν καπνοῦ,	ou l'ombre de la fumée,
εἴδωλον ἄλλως.	une image vainement.
Οὐ γὰρ ἂν εἷλέ με	Car il n'aurait pas pris moi
σθένοντά γε·	étant-fort certainement ;
ἐπεὶ οὐδὲ ἂν	puisque il n'aurait pas même pris
ἔχοντα ὧδε,	moi étant ainsi,
εἰ μὴ δόλῳ.	si ce n'eût été par la ruse.
Νῦν δὲ ἠπάτημαι	Mais maintenant j'ai été trompé
δύσμορος.	malheureux.
Τί χρὴ ποιεῖν;	Que faut-il faire ?
Ἀλλὰ ἀπόδος.	Mais rends l'arc.
Ἀλλὰ γενοῦ	Mais deviens (rentre)
ἔτι νῦν	encore maintenant
ἐν σαυτοῦ.	dans le naturel de toi-même.
Τί φής; σιωπᾷς·	Que dis-tu ? tu te tais.
Εἰμὶ οὐδὲν ὁ δύσμορος.	Je ne suis plus rien, infortuné.
Ὦ σχῆμα δίπυλον πέτρας,	O forme aux-deux-portes du rocher,
εἴσειμι αὖθις αὖ πάλιν	j'entre encore de nouveau
πρὸς σὲ ψιλός,	dans toi légèrement-armé,
οὐκ ἔχων τροφήν·	n'ayant pas de nourriture ;
ἀλλὰ αὐανοῦμαι μόνος	mais je sécherai seul
ἐν τῷδε αὐλίῳ, οὐκ ἐναίρων	dans cet antre, ne tuant
τοισίδε τόξοις ὄρνιν πτηνόν,	avec ces flèches, ni oiseau ailé
οὐδὲ θῆρα ὀρειβάτην·	ni bête gravissant-les-montagnes,
ἀλλὰ αὐτὸς τάλας	mais moi même infortuné
θανών, παρέξω δαῖτα	étant mort, je fournirai de la pâture
ὑπὸ ὧν ἐφερβόμην,	à ceux dont je me nourrissais
καὶ οὓς ἐθήρων πρόσθε,	et ceux que je chassais auparavant,
θηράσουσί με νῦν·	chasseront moi maintenant ;

πρὸς τοῦ δοκοῦντος οὐδὲν εἰδέναι κακόν.

Ὄλοιο μή πω, πρὶν μάθοιμ᾽, εἰ καὶ πάλιν 960

γνώμην μετοίσεις· εἰ δὲ μὴ, θάνοις κακῶς.

ΧΟΡΟΣ.

Τί δρῶμεν; Ἐν σοὶ καὶ τὸ πλεῖν ἡμᾶς, ἄναξ,

ἤδη ᾽στὶ, καὶ τοῖς τοῦδε προσχωρεῖν λόγοις.

ΝΕΟΠΤΟΛΕΜΟΣ.

Ἐμοὶ μὲν οἶκτος δεινὸς ἐμπέπτωκέ τις

τοῦδ᾽ ἀνδρὸς, οὐ νῦν πρῶτον, ἀλλὰ καὶ πάλαι. 965

ΦΙΛΟΚΤΗΤΗΣ.

Ἐλέησον, ὦ παῖ, πρὸς θεῶν, καὶ μὴ παρῇς

σαυτοῦ βροτοῖς ὄνειδος ¹, ἐκκλέψας ἐμέ.

ΝΕΟΠΤΟΛΕΜΟΣ.

Οἴμοι, τί δράσω; μή ποτ᾽ ὤφελον λιπεῖν

τὴν Σκῦρον· οὕτω τοῖς παροῦσιν ἄχθομαι.

ΦΙΛΟΚΤΗΤΗΣ.

Οὐκ εἶ κακὸς σύ· πρὸς κακῶν δ᾽ ἀνδρῶν μαθὼν 970

ἔοικας ἥκειν αἰσχρά. Νῦν δ᾽, ἄλλοισι δοὺς

οἷς εἰκὸς, ἔκπλει, τἀμά μοι μεθεὶς ὅπλα.

---

croyais incapable d'une perfidie. Je ne veux pas te maudire avant de savoir si tu changeras de résolution ; mais si tu persistes, puisses-tu périr misérablement !

LE CHOEUR. O roi, qu'allons-nous faire ? Faut-il mettre à la voile, ou céder à ses prières ? C'est à toi de le décider.

NÉOPTOLÈME. Je l'avouerai, ce héros m'inspire depuis longtemps une vive compassion.

PHILOCTÈTE. Aie pitié de moi, mon fils, au nom des dieux ; ne te couvre pas aux yeux des hommes de la hónte de m'avoir trompé.

NÉOPTOLÈME. Hélas! que faire? Plût aux dieux que je n'eusse jamais quitté Scyros! Tant je souffre de tout ceci.

PHILOCTÈTE. Mon fils, tu n'es pas méchant ; mais, je le vois, ce sont de mauvais conseils qui t'instruisent au crime. Laisse le mal à ceux auxquels il convient ; rends-moi mes armes et pars.

τίσω δὲ τάλας,	et je payerai, malheureux,
φόνον ῥύσιον φόνου	la mort pour prix de la mort
πρὸς τοῦ	à cause de celui
δοκοῦντος εἰδέναι	qui-paraissait connaître
οὐδὲν κακόν.	aucune chose mauvaise.
Ὄλοιο μή πω,	Puisses-tu périr pas encore,
πρὶν μάθοιμι,	avant que je n'aie appris,
εἰ καὶ μετοίσεις	si peut-être tu changeras
πάλιν γνώμην·	de nouveau *ton* intention ;
εἰ δὲ μὴ,	mais si non,
θάνοις κακῶς.	puisses-tu mourir honteusement.
ΧΟΡΟΣ. Τί δρῶμεν;	LE CHŒUR. Que ferons-nous ?
Ἄναξ, ἐν σοὶ ἐστὶν ἤδη	Roi, en toi est maintenant
καὶ τὸ ἡμᾶς πλεῖν καὶ προςχωρεῖν	et le nous naviguer et *le* céder
λόγοις τοῖς τοῦδε.	aux discours de celui-ci.
ΝΕΟΠΤΟΛΕΜΟΣ.	NÉOPTOLÈME.
Οἶκτός τις δεινὸς,	Une compassion extraordinaire
τοῦδε ἀνδρὸς ἐμπέπτωκεν ἐμοὶ μὲν	de cet homme est tombée sur moi
οὐ νῦν πρῶτον,	non maintenant pour la première fois,
ἀλλὰ καὶ πάλαι.	mais même depuis longtemps.
ΦΙΛΟΚΤΗΤΗΣ. Ὦ παῖ,	PHILOCTÈTE. O *mon* enfant,
ἐλέησον, πρὸς θεῶν,	aie-pitié, au nom des Dieux,
καὶ μὴ παρῇς βροτοῖς	et ne permets pas aux mortels
ὄνειδος σαυτοῦ,	l'opprobre de toi-même,
ἐκκλέψας ἐμέ.	ayant emmené-par-la-ruse moi.
ΝΕΟΠΤΟΛΕΜΟΣ. Οἴμοι,	NÉOPTOLÈME. Hélas,
τί δράσω ;	que ferai-je ?
Ὤφελον μήποτε λιπεῖν	J'aurais-dû n'avoir jamais quitté
τὴν Σκῦρον· οὕτως ἄχθομαι	Scyros ; tant je suis affligé
τοῖς παροῦσιν.	des choses présentes.
ΦΙΛΟΚΤΗΤΗΣ. Οὐ σὺ	PHILOCTÈTE *Ce* n'*est* pas toi
εἶ κακός· ἔοικας δὲ	*qui* es méchant, mais tu parais
ἥκειν μαθὼν	être venu ayant appris
πρὸς ἀνδρῶν κακῶν	d'hommes mauvais
αἰσχρά.	des choses honteuses.
Νῦν δὲ	Mais maintenant,
δοὺς ἄλλοισιν,	*les* ayant abandonné à d'autres,
οἷς εἰκὸς	*à ceux* auxquels *cela* est juste,
ἔκπλει, μεθείς μοι	mets-à-la-voile, ayant cédé à moi
ὅπλα τὰ ἐμά.	les armes miennes.

ΝΕΟΠΤΟΛΕΜΟΣ.

Τί δρῶμεν, ἄνδρες;

ΟΔΥΣΣΕΥΣ.

Ὦ κάκιστ’ ἀνδρῶν, τί δρᾷς;
οὐκ εἶ μεθεὶς τὰ τόξα ταῦτ’ ἐμοὶ πάλιν;

ΦΙΛΟΚΤΗΤΗΣ.

Οἴ μοι· τίς ἀνήρ; ἆρ’ Ὀδυσσέως κλύω;   975

ΟΔΥΣΣΕΥΣ.

Ὀδυσσέως, σάφ’ ἴσθ’, ἐμοῦγ’, ὃν εἰσορᾷς.

ΦΙΛΟΚΤΗΤΗΣ.

Οἴ μοι· πέπραμαι κἀπόλωλ’. Ὅδ’ ἦν ἄρα
ὁ ξυλλαβών με κἀπονοσφίσας ὅπλων.

ΟΔΥΣΣΕΥΣ.

Ἐγώ, σάφ’ ἴσθ’, οὐκ ἄλλος· ὁμολογῶ τάδε.

ΦΙΛΟΚΤΗΤΗΣ.

Ἀπόδος, ἄφες μοι, παῖ, τὰ τόξα.

ΟΔΥΣΣΕΥΣ.

Τοῦτο μὲν,   980
οὐδ’ ἢν θέλῃ, δράσει ποτ’· ἀλλὰ καὶ σὲ δεῖ
στείχειν ἅμ’ αὐτοῖς, ἢ βία στελοῦσί σε.

ΦΙΛΟΚΤΗΤΗΣ.

Ἔμ’, ὦ κακῶν κάκιστε καὶ τολμήστατε [1],
οἵδ’ ἐκ βίας ἄξουσιν;

ΟΔΥΣΣΕΥΣ.

Ἢν μὴ ’ρπῃς ἑκών.

ΦΙΛΟΚΤΗΤΗΣ.

Ὦ Λημνία χθών, καὶ τὸ παγκρατὲς σέλας [2]   985
Ἡφαιστότευκτον, ταῦτα δῆτ’ ἀνασχετά,

NÉOPTOLÈME. Amis, que ferons-nous?

ULYSSE. O le plus perfide des hommes, que vas-tu faire? Donne-moi ces armes et retire-toi.

PHILOCTÈTE. O ciel! Quel est cet homme? N'entends-je pas Ulysse?

ULYSSE. Oui, c'est moi, c'est Ulysse qui est devant tes yeux.

PHILOCTÈTE. Malheur à moi! Je suis trahi, je suis perdu. Ah! c'est lui qui m'a surpris, qui m'a ravi mes armes.

ULYSSE. Oui, c'est moi-même, j'en conviens.

PHILOCTÈTE. Rends-moi, mon fils, rends-moi mes armes.

ULYSSE. Quand même il le voudrait, il ne le fera pas. Mais il faut que tu viennes avec nous, ou ces Grecs t'emmèneront de force.

PHILOCTÈTE. Qui? moi! ô le plus perfide, le plus audacieux des hommes! Ils m'emmèneront de force?

ULYSSE. A moins que tu ne consentes à nous suivre.

PHILOCTÈTE. O terre de Lemnos! Feux puissants de Vulcain!

ΝΕΟΠΤΟΛΕΜΟΣ. Ἄνδρες,
τί δρῶμεν;

NÉOPTOLÈME. Hommes,
que ferons-nous?

ΟΔΥΣΣΕΥΣ. Τί ὁρᾷς,
ὦ κάκιστε ἀνδρῶν;
οὐκ εἶ μεθεὶς πάλιν
ἐμοὶ ταῦτα τὰ τόξα;

ULYSSE. Que fais-tu,
ô le plus lâche des hommes?
n'es-tu pas cédant à-tou-tour
à moi cet arc?

ΦΙΛΟΚΤΗΤΗΣ. Οἴμοι,
τίς ὁ ἀνήρ;
ἆρα κλύω Ὀδυσσέως;

PHILOCTÈTE. Hélas,
quel est cet homme?
N'entends-je pas Ulysse?

ΟΔΥΣΣΕΥΣ. Ὀδυσσέως,
ἴσθι σάφα,
ἐμοῦγε, ὃν εἰσορᾷς.

ULYSSE. Ulysse,
sache le clairement,
moi-même, que tu vois.

ΦΙΛΟΚΤΗΤΗΣ. Οἴμοι·
πέπραμαι καὶ ἀπόλωλα.
Ἦν ἄρα ὅδε
ὁ ξυλλαβών με
καὶ ἀπονοσφίσας ὅπλων.

PHILOCTÈTE. Hélas;
je suis vendu et perdu.
C'était donc celui-ci
qui-avait-surpris moi,
et qui-m'avait-privé de mes armes.

ΟΔΥΣΣΕΥΣ. Ἐγώ,
ἴσθι σάφα,
οὐκ ἄλλος·
ὁμολογῶ τάδε.

ULYSSE. C'était moi,
sache-le sûrement,
non un autre;
j'avoue ces choses.

ΦΙΛΟΚΤΗΤΗΣ. Παῖ,
ἀπόδος,
ἄφες μοι τὰ τόξα.

PHILOCTÈTE. Mon enfant,
rends,
laisse moi l'arc.

ΟΔΥΣΣΕΥΣ. Οὐδὲ
ἢν θέλῃ,
δράσει ποτὲ τοῦτο μέν,
ἀλλὰ δεῖ σε
στείχειν ἅμα αὐτοῖς,
ἢ στελοῦσί σε βίᾳ.

ULYSSE. Non
quand même il voudrait,
il ne fera jamais ceci au moins;
mais il faut toi
venir avec eux
ou bien ils emmèneront toi de force.

ΦΙΛΟΚΤΗΤΗΣ. Ὦ κακῶν
κάκιστε καὶ τολμήστατε,
οἵδε ἄξουσιν ἐμὲ ἐκ βίας;

PHILOCTÈTE. O des méchants
le plus méchant et le plus audacieux,
ceux-ci emmèneront moi de force?

ΟΔΥΣΣΕΥΣ.
Ἦν μὴ ἔρπῃς ἑκών.

ULYSSE.
Si tu ne viens pas volontairement.

ΦΙΛΟΚΤΗΤΗΣ.
Ὦ χθὼν Λημνία
καὶ σέλας τὸ παγκρατὲς
Ἡφαιστότευκτον,
ταῦτα δῆτα ἀνασχετά,

PHILOCTÈTE.
O terre de-Lemnos
et feu qui-domptes-tout
ouvrage-de-Vulcain,
ces choses sont-elles donc tolérables,

εἴ μ' οὗτος ἐκ τῶν σῶν ἀπάξεται βίᾳ ;

ΟΔΥΣΣΕΥΣ.

Ζεὺς ἔσθ', ἵν' εἰδῇς, Ζεὺς, ὁ τῆσδε γῆς κρατῶν,
Ζεὺς, ᾧ δέδοκται ταῦθ'· ὑπηρετῶ δ' ἐγώ.

ΦΙΛΟΚΤΗΤΗΣ.

Ὦ μῖσος, οἷα κἀξανευρίσκεις λέγειν·   990
θεοὺς προτείνων, τοὺς θεοὺς ψευδεῖς τίθης.

ΟΔΥΣΣΕΥΣ.

Οὔκ, ἀλλ' ἀληθεῖς. Ἡδ' ὁδὸς πορευτέα.

ΦΙΛΟΚΤΗΤΗΣ.

Οὔ φημ' ἔγωγε.

ΟΔΥΣΣΕΥΣ.

Φημί. Πειστέον τάδε.

ΦΙΛΟΚΤΗΤΗΣ.

Οἴ μοι τάλας. Ἡμᾶς μὲν ὡς δούλους σαφῶς
πατὴρ ἄρ' ἐξέφυσεν, οὐδ' ἐλευθέρους.   995

ΟΔΥΣΣΕΥΣ.

Οὔκ· ἀλλ' ὁμοίους τοῖς ἀρίστοισιν, μεθ' ὧν
Τροίαν σ' ἑλεῖν δεῖ καὶ κατασκάψαι βίᾳ.

ΦΙΛΟΚΤΗΤΗΣ.

Οὐδέποτέ γ'· οὐδ' ἢν χρῇ με πᾶν παθεῖν κακὸν,
ἕως ἂν ᾖ μοι γῆς τόδ' αἰπεινὸν βάθρον [1].

ΟΔΥΣΣΕΥΣ.

Τί δ' ἐργασείεις;

ΦΙΛΟΚΤΗΤΗΣ.

Κρᾶτ' ἐμὸν τόδ' αὐτίκα   1000
πέτρᾳ πέτρας ἄνωθεν αἱμάξω πεσών.

Souffrirez-vous que ce traître m'enlève malgré moi de ce rivage?

ULYSSE. Sache que c'est Jupiter, le roi de cette île, Jupiter qui le veut, et j'exécute son ordre.

PHILOCTÈTE. Scélérat, qu'oses-tu dire? En alléguant l'ordre des dieux, tu fais les dieux menteurs.

ULYSSE. Non, mais véridiques. Aussi tu nous suivras.

PHILOCTÈTE. Je ne partirai point.

ULYSSE. Je le répète, il faut obéir.

PHILOCTÈTE. Malheureux que je suis! Mon père, en me donnant la vie, a donc fait un esclave, et non un homme libre?

ULYSSE. Non, il t'a fait l'égal des héros avec lesquels tu dois prendre et renverser Ilion.

PHILOCTÈTE. Jamais: dussé-je souffrir mille maux, tant que cette île élèvera ses bords escarpés.

ULYSSE. Que feras-tu?

PHILOCTÈTE. Je vais me précipiter du haut de ces rochers et me briser la tête.

εἰ οὗτος ἀπάξεταί με | si celui-ci emmènera moi
βίᾳ ἐκ τῶν σῶν. | de force hors de tes *possessions*.
ΟΔΥΣΣΕΥΣ. Ἔστι Ζεὺς, | ULYSSE. *C*'est Jupiter
ἵνα εἰδῇς, | afin-que tu *le* saches,
Ζεὺς, ὁ κρατῶν τῆςδε γῆς, | Jupiter celui-qui-est-maître de cette
Ζεὺς ᾧ | *c'est* Jupiter par qui   [terre,
ταῦτα δέδοκται· | ces choses ont été décrétées;
ἐγὼ δὲ ὑπηρετῶ. | et moi j'exécute-*ses*-ordres.
ΦΙΛΟΚΤΗΤΗΣ. Ὦ μῖσος, | PHILOCTÈTE. O homme-odieux,
οἷα καὶ ἐξανευρίσκεις | quelles choses encore tu controuves
λέγειν· | pour *les* dire!
προτείνων θεοὺς | en mettant-en-avant les dieux
τίθης τοὺς θεοὺς ψευδεῖς | tu fais les-dieux menteurs.
ΟΔΥΣΣΕΥΣ. Οὐκ· | ULYSSE. Non;
ἀλλὰ ἀληθεῖς. | mais véridiques.
Ἥδε ὁδὸς πορευτέα. | Ce voyage *est* devant-être-voyagé.
ΦΙΛΟΚΤΗΤΗΣ. Ἔγωγε οὔ φημι. | PHILOCTÈTE. Et moi je dis non.
ΟΔΥΣΣΕΥΣ. Φημί. | ULYSSE. Je dis *oui*.
Πειστέον τάδε. | Il faut obéir en cela.
ΦΙΛΟΚΤΗΤΗΣ. Οἴμοι τάλας. | PHILOCTÈTE. Hélas malheureux!
Πατὴρ ἄρα ἐξέφυσεν | le père a donc engendré
ἡμᾶς μὲν | nous d'une part
ὡς δούλους σαφῶς, | comme des esclaves évidemment
οὐδὲ ἐλευθέρους. | et non comme des *hommes* libres.
ΟΔΥΣΣΕΥΣ. Οὐκ· | ULYSSE. Non pas,
ἀλλὰ ὁμοίους | mais *comme* égaux
τοῖς ἀρίστοισιν, | aux meilleurs,
μετὰ ὧν δεῖ σε | avec lesquels il faut toi
ἑλεῖν καὶ κατασκάψαι | prendre et renverser
Τροίαν βίᾳ. | Troie par la force.
ΦΙΛΟΚΤΗΤΗΣ. Οὐδέποτέ γε· | PHILOCTÈTE. Jamais assurément;
οὐδὲ ἢν χρῇ με παθεῖν | pas même s'il fallait moi souffrir
πᾶν κακὸν, | toute *espèce de* mal,
ἕως τόδε βάθρον αἰπεινὸν γῆς | tant que ce sol élevé de la terre
ἂν ᾖ μοι. | sera à moi.
ΟΔΥΣΣΕΥΣ. Τί δὲ ἐργασείεις; | ULYSSE. Mais que ferais-tu?
ΦΙΛΟΚΤΗΤΗΣ. Αὐτίκα | PHILOCTÈTE. A l'instant
αἱμάξω πέτρᾳ | j'ensanglanterai contre le rocher
τόδε κρᾶτα ἐμὸν | cette tête mienne
πεσὼν ἄνωθεν πέτρας. | étant tombée du haut du rocher.

ΟΔΥΣΣΕΥΣ.

Ξυλλάβετέ γ' αὐτόν· μὴ 'πὶ τῷδ' ἔστω τάδε.

ΦΙΛΟΚΤΗΤΗΣ.

Ὦ χεῖρες, οἷα πάσχετ' ἐν χρείᾳ φίλης
νευρᾶς, ὑπ' ἀνδρὸς τοῦδε συνθηρώμεναι [1].
Ὦ μηδὲν ὑγιὲς μηδ' ἐλεύθερον φρονῶν,   1005
οἷός μ' ὑπῆλθες, ὥς μ' ἐθηράσω, λαβὼν
πρόβλημα σαυτοῦ παῖδα τόνδ' ἀγνῶτ' ἐμοί,
ἀνάξιον μὲν σοῦ, κατάξιον δ' ἐμοῦ,
ὃς οὐδὲν ᾔδη πλὴν τὸ προσταχθὲν ποιεῖν,
δῆλος δὲ καὶ νῦν ἐστιν ἀλγεινῶς φέρων   1010
οἷς τ' αὐτὸς ἐξήμαρτεν, οἷς τ' ἐγὼ 'πάθον.
Ἀλλ' ἡ κακὴ σὴ διὰ μυχῶν βλέπουσ' ἀεὶ
ψυχή νιν, ἀφυῆ τ' ὄντα, κοὐ θέλονθ', ὅμως
εὖ προὐδίδαξεν ἐν κακοῖς εἶναι σοφόν.
Καὶ νῦν ἔμ', ὦ δύστηνε, συνδήσας [3], νοεῖς   1015
ἄγειν ἀπ' ἀκτῆς τῆσδ', ἐν ᾗ με προὐβάλου
ἄφιλον, ἔρημον, ἄπολιν, ἐν ζῶσιν νεκρόν.

ULYSSE. Saisissez-le : qu'il ne puisse exécuter son dessein.

PHILOCTÈTE. O mes mains! Quel supplice d'être privées de vos armes et enchaînées par ce lâche! Traître, qui n'as aucun sentiment de justice ni d'honneur, dans quel piége tu m'as enveloppé! Avec quel art tu t'es servi, pour me surprendre, de ce jeune homme qui m'était inconnu ! Trop généreux pour toi, mais digne de moi, il ne savait qu'obéir, et maintenant, on le voit, il se repent de sa trahison et du mal qu'il m'a fait. Mais ton génie pervers et ténébreux a bien su enseigner la perfidie à ce cœur simple et qui se refusait à tes desseins. Maintenant, malheureux, après m'avoir enchaîné, tu veux m'emmener de ce rivage où tu m'as jadis jeté, seul, sans amis, sans patrie, mort parmi les vivants. Ah! puisses-tu périr! C'est un vœu que

ΟΔΥΣΣΕΥΣ. Ξυλλάβετέ γε αὐτόν·	ULYSSE. Saisissez-le
μὴ τάδε ἔστω	que ces choses ne soient pas
ἐπὶ τῷδε.	auprès de lui (en son pouvoir).
ΦΙΛΟΚΤΗΤΗΣ. Ὦ χεῖρες,	PHILOCTÈTE. O mains
οἷα πάσχετε,	quelles choses vous endurez
συνθηρώμεναι	étant prises
ὑπὸ τοῦδε ἀνδρὸς,	par cet homme,
ἐν χρείᾳ νευρᾶς φίλης.	dans la privation de la corde chérie.
Ὦ φρονῶν	O *toi* qui médites
μηδὲν ὑγιὲς μηδὲ ἐλεύθερον,	rien de sain ni d'honnête,
οἷος	quel *étant* [moi!
ὑπῆλθές με,	tu t'es-approché-insidieusement de
ὡς ἐθηράσω με,	comme tu as pris-au-piége moi,
λαβὼν πρόβλημα σαυτοῦ	ayant pris pour bouclier de toi-même
τόνδε παῖδα ἀγνῶτα ἐμοὶ,	ce jeune-homme inconnu à moi
ἀνάξιον μὲν σοῦ,	non digne à la vérité de toi
κατάξιον δὲ ἐμοῦ,	mais digne de moi,
ὃς ἤδη οὐδὲν	qui ne savait rien
πλὴν ποιεῖν τὸ προςταχθὲν,	que faire la chose commandée
ἐστὶ δὲ δῆλος	et est manifeste
καὶ νῦν	encore maintenant
φέρων ἀλγεινῶς,	supportant péniblement,
οἷς τε αὐτὸς	*les choses* et par lesquelles
ἐξήμαρτεν,	lui il a péché,
οἷς τε ἐγὼ ἔπαθον.	et par lesquelles moi j'ai souffert.
Ἀλλὰ ἡ σὴ ψυχὴ κακὴ	Mais ton âme mauvaise
βλέπουσα ἀεὶ διὰ μυχῶν	regardant toujours dans les coins
προὐδίδαξεν εὖ νιν	a enseigné bien à lui
εἶναι σοφὸν ἐν κακοῖς	à être habile dans les mauvaises choses
ὅμως ὄντα	quoique *lui* étant
ἀφυῆ τε	et impropre *à cela*
καὶ οὐ θέλοντα.	et ne voulant pas.
Καὶ νῦν,	Et maintenant,
ὦ δύστηνε,	o malheureux,
συνδήσας ἐμὲ	ayant lié moi
νοεῖς ἄγειν ἀπὸ τῆσδε ἀκτῆς,	tu penses *m*'emmener de cette côte,
ἐν ᾗ προὐβάλου με	sur laquelle tu as jeté moi,
ἄφιλον, ἔρημον,	sans-ami, abandonné,
ἄπολιν,	sans-patrie,
νεκρὸν ἐν ζῶσιν.	mort parmi les vivants

PHILOCTÈTE.   6

Φεῦ.

Ὄλοιο· καί σοι πολλάκις τόδ᾽ εὐξάμην.

Ἀλλ᾽ οὐ γὰρ οὐδὲν θεοὶ νέμουσιν ἡδύ μοι,

σὺ μὲν γέγηθας ζῶν, ἐγὼ δ᾽ ἀλγύνομαι   1020

τοῦτ᾽ αὖθ᾽, ὅτι ζῶ ξὺν κακοῖς πολλοῖς τάλας,

γελώμενος πρὸς σοῦ τε καὶ τῶν Ἀτρέως

δισσῶν στρατηγῶν, οἷς σὺ ταῦθ᾽ ὑπηρετεῖς.

Καί τοι σὺ μὲν κλοπῇ τε κἀνάγκη ζυγεὶς[1],

ἔπλεις ἅμ᾽ αὐτοῖς· ἐμὲ δὲ τὸν πανάθλιον   1025

ἑκόντα πλεύσανθ᾽, ἑπτὰ ναυσὶ ναυβάτην,

ἄτιμον ἔβαλον, ὡς σὺ φής· κεῖνοι δὲ σέ[2].

Καὶ νῦν τί μ᾽ ἄγετε; τί μ᾽ ἀπάγεσθε; τοῦ χάριν;

ὃς οὐδέν εἰμι, καὶ τέθνηχ᾽ ὑμῖν πάλαι.

Πῶς, ὦ θεοῖς ἔχθιστε, νῦν οὐκ εἰμί σοι   1030

χωλός, δυσώδης; πῶς θεοῖς ἔξεσθ᾽ ὁμοῦ

πλεύσαντος, αἴθειν ἱερά; πῶς σπένδειν ἔτι;

j'ai formé cent fois, mais les dieux ne m'accordent aucune faveur ; pour toi la vie est heureuse, pour moi c'est un supplice de vivre accablé de maux sans nombre, en butte à tes risées et à celles des Atrides dont tu sers les projets. Cependant c'est la ruse et la nécessité qui t'ont forcé de les suivre à Troie ; et moi, malheureux, qui suis venu me joindre volontairement à eux avec sept vaisseaux, ils m'ont abandonné indignement, crime que tu leur imputes et qu'ils rejettent sur toi à leur tour. Et maintenant pourquoi me conduisez-vous? Pourquoi m'emmenez-vous? Quel est votre dessein ? Je ne suis plus rien, je suis mort pour vous depuis longtemps. Comment, être abhorré des dieux, ne suis-je plus boiteux aujourd'hui? Ma plaie n'est-elle plus infecte? Comment, si je vous accompagne, pourrez-vous faire les

Φεῦ. Ὄλοιο·	Ah! puisses-tu périr ;
εὐξάμην τόδε σοι	j'ai démandé-en-priant cela pour toi
καὶ πολλάκις	déjà souvent.
Ἀλλὰ σὺ μὲν γέγηθας	Mais toi d'un côté tu te réjouis
ζῶν, θεοὶ γὰρ	étant vivant, car les dieux
οὐ νέμουσί μοι οὐδὲν ἡδὺ,	ne dispensent à moi rien d'agréable,
ἐγὼ δὲ ἀλγύνομαι	moi d'un autre côté je suis affligé
τοῦτο αὐτὸ,	en cela même,
ὅτι ζῶ σὺν πολλοῖς κακοῖς	que je vis avec beaucoup de maux
τάλας,	infortuné *que je suis,*
γελώμενος πρὸς σοῦ τε	étant moqué et par toi,
καὶ δισσῶν στρατηγῶν	et par les deux généraux
τῶν Ἀτρέως	les *fils* d'Atrée,
οἷς σὺ ὑπηρετεῖς ταῦτα.	lesquels tu sers dans ces choses.
Καίτοι σὺ μὲν ἔπλεις	Et cependant toi d'un côté tu naviguas
ἅμα αὐτοῖς	avec eux
ζυγεὶς κλοπῇ τε	ayant été attelé et par la ruse
καὶ ἀνάγκῃ·	et par la nécessité ;
ἐμὲ δὲ	et d'un autre côté moi
τὸν πανάθλιον	le malheureux-en-tout,
πλεύσαντα ἑκόντα,	qui-avais-navigué volontairement,
ναυβάτην ἑπτὰ ναυσὶν,	nautonier avec sept vaisseaux,
ἔβαλον ἄτιμον,	ils *m'*ont rejeté déshonoré
ὡς σὺ φῄς·	comme toi tu dis,
κεῖνοι δὲ σέ.	mais ceux-là disent toi *l'avoir fait.*
Καὶ νῦν τί	Et maintenant pourquoi
ἄγετέ με;	conduisez-vous moi ?
τί ἀπάγεσθέ με;	pourquoi emmenez-vous moi?
τοῦ χάριν;	à cause de quoi?
ὅς εἰμι οὐδὲν	*moi* qui ne suis rien
καὶ τέθνηκα ὑμῖν	et *qui* suis mort pour vous
πάλαι.	depuis-longtemps.
Ὦ ἔχθιστε θεοῖς,	O très odieux aux Dieux,
πῶς νῦν	comment maintenant
οὐκ εἰμί σοι	ne suis-je pas pour toi
χωλὸς, δυσώδης;	boiteux, ayant-mauvaise-odeur ?
πῶς ἔξεστιν	comment est-il-permis
αἴθειν ἱερὰ θεοῖς	de brûler des sacrifices pour les dieux
πλεύσαντος ὁμοῦ;	*moi* naviguant en même-temps?
πῶς σπένδειν ἔτι;	comment faire-des-libations encore?

Αὕτη γὰρ ἦν σοι πρόφασις ἐκβαλεῖν ἐμέ.
Κακῶς ὄλοισθ'· ὄλεισθε δ' ἠδικηκότες
τὸν ἄνδρα τόνδε, θεοῖσιν εἰ δίκης μέλει.   1035
Ἔξοιδα δ', ὡς μέλει γ'· ἐπεὶ οὔποτ' ἂν στόλον
ἐπλεύσατ' ἂν τόνδ' οὕνεκ' ἀνδρὸς ἀθλίου
εἰ μή τι κέντρον θεῖον ἦγ' ὑμᾶς ἐμοῦ.
Ἀλλ' ὦ πατρῴα γῆ, θεοί τ' ἐπόψιοι,
τίσασθε, τίσασθ' ἀλλὰ τῷ χρόνῳ ποτὲ   1040
ξύμπαντας αὐτούς, εἴ τι κἄμ' οἰκτείρετε.
Ὡς ζῶ μὲν οἰκτρῶς· εἰ δ' ἴδοιμ' ὀλωλότας
τούτους, δοκοῖμ' ἂν τῆς νόσου πεφευγέναι !.

ΧΟΡΟΣ.

Βαρύς τε, καὶ βαρεῖαν ὁ ξένος φάτιν
τήνδ' εἶπ', Ὀδυσσεῦ, κοὐχ ὑπείχουσαν κακοῖς.   1045

ΟΔΥΣΣΕΥΣ.

Πόλλ' ἂν λέγειν ἔχοιμι πρὸς τὰ τοῦδ' ἔπη,
εἴ μοι παρείχοι· νῦν δ' ἑνὸς κρατῶ² λόγου.
Οὗ γὰρ τοιούτων δεῖ, τοιοῦτός εἰμ' ἐγώ³.
χὤπου δικαίων κἀγαθῶν ἀνδρῶν κρίσις,
οὐκ ἂν λάβοις μου μᾶλλον οὐδέν' εὐσεβῆ.   1050

sacrifices ou les libations? Car voilà tes prétextes pour me rejeter loin de vous. Ah ! puissiez-vous périr misérablement! Et vous périrez, et je serai vengé, si les dieux sont justes; et je vois qu'ils le sont; car vous n'auriez pas entrepris ce voyage pour un malheureux tel que moi, si la vengeance des dieux ne vous avait fait sentir que vous avez besoin de mes services. O terre de ma patrie ! Dieux, témoins de mes maux, punissez-les enfin, punissez-les tous, si vous avez pitié de mon sort. Que je les voie périr, et je me croirai guéri.

LE CHOEUR. Son caractère et son langage sont pleins de violence; il ne cède point au malheur.

ULYSSE J'aurais bien des choses à lui répondre, si le temps le permettait; un seul mot me suffit. Lorsqu'il faut employer la ruse, je suis prêt ; faut-il juger un homme juste et probe, on ne trouvera personne de plus religieux que moi. Mon caractère est d'aspirer par-

Αὗτη γὰρ πρόφασις ἦν σοι	Car ce prétexte était à toi
ἐκβαλεῖν ἐμέ.	pour rejeter moi.
Ὄλοισθε κακῶς·	Puissiez-vous périr misérablement;
Ὀλεῖσθε δὲ	et vous périrez
ἠδικηκότες τόνδε τὸν ἄνδρα,	ayant mal-agi envers cet homme (moi)
εἰ μέλει δίκης θεοῖσιν	s'il est-soin de la justice aux dieux.
Ἔξοιδα δὲ,	Mais je sais
ὡς μέλει γε·	qu'il en est-soin précisément à eux:
ἐπεὶ οὔποτε ἂν ἐπλεύσατε ἂν	puisque vous n'auriez jamais navigué
τόνδε στόλον	cette navigation
οὕνεκα ἀνδρὸς ἀθλίου,	à cause d'un homme infortuné,
εἰ μή τι κέντρον ἐμοῦ	si un aiguillon de moi
θεῖον	envoyé-par-les-dieux
ἦγεν ὑμᾶς.	n'avait conduit vous.
Ἀλλὰ, ὦ γῆ πατρῴα,	Mais, o terre paternelle,
θεοί τε ἐπόψιοι,	et-vous dieux qui-voyez-tout,
τίσασθε, τίσασθε	punissez, punissez
ἀλλὰ τῷ χρόνῳ ποτὲ	au moins avec le temps enfin
αὐτοὺς ξύμπαντας, εἰ καὶ	eux tous, si aussi
οἰκτείρετέ τι ἐμέ.	vous avez-quelque-pitié de moi.
Ὡς ζῶ μὲν οἰκτρῶς·	Car je vis, il est vrai, tristement;
εἰ δὲ ἴδοιμι τούτους	mais si je voyais ceux-ci
ὀλωλότας, δοκοῖμι ἂν	étant détruits, je croirais
πεφευγέναι τῆς νόσου.	avoir-échappé à ma maladie
ΧΟΡΟΣ. Ὀδυσσεῦ,	LE CHOEUR. Ulysse,
ὁ ξένος βαρύς τε,	l'étranger est véhément,
καὶ εἶπε τήνδε φάτιν βαρεῖαν,	et il a dit ce discours véhément,
καὶ οὐχ ὑπείκουσαν κακοῖς.	et non cédant aux maux.
ΟΔΥΣΣΕΥΣ. Ἔχοιμι ἂν	ULYSSE. J'aurais
λέγειν πολλὰ	à dire beaucoup de choses
πρὸς ἔπη τὰ τοῦδε,	eu réponse aux paroles de celui-ci,
εἰ παρείκοι μοι·	s'il dépendait de moi;
νῦν δὲ κρατῶ	mais maintenant je suis-maître
ἑνὸς λόγου.	d'une seule parole.
Οὐ γὰρ δεῖ τοιούτων,	Car où il est besoin de telles choses,
ἐγώ εἰμι τοιοῦτος,	moi je suis tel;
καὶ ὅπου κρίσις	et où il y a un jugement à porter
ἀνδρῶν δικαίων καὶ ἀγαθῶν,	sur des hommes justes et bons,
λάβοις ἂν οὐδένα	tu ne surprendrais personne
μᾶλλον εὐσεβῆ μου.	plus religieux que moi.

Νικᾶν γε μέντοι πανταχοῦ χρήζων ἔφυν,
πλὴν εἰς σέ [1] · νῦν δὲ σοί γ' ἑκὼν ἐκστήσομαι.
Ἄφετε γὰρ αὐτὸν, μηδὲ προσψαύσητ' ἔτι.
Ἐᾶτε μίμνειν. Οὐδέ σου προσχρήζομεν,
τά γ' ὅπλ' ἔχοντες ταῦτ' · ἐπεὶ πάρεστι μὲν   1055
Τεῦκρος παρ' ἡμῖν [2], τήνδ' ἐπιστήμην ἔχων,
ἐγώ θ' [3], ὃς οἶμαι σοῦ κάκιον οὐδὲν ἂν
τούτων κρατύνειν, μηδ' ἐπιθύνειν χερί.
Τί δῆτα σοῦ δεῖ; χαῖρε τὴν Λῆμνον πατῶν ·
ἡμεῖς δ' ἴωμεν · καὶ τάχ' ἂν τὸ σὸν γέρας   1060
τιμὴν ἐμοὶ νείμειεν, ἥν σ' ἐχρῆν ἔχειν.

ΦΙΛΟΚΤΗΤΗΣ.

Οἴμοι· τί δράσω δύσμορος; σὺ τοῖς ἐμοῖς
ὅπλοισι κοσμηθεὶς ἐν Ἀργείοις φανεῖ;

ΟΔΥΣΣΕΥΣ.

Μή μ' ἀντιφώνει μηδὲν, ὡς στείχοντα δή.

ΦΙΛΟΚΤΗΤΗΣ.

Ὦ σπέρμ' Ἀχιλλέως, οὐδὲ σοῦ φωνῆς ἔτι   1065
γενήσομαι προσφθεγκτὸς, ἀλλ' οὕτως ἄπει;

ΟΔΥΣΣΕΥΣ.

Χώρει σύ· μὴ πρόσλευσσε, γενναῖός περ ὢν [4],
ἡμῶν ὅπως μὴ τὴν τύχην διαφθερεῖς.

tout à la victoire, mais non avec toi ; Philoctète, et je consens à te
céder. Deliez-le, laissez-le en repos : qu'il demeure en ces lieux. Nous
n'avons pas besoin de toi, puisque nous possédons ces armes. Teucer
d'ailleurs est parmi nous ; il sait l'art de s'en servir, et moi-même je
pourrais, je crois, manier cet arc et diriger une flèche aussi bien que
toi. Qu'est-il besoin de toi ? Adieu, demeure à Lemnos ; pour nous -
partons. Cet arc me procurera peut-être une gloire qui t'était ré,
servée.

PHILOCTÈTE. Hélas ! que faire, malheureux ! Quoi ! tu oseras te
montrer aux Grecs paré de mes armes ?

ULYSSE. Cesse de me parler : je pars.

PHILOCTÈTE. O fils d'Achille, n'entendrai-je plus un mot de ta
bouche ? Partiras-tu ainsi ?

ULYSSE. Suis-moi, Néoptolème ; cesse de jeter les yeux sur lui,
ta générosité nous perdrait.

Ἔφυν γε μέντοι

Je suis né certainement

χρῄζων νικᾶν πανταχοῦ,

désirant vaincre partout,

πλὴν εἰς σέ·

excepté quant à toi ;

νῦν δὲ ἐκστήσομαι

mais maintenant je cèderai

σοί γε ἑκών.

à toi précisément volontairement.

Ἄφετε γὰρ αὐτὸν

Déliez donc lui

μηδὲ προςψαύσητε ἔτι.

et ne *le* touchez plus.

Ἐᾶτε μίμνειν.

Laissez *le* rester.

Οὐδὲ προςχρῄζομέν σου

Nous n'avons pas même besoin de toi,

ἔχοντές γε ταῦτα τὰ ὅπλα·

ayant au moins ces armes-ci ;

ἐπεὶ Τεῦκρος μὲν

puisque d'un côté Teucer

πάρεστι παρὰ ἡμῖν,

est-présent auprès de nous,

ἔχων τήνδε ἐπιστήμην,

ayant cette science,

ἐγώ τε, ὅς οἶμαι

et moi aussi, qui crois

κρατύνειν τούτων

gouverner (manier) ces *armes*,

οὐδὲν ἂν κάκιον σοῦ

en rien peut-être plus-mal que toi,

μηδὲ ἐπιθύνειν χερί.

ni *plus mal les* diriger avec la main.

Τί δῆτα δεῖ σοῦ ;

En quoi donc est-il-besoin de toi?

Χαῖρε πατῶν τὴν Λῆμνον·

Porte-toi-bien foulant Lemnos ;

ἡμεῖς δὲ ἴωμεν·

pour nous, allons-nous-en :

καὶ τάχα ἂν τὸ σὸν γέρας

et peut-être ton prix

νείμειεν ἐμοὶ

pourrait procurer à moi

τιμὴν, ἣν ἐχρῆν σε ἔχειν.

l'honneur qu'il fallait toi avoir.

ΦΙΛΟΚΤΗΤΗΣ. Οἴμοι·

PHILOCTÈTE. Hélas,

τί δράσω δύσμορος ;

que ferai-je infortuné ?

φανεῖ σὺ ἐν Ἀργείοις

tu paraîtras toi parmi les Argiens

κοσμηθεὶς τοῖς ἐμοῖς ὅπλοις ;

paré de mes armes !

ΟΔΥΣΣΕΥΣ.

ULYSSE.

Μὴ ἀντιφωνεῖ μηδέν με,

Ne réponds-rien à moi,

ὡς στείχοντα δή.

comme à quelqu'un-qui-part déjà.

ΦΙΛΟΚΤΗΤΗΣ.

PHILOCTÈTE.

Ὦ σπέρμα Ἀχιλλέως,

O rejeton d'Achille,

γενήσομαι ἔτι προςφθεγκτὸς

ne serai-je plus salué-de-l'allocution

οὐδὲ φωνῆς σοῦ,

même de la voix de toi,

ἀλλὰ ἄπει οὕτως ;

mais t'en-vas-tu ainsi ?

ΟΔΥΣΣΕΥΣ. Χώρει σύ·

ULYSSE. Marche, toi ;

μὴ πρόςλευσσε,

ne regarde pas,

γενναῖός περ ὤν,

quoiqu'étant généreux,

ὅπως μὴ διαφθερεῖς

de peur que tu ne gâtes

τύχην τὴν ἡμῶν.

la *bonne* fortune de nous.

ΦΙΛΟΚΤΗΤΗΣ.

Ἦ καὶ πρὸς ὑμῶν ὧδ’ ἔρημος, ὦ ξένοι,
λειφθήσομ’ ἤδη, κοὐκ ἐποικτερεῖτέ με;   1070
ΧΟΡΟΣ.

Ὅδ’ ἐστὶν ἡμῶν ναυκράτωρ ὁ παῖς· ὅσ’ ἂν
οὗτος λέγῃ σοι, ταῦτά σοι χἠμεῖς φαμέν
ΝΕΟΠΤΟΛΕΜΟΣ.

Ἀκούσομαι μὲν, ὡς ἔφυν οἴκτου πλέως
πρὸς τοῦδ’· ὅμως δὲ μείνατ’, εἰ τούτῳ δοκεῖ,
χρόνον τοσοῦτον, εἰς ὅσον τά τ’ ἐκ νεὼς   1075
στείλωσι ναῦται, καὶ θεοῖς εὐξώμεθα.
Χοὗτος τάχ’ ἂν φρόνησιν ἐν τούτῳ λάβοι
λώω τιν’ ἡμῖν. Νὼ μὲν οὖν ὁρμώμεθον·
ὑμεῖς δ’, ὅταν καλῶμεν, ὁρμᾶσθαι ταχεῖς.
ΦΙΛΟΚΤΗΤΗΣ.
(Στροφὴ α΄.)

Ὦ κοίλας πέτρας γύαλον   1080
θερμὸν καὶ παγετῶδες, ὥς
σ’ οὐκ ἔμελλον ἄρ’, ὦ τάλας,
λείψειν οὐδέποτ’, ἀλλά μοι
καὶ θνήσκοντι συνοίσει.
Οἴμοι μοί μοι.   1085
Ὦ πληρέστατον αὔλιον

PHILOCTÈTE. Et vous aussi, étrangers, m’abandonnerez-vous dans cette solitude ? N’aurez-vous point pitié de moi?

LE CHOEUR. Ce jeune homme est notre chef; tout ce qu’il te dira, nous te le disons aussi.

NÉOPTOLÈME. Ulysse accusera ma faiblesse ; demeurez cependant, si Philoctète le désire, jusqu’à ce que tout soit prêt pour le départ, et que nous ayons prié les dieux. Peut-être pendant ce temps prendra-t-il des résolutions plus sages. Ulysse et moi nous allons au rivage; vous, quand nous vous appellerons, ne tardez pas à nous rejoindre.

PHILOCTÈTE. O caverne profonde, où j’ai trouvé la chaleur du soleil et la fraîcheur de l’ombre, je ne devais donc, hélas! te quitter jamais! Tu seras mon tombeau. Ah! malheur, malheur à moi! Triste

ΦΙΛΟΚΤΗΤΗΣ. Ὦ ξένοι,
ἦ λειφθήσομαι ἤδη
καὶ πρὸς ὑμῶν ὧδε ἔρημος;
καὶ οὐκ ἐποικτερεῖτέ με;
ΧΟΡΟΣ. Ὅδε ὁ παῖς
ἐστὶ ναυκράτωρ ἡμῶν·
ὅσα ἂν οὗτος
λέγῃ σοι, καὶ ἡμεῖς
ταῦτά φαμέν σοι.
ΝΕΟΠΤΟΛΕΜΟΣ.
Ἀκούσομαι μὲν
πρὸς τοῦδε, ὡς ἔφυν
πλέως οἴκτου·
ὅμως δὲ μείνατε,
εἰ δοκεῖ τούτῳ,
τοσοῦτον χρόνον,
εἰς ὅσον ναῦταί τε
στείλωσι
τὰ ἐκ νεὼς
καὶ εὐξώμεθα θεοῖς.
Καὶ οὗτος τάχα ἂν
ἐν τούτῳ
λάβοι ἡμῖν
φρόνησίν τινα λώω.
Νὼ μὲν οὖν
ὁρμώμεθον
ὑμεῖς δὲ ὁρμᾶσθαι ταχεῖς,
ὅταν καλῶμεν.

(Στροφὴ α'.)

ΦΙΛΟΚΤΗΤΗΣ. Ὦ γύαλον
θερμὸν καὶ παγετῶδες
πέτρας κοίλας,
ὡς οὐκ ἔμελλον ἄρα
λείψειν σε οὐδέποτε,
ὦ τάλας,
ἀλλὰ συνοίσει μοι
καὶ θνήσκοντι.
Οἴμοι μοί μοι.
Ὦ αὔλιον τάλαν,

PHILOCTÈTE O étrangers,
est-ce que je serai abandonné déja
aussi par vous, ainsi délaissé?
et n'aurez-vous-pas-pitié de moi?
LE CHŒUR. Ce jeune homme
est le chef-naval de nous;
toutes les-choses que celui-ci
dira à toi, nous aussi
ces *choses* nous *les* disons à toi.
NÉOPTOLÈME.
J'entendrai-dire-de-moi à la verité
par celui-là, que je suis-né
plein de compassion;
mais pourtant restez,
s'il semble-bon à celui-ci,
autant de temps,
jusqu'à ce que et les marins
aient rapporté
les choses *qui sont* hors du navire,
et que nous ayons prié les dieux.
Et celui-ci peut-être
pendant ce *temps*
pourrait prendre pour nous
une résolution meilleure.
D'un côté donc nous-deux
nous nous élançons;
mais vous, élancez-vous rapides,
quand nous appellerons.

(*Strophe* I.)

PHILOCTÈTE. O cavité
et chaude et glaciale
du rocher creux,
ainsi je ne devais donc
quitter toi jamais,
ô malheureux *que je suis*,
mais tu seras-avec moi
même mourant.
Hélas! hélas! hélas!
O caverne malheureuse,

6.

λύπας τᾶς ἀπ' ἐμοῦ τάλαν,
τί ποτ' αὖ μοι τὸ κατ' ἦμαρ
ἔσται; τοῦ ποτε τεύξομαι
σιτονόμου μέλεος πόθεν ἐλπίδος;   1090
    Εἰ δ' αἰθέρος ἄνω [1]
πτωκάδες ὀξυτόνου διὰ πνεύματος
ἕλωσί μ', οὐκ ἔτ' ἴσχω.

ΧΟΡΟΣ.
(Στροφὴ β'.)
Σύ τοι, σύ τοι κατηξίωσας, ὦ βαρύποτμ', οὐκ
ἄλλοθεν ἁ τύχα ἅδ' ἀπὸ μείζονος [2].   1095
    εὖτέ γε [3] παρὸν φρονῆσαι,
λωΐονος δαίμονος εἵλου τὸ κάκιον αἰνεῖν.

ΦΙΛΟΚΤΗΤΗΣ.
(Ἀντιστροφὴ α'.)
Ὦ τλάμων, τλάμων ἄρ' ἐγὼ
καὶ μόχθῳ λωβατὸς, ὃς ἤ-
δη μετ' οὐδενὸς ὕστερον   1100
ἀνδρῶν εἰσοπίσω τάλας
ναίων ἐνθάδ' ὀλοῦμαι,
    αἰαῖ, αἰαῖ,
οὐ φορβὰν ἔτι προσφέρων,
οὐ πτανῶν ἀπ' ἐμῶν ὅπλων   1105
κραταιαῖς μετὰ χερσὶν

séjour que j'ai rempli de ma douleur, comment désormais pourvoir à ma subsistance de chaque jour ? Quel espoir me reste-t-il de soutenir ma vie? Si les oiseaux de proie traversant les airs venaient à grand bruit m'enlever, je ne ferais plus de résistance.

LE CHOEUR. C'est toi, infortuné, c'est toi qui 'as voulu, toi seul es l'auteur de tes maux. Au lieu d'écouter la raison, tu as préféré ta misère à un sort plus heureux.

PHILOCTÈTE. Ah ! malheureux, malheureux que les douleurs accablent ! Je vais donc, loin des humains, périr dans cette triste demeure, hélas ! privé de nourriture et ne pouvant plus en obtenir avec mes flèches ailées, que lançait un bras nerveux. Un traître, abusant

πληρέστατον λύπας — très-pleine de la douleur
τᾶς ἀπὸ ἐμοῦ, — qui vient de moi,
τί ποτε ἔσται αὖ μοι — quoi enfin sera de nouveau à moi
τὸ κατὰ ἦμαρ; — la *nourriture* quotidienne?
τοῦ ποτε ἐλπίδος — quelle espérance enfin
σιτονόμου — de-distribution-de-nourriture
τεύξομαι μέλεος, — obtiendrai-je infortuné?
πόθεν; — *et* d'où *l'obtiendrai-je* ?
Εἰ δὲ πτωχάδες — Et si les *oiseaux*-qui-fuient
ἄνω αἰθέρος — en haut de l'air
διὰ πνεύματος ὀξυτόνου — à travers le vent au-bruit-aigu
ἕλωσί με, — saisissent moi
οὐκ ἴσχω ἔτι. — je ne *les* empêche plus.

(Στροφὴ β'.) — (*Strophe* II.)

ΧΟΡΟΣ. — LE CHOEUR.
Σύ τοι, σύ τοι — Toi assurément, toi assurément
κατηξίωσας, — tu *l*'as jugé-convenable,
ὦ βαρύποτμε, — ô *homme* au-sort-terrible!
ἅδε ἁ τύχα — cette destinée
οὐκ ἄλλοθεν — ne *te vient* pas d'ailleurs,
ἀπὸ μείζονος· — de la part d'un plus grand;
εὖτέ γε παρὸν — quand certes la faculté-étant
φρονῆσαι, — d'user-de-la-raison,
εἵλου αἰνεῖν — tu as préféré approuver (choisir)
τὸ κάκιον — la chose plus mauvaise
δαίμονος λωΐονος. — plutôt qu'un sort meilleur.

(Ἀντιστροφὴ α'.) — (*Antistrophe* I.)

ΦΙΛΟΚΤΗΤΗΣ. Ὦ τλάμων, — PHILOCTÈTE. O malheureux,
τλάμων ἄρα ἐγὼ — malheureux *que je suis* en effet,
καὶ λωβατὸς μόχθῳ, — et outragé par la souffrance,
ὃς ὀλοῦμαι ἤδη — qui périrai maintenant
ἐνθάδε ναίων — ici ne demeurant
μετὰ οὐδενὸς ἀνδρῶν — avec aucun des hommes
ὕστερον εἰσοπίσω — plus tard dorénavant
τάλας, αἰαῖ, αἰαῖ, — infortuné *que je suis*, ah, ah!
οὐ προσφέρων ἔτι φορβὰν, — ne me procurant plus de nourriture,
οὐκ ἴσχων — n'*en* ayant (n'en obtenant) *plus*
μετὰ χερσὶ κραταιαῖς — avec *mes* mains vigoureuses

ἴσχων¹. Ἀλλά μοι ἄσκοπα
χρυπτά τ’ ἔπη δολερᾶς ὑπέδυ φρενός·
    ἰδοίμαν δέ νιν,
τὸν τάδε μησάμενον, τὸν ἴσον χρόνον   1110
    ἐμὰς λαχόντ’ ἀνίας.

ΧΟΡΟΣ.
(Ἀντιστροφὴ β'.)

Πότμος πότμος σε δαιμόνων² τάδ’, οὐδέ σέ γε δόλος
ἔσχ’ ὑπὸ χειρὸς ἐμᾶς. Στυγερὰν ἔχε
    δύσποτμον ἀρὰν ἐπ’ ἄλλοις.
Καὶ γὰρ ἐμοὶ τοῦτο μέλει, μὴ φιλότητ’ ἀπώσῃ.   1115

ΦΙΛΟΚΤΗΤΗΣ.
(Στροφὴ γ'.)

Οἴ μοί μοι· καί που πολιᾶς
    πόντου θινὸς ἐφήμενος,
    γελᾷ μου, χερὶ πάλλων
    τὰν ἐμὰν μελέου τροφὰν,
    τὰν οὐδείς ποτ’ ἐβάστασεν.   1120
Ὦ τόξον φίλον, ὦ φίλων
    χειρῶν ἐκβεβιασμένον,
ἦ που ἐλεινὸν³ ὁρᾷς, φρένας εἴ τινας
    ἔχεις, τὸν Ἡράκλειον⁴
    ἄθλιον ὧδέ σοι·   1125
οὐκ ἔτι χρησόμενον τὸ μεθύστερον·

de ma confiance, m’a séduit par de trompeuses paroles. Puissé-je
voir l’auteur de cette trame souffrir les mêmes tourments aussi longtemps que moi !

LE CHOEUR. C’est la volonté des dieux et non la ruse des hommes qu’il faut accuser de tes douleurs. Réserve à d’autres ces cruel-
les imprécations ; nous avons à cœur que tu ne rejettes pas notre
amitié.

PHILOCTÈTE. Hélas ! hélas ! assis sur le rivage blanchi par les
flots, il rit de mon désespoir, en agitant dans sa main cet arc, le soutien de ma vie, et que nul n’a jamais touché. Arc chéri, toi qu’on a
ravi de mes mains, si tu as quelque sentiment, n’es-tu pas indigné
de passer des mains de l’infortuné compagnon d’Hercule, dans celles

ἀπὸ ἐμῶν ὅπλων πτανῶν. | par mes armes ailées.
Ἀλλὰ ἔπη ἄσκοπα | Mais ces paroles imprévues
κρυπτά τε φρενὸς δολερᾶς | et cachées d'un cœur rusé
ὑπέδυ μοι· | sont-entrées-dessous à moi ;
ἰδοίμαν δέ νιν, | mais puissé-je voir lui
τὸν μησάμενον τάδε | qui-a-tramé ces choses,
λαχόντα | ayant reçu-en-partage
ἐμὰς ἀνίας | mes souffrances
χρόνον τὸν ἴσον. | pendant un temps égal.

(Ἀντιστροφη β'.) | (*Antistrophe* II.)

ΧΟΡΟΣ. Πότμος, | LE CHŒUR. Le sort,
πότμος δαιμόνων | le sort des dieux
ἔσχε σε τάδε, | a tenu toi en ces choses,
οὐδὲ δόλος γε | et non certes la ruse
ὑπὸ ἐμᾶς χειρός. | *préparée* par ma main.
Ἔχε ἐπὶ ἄλλοις | Dirige sur d'autres
ἀρὰν στυγερὰν | une malédiction fâcheuse
δύσποτμον. | de-mauvais-présage.
Καὶ γὰρ τοῦτο μέλει ἐμοί· | Car ceci est-à-cœur à moi :
μὴ ἀπώσῃ φιλότητα. | que tu ne rejettes pas *mon* amitié.

(Στροφὴ γ'.) | (*Strophe* III.)

ΦΙΛΟΚΤΗΤΗΣ. Οἴ μοί μοι· | PHILOCTÈTE. Hélas, hélas !
καὶ ἐφήμενός που | et assis quelque part
πολιᾶς θινὸς πόντου, | sur le blanc rivage de la mer,
γελᾷ μου πάλλων χερὶ | il rit de moi agitant dans *sa* main
τὰν τροφὰν | le soutien-de-la-vie
ἐμὰν μελέου, | de-moi infortuné,
τὰν οὐδεὶς | *ce soutien* que personne
ἐβάστασέ ποτε. | n'a touché jamais.
Ὦ τόξον φίλον, | O arc chéri,
ὦ ἐκβεβιασμένον | ô *arc* arraché-par-la-violence
χειρῶν φίλων | de mains amies,
ἦπου ὁρᾷς ἐλεινὸν, | sans doute tu vois avec-compassion
εἰ ἔχεις τινὰς φρένας, | si tu as quelque sentiment,
τὸν Ἡράκλειον | le compagnon-d'Hercule
ἄθλιον ὧδε | infortuné ainsi
οὐκ ἔτι χρησόμενόν σοι | ne devant plus se servir de toi
τὸ μεθύστερον· | désormais ;

* ' ἀλλ' ἐν μεταλλαγᾷ [1]
πολυμηχάνου ἀνδρὸς ἐρέσσει,
ὁρῶν μὲν αἰσχρὰς ἀπάτας,
στυγνόν τε φῶτ' ἐχθοδοπὸν   1130
υυρί' ἀπ' αἰσχρῶν ἀνατέλλονθ', ὅσ' ἐφ'
ἡμῖν κάκ' ἐμήσατ' ***.

ΧΟΡΟΣ.

(Στροφὴ δ'.)

Ἀνδρός τοι τὸ μὲν εὖ δίκαιον [2] εἰπεῖν·
εἰπόντος δὲ, μὴ φθονερὰν
ἐξῶσαι γλώσσας ὀδύναν.   1135

Κεῖνος δ' [3] εἷς ἀπὸ πολλῶν
ταχθεὶς, τοῦδ' ἐφημοσύνα
κοινὰν ἤνυσεν ἐς φίλους ἀρωγάν.

ΦΙΛΟΚΤΗΤΗΣ.

(Ἀντιστροφὴ γ'.)

Ὦ πταναὶ θῆραι, χαροπῶν τ'
ἔθνη θηρῶν, οὓς ὅδ' ἔχει   1140
χῶρος οὐρεσιβώτας,
φυγᾷ μ' οὐκ ἔτ' ἀπ' αὐλίων
πελᾶτ' [4]. Οὐ γὰρ ἔχω χεροῖν
τὰν πρόσθεν βελέων ἀλκὰν,
ὦ δύστανος ἐγὼ τανῦν.   1145
Ἀλλ' ἀνέδην ὅδε χῶρος ἐρύχεται,

---

d'un homme artificieux, de voir ses fraudes honteuses, et cet être odieux, exécrable, faisant naître mille maux de toutes les infamies qu'il a tramées contre moi?

LE CHOEUR. Le devoir de l'homme est de dire convenablement ce qui est juste, et quand il l'a dit, de ne pas y ajouter les traits acérés d'une langue envieuse. Choisi par tous les Grecs, Néoptolème, grâce à mon secours, a travaillé au salut commun de ses amis.

PHILOCTÈTE. Oiseaux qui étiez ma proie, et vous sauvages habitants des montagnes de cette île, ne craignez plus de sortir de vos retraites et d'approcher de moi. Mes mains, hélas! n'ont plus ces flèches qui faisaient ma force. Ce lieu vous est ouvert et n'est plus à

ἀλλὰ ἐρέσσει	mais tu es ramé (manié)
ἐν μεταλλαγᾷ	dans le changement de *possession*
ἀνδρὸς πολυμηχάνου,	d'un homme artificieux,
ὁρῶν μὲν ἀπάτας αἰσχρὰς	voyant d'un côté des fraudes honteuses
φῶτά τε ἐχθοδοπὸν στυγνὸν,	et un homme odieux, haïssable,
ἀνατέλλοντα κακὰ μυρία	faisant-surgir des maux sans-nombre
ἀπὸ αἰσχρῶν,	de *ces maux* infâmes,
ὅσα ἐμήσατο ἐπὶ ἡμῖν.	qu'il a tramés contre nous.

(Στροφὴ δ΄.) (Strophe IV.)

ΧΟΡΟΣ.

LE CHOEUR.

Ἀνδρός τοι εἰπεῖν	Certes *il est* d'un homme de dire
τὸ μὲν	d'un côté
εὖ δίκαιον·	la chose convenablement juste,
εἰπόντος δὲ	de l'autre côté, *lui* ayant dit *cela*,
μὴ ἐξῶσαι	de ne pas proférer
ὀδύναν φθονερὰν	la douleur jalouse
γλώσσας.	de la langue.
Κεῖνος δὲ ταχθεὶς	Mais celui là ayant-reçu-l'ordre,
εἷς ἀπὸ πολλῶν,	*lui* seul, de beaucoup *d'autres*,
ἤνυσεν	a accompli (porté)
ἀρωγὰν κοινὰν	un secours commun
ἐς φίλους	à *ses* amis
ἐφημοσύνᾳ τοῦδε.	sous la direction de celui-ci.

(Ἀντιστροφὴ γ΄.) (Antistrophe III.)

ΦΙΛΟΚΤΗΤΗΣ.

PHILOCTÈTE.

Ὦ θῆραι πταναὶ	O chasses ailées (des oiseaux)
ἔθνη τε θηρῶν	et vous races d'animaux
χαροπῶν,	au-regard-étincelant,
οὓς ὅδε χῶρος	que cette contrée
ἔχει οὐρεσιβώτας,	a paissant-sur-la-montagne,
οὐ πελᾶτε ἔτι με	vous n'approcherez plus de moi
φυγᾷ	par-la-fuite (pour fuir)
ἀπὸ αὐλίων.	*venant* de *vos* tanières
Οὐ γὰρ ἔχω χεροῖν	Car je n'ai pas dans *mes* mains
ἀλκὰν τὰν πρόσθεν	*la* puissance d'auparavant
βελέων,	de *mes* flèches,
ὦ δύστανος ἐγὼ τανῦν.	ô infortuné *que je suis* maintenant!
Ἀλλὰ ὅδε χῶρος	Mais cet endroit
ἐρύκεται ἀνέδην	est défendu à-l'abandon

οὐκ ἔτι φοβητὸς ὑμῖν.

Ἕρπετε, νῦν καλὸν
ἀντίφονον χορέσαι στόμα πρὸς χάριν
ἐμᾶς σαρκὸς ¹ αἰόλας.   1150
Ἀπὸ γὰρ βίον αὐτίκα λείψω.
Πόθεν γὰρ ἔσται βιοτά;
Τίς ὧδ' ἐν αὔραις ² τρέφεται,
μηκέτι μηδενὸς κρατύνων ὅσα
πέμπει βιόδωρος αἶα.   1155

ΧΟΡΟΣ.
(Ἀντιστροφὴ δ'.)

Πρὸς θεῶν, εἴ τι σέβει ξένον, πέλασσον
εὐνοίᾳ πάσᾳ πελάταν ³.
Ἀλλὰ ⁴ γνῶθ', εὖ γνῶθ', ὅτι σοὶ ⁵
κῆρα τάνδ' ἀποφεύγειν.
Οἰκτρὰ γὰρ βόσκειν, ἀδαὴς δ'   1160
ἔχειν μυρίον ἄχθος, ᾧ ξυνοικεῖ.

ΦΙΛΟΚΤΗΤΗΣ.

Πάλιν, πάλιν παλαιὸν
ἄλγημ' ὑπέμνασας,
ὦ λῷστε τῶν πρὶν ἐντόπων.
Τί μ' ὤλεσας; τί μ' εἴργασαι;   1165

ΧΟΡΟΣ.

Τί τοῦτ' ἔλεξας;

ΦΙΛΟΚΤΗΤΗΣ.

Εἰ σὺ τὰν ἐμοὶ στυγερὰν
Τρῳάδα γᾶν μ' ἤλπισας ἄξειν

---

craindre pour vous. La vengeance est facile ; venez vous rassasier de
mes membres livides. Je vais bientôt mourir ; car où trouverai-je des
aliments ? Comment vivre, quand la terre me refuse ses productions ?

LE CHOEUR. Au nom des dieux, si tu respectes l'hospitalité, ne
fuis pas l'hôte qui vient vers toi avec bienveillance. Sache, sache bien
qu'il dépend de toi de finir tes maux. Il est déplorable de nourrir un
mal toujours renaissant, et qu'on ne saurait apprendre à supporter.

PHILOCTÈTE. Ah ! tu renouvelles mes anciennes douleurs, ô le
plus humain de ceux qui ont abordé dans cette île ! Que m'as-tu fait !
Pourquoi m'assassiner?

LE CHOEUR. Qu'as-tu dit ?

PHILOCTÈTE Espères-tu m'emmener à cet odieux rivage de Troie?

οὐκ ἔτι φοβητὸς ὑμῖν. | n'*étant* plus à-craindre pour vous.
Ἕρπετε, καλὸν νῦν | Venez, *il est* beau maintenant
χορέσαι πρὸς χάριν | de rassasier à *votre* gré
στόμα ἀντίφονον | *votre* bouche meurtrière-à-son-tour
σαρκὸς ἐμᾶς αἰόλας. | de la chaire mienne tachetée.
Ἀπολείψω γὰρ | Car je quitterai
αὐτίκα βίον. | sur-le-champ la vie.
Πόθεν γὰρ ἔσται βιοτά ; | Car d'où sera la nourriture ?
Τίς τρέφεται | Qui est nourri (vit)
ὧδε ἐν αὔραις | ainsi par les airs
μηκέτι κρατύνων | n'étant plus-maître
μηδενὸς ὅσα πέμπει | d'aucune *des choses* qu'envoie
αἶα βιόδωρος ; | la terre nourricière ?

(Ἀντιστροφὴ δ'.) | (*Antistrophe* IV.)

ΧΟΡΟΣ. Πρὸς θεῶν. | LE CHOEUR. Au nom des dieux ,
πέλασσον | approche
πελάταν | de *celui* qui-s'est-approché *de toi*
πάσᾳ εὐνοίᾳ, | avec toute bienveillance,
εἰ σέβει τι ξένον. | si tu as quelque respect pour *ton* hôte.
Ἀλλὰ γνῶθι, γνῶθι εὖ, | Mais sache, sache bien,
ὅτι σοὶ | qu'il est *possible* à toi
ἀποφεύγειν τάνδε κῆρα. | d'échapper à cette maladie-fatale.
Οἰκτρὰ γὰρ βόσκειν, | Car elle *est* triste à nourrir,
ἀδαὴς δὲ ἔχειν | et incapable d'avoir (de supporter)
ἄχθος μύριον, | la souffrance immense,
ᾧ ξυνοικεῖ. | avec-laquelle-elle-demeure.
ΦΙΛΟΚΤΗΤΗΣ. Ὑπεμνάσας | PHILOCTÈTE. Tu as rappelé
πάλιν, πάλιν | de nouveau, de nouveau
ἄλγημα παλαιὸν , | *ma* douleur ancienne
ὦ λῷστε | ô le meilleur
ἐντόπων | de-ceux-qui-ont-séjourné-ici
τῶν πρίν. | auparavant.
Τί ὤλεσάς με ; | Pourquoi as-tu tué moi ?
τί εἴργασαί με ; | qu'as-tu fait à moi ?
ΧΟΡΟΣ. Τί | LE CHOEUR. Pourquoi
Ἔλεξας τοῦτο ; | as-tu dit cela ?
ΦΙΛΟΚΤΗΤΗΣ. Εἰ σὺ ἤλπισας | PHILOCTÈTE. Si toi tu as espéré
ἄξειν με | devoir conduire moi
γᾶν Τρωάδα τὰν στυγερὰν ἐμοί. | à la terre de-Troie odieuse à moi.

ΧΟΡΟΣ.

Τόδε γὰρ νοῶ κράτιστον.

ΦΙΛΟΚΤΗΤΗΣ.

Ἀπό νύν με λείπετ' ἤδη.   1170

ΧΟΡΟΣ.

Φίλα μοι, φίλα ταῦτα παρήγ-
γειλας, ἑκόντι τε πράσσειν.

Ἴωμεν, ἴωμεν,
ναὸς ¹ ἵν' ἡμῖν τέτακται.

ΦΙΛΟΚΤΗΤΗΣ.

Μὴ, πρὸς ἀραίου   1175
Διὸς, ἔλθῃς, ἱκετεύω.

ΧΟΡΟΣ.

Μετρίαζε.

ΦΙΛΟΚΤΗΤΗΣ.

Ὦ ξένοι,
μείνατε, πρὸς θεῶν.

ΧΟΡΟΣ.

Τί θροεῖς;

ΦΙΛΟΚΤΗΤΗΣ.

Αἰαῖ, αἰαῖ· δαίμων, δαίμων.
Ἀπόλωλ' ὁ τάλας.   1180
Ὦ ποὺς, ποὺς, τί σ' ἔτ' ἐν βίῳ
τεύξω τῷ μετόπιν τάλας;
Ὦ ξένοι, ἔλθετ' ἐπήλυδες αὖθις ².

ΧΟΡΟΣ.

Τί ῥέξοντες ἀλλοκότῳ γνώμα
τῶν πάρος, ὧν προΰφαινες ³;   1185

LE CHOEUR. Ce serait pourtant le parti le plus sage.

PHILOCTÈTE. Pars, laisse-moi.

LE CHOEUR. Cet ordre m'est agréable; je t'obéis avec joie. Reti-
rons-nous, allons prendre chacun notre place sur le vaisseau.

PHILOCTÈTE. Au nom de Jupiter, dieu du serment, ne partez
pas, je vous en conjure.

LE CHOEUR. Modère tes transports.

PHILOCTÈTE. O étrangers, demeurez, au nom des dieux.

LE CHOEUR. Que veulent ces cris?

PHILOCTÈTE. Hélas! hélas! destin cruel! Je me meurs, malheureux! O douleur, comment pourrai-je désormais te supporter? Revenez, étrangers, revenez.

LE CHOEUR. Que ferons-nous? as-tu changé de résolution?

ΧΟΡΟΣ.	LE CHOEUR.
Νοῶ γὰρ	C'est que je sais
τόδε κράτιστον.	cela *étant* le mieux.
ΦΙΛΟΚΤΗΤΗΣ.	PHILOCTÈTE.
Ἀπολείπετέ νυν	Laissez donc
ἤδη με.	maintenant moi.
ΧΟΡΟΣ.	LE CHOEUR.
Παρήγγειλας	Tu as ordonné
πράσσειν ταῦτ	de faire ces choses
φίλα μοι, φίλα,	agréables, agréables à moi,
ἑκόντι τε.	et *moi le* voulant-bien.
Ἴωμεν, ἴωμεν,	Allons, allons
ἵνα ναὸς	où, dans le vaisseau,
τέτακται ἡμῖν.	*la-place*-est-assignée à nous.
ΦΙΛΟΚΤΗΤΗΣ.	PHILOCTÈTE.
Ἱκετεύω	Je *t'en* conjure
πρὸς Διὸς ἀραίου,	par Jupiter, dieu-des-serments,
μὴ ἔλθῃς.	ne t'en-va pas.
ΧΟΡΟΣ. Μετρίαζε.	LE CHOEUR. Modère-toi.
ΦΙΛΟΚΤΗΤΗΣ.	PHILOCTÈTE.
Ὦ ξένοι,	O étrangers,
πρὸς θεῶν, μείνατε.	au nom des dieux, restez.
ΧΟΡΟΣ. Τί θροεῖς;	LE CHOEUR. Pourquoi cries-tu?
ΦΙΛΟΚΤΗΤΗΣ.	PHILOCTÈTE.
Αἰαῖ, αἰαῖ,	Ah, ah!
δαίμων, δαίμων.	sort, sort!
Ἀπόλωλα	Je suis perdu,
ὁ τάλας.	infortuné!
Ὦ πούς, πούς,	O pied, pied,
τί τεύξω ἔτι σε	que ferai-je encore de toi
ἐν βίῳ	dans la vie
τῷ μέτοπιν	qui-va-suivre,
τάλας;	malheureux, *que je suis?*
Ὦ ξένοι, ἔλθετε	O étrangers, venez
ἐπήλυθες αὖθις.	approchant de nouveau.
ΧΟΡΟΣ.	LE CHOEUR.
Τί ῥέξοντες	Quoi devant faire
γνώμᾳ ἀλλοκότῳ	dans un sens différent
τῶν πάρος,	des choses d'auparavant,
ὧν προύφαινες;	lesquelles tu avais ordonnées?

ΦΙΛΟΚΤΗΤΗΣ.
Οὗτοι νεμεσητὸν, ἀλύοντα
χειμερίῳ λύπᾳ
καὶ παρὰ νοῦν θροεῖν.

ΧΟΡΟΣ.
Βᾶθί νυν, ὦ τάλαν, ὥς σε κελεύομεν.

ΦΙΛΟΚΤΗΤΗΣ.
Οὐδέποτ᾽, οὐδέποτ᾽, ἴσθι τόδ᾽ ἔμπεδον,   1190
οὐδ᾽ εἰ πυρφόρος ἀστεροπητὴς
βροντᾶς αὐγαῖς μ᾽ εἶσι φλογίζων.
Ἐρρέτω Ἴλιον, οἵ θ᾽ ὑπ᾽ ἐκείνῳ
πάντες, ὅσοι τόδ᾽ ἔτλασαν ἐμοῦ ποδὸς ἄρθρον ἀπῶσαι.
Ἀλλ᾽, ὦ ξένοι, ἕν γέ μοι εὖχος ὀρέξατε.   1195

ΧΟΡΟΣ.
Ποῖον ἐρεῖς τόδ᾽ ἔπος;

ΦΙΛΟΚΤΗΤΗΣ.
            Ξίφος, εἴ ποθεν ¹,
ἢ γένυν, ἢ βελέων τι προπέμψατε.

ΧΟΡΟΣ.
Ὡς τίνα δὴ ῥέξῃς παλάμαν ποτέ;

ΦΙΛΟΚΤΗΤΗΣ.
Κρᾶτ᾽ ἀπὸ πᾶν τε ² καὶ ἄρθρα τέμω χερί.
Φονᾷ, φονᾷ νόος ἤδη.   1200

ΧΟΡΟΣ.
Τί ποτε;

ΦΙΛΟΚΤΗΤΗΣ.
Πατέρα ματεύων.

PHILOCTÈTE. Pardonnez cet égarement à l'excès de ma douleur.
LE CHOEUR. Infortuné, viens donc avec nous, comme nous t'en prions.
PHILOCTÈTE. Jamais, jamais; ma résolution est inébranlable : non, quand même Jupiter armé de feux viendrait me foudroyer. Périsse Ilion et tous ceux qui l'assiégent, et les cruels qui ont osé me rejeter à cause de ma blessure! Mais, ô étrangers, je ne vous demande qu'une seule grâce.
LE CHOEUR. Quelle est-elle ?
PHILOCTÈTE. Si vous avez une épée, une hache, quelque arme enfin, donnez-la-moi.
LE CHOEUR. Que prétends-tu faire ?
PHILOCTÈTE. Me couper la tête et les membres. La mort, la mort! je n'ai plus que ce désir.
LE CHOEUR. Et pourquoi mourir ?
PHILOCTÈTE. Pour aller retrouver mon père.

ΦΙΛΟΚΤΗΤΗΣ. Οὗτοι
νεμεσητὸν
καὶ θροεῖν
παρὰ νοῦν
ἀλύοντα
λύπᾳ χειμερίῳ.
ΧΟΡΟΣ. Ὦ τάλαν, .
βᾶθί νυν,
ὡς κελεύομέν σε.
ΦΙΛΟΚΤΗΤΗΣ.
Οὐδέποτε, οὐδέποτε,
ἴσθι τόδε ἔμπεδον,
οὐδὲ εἰ ἀστεροπητὴς
πυρφόρος
εἶσι φλογίζων με
αὐγαῖς βροντᾶς.
Ἴλιον ἐρρέτω,
πάντες τε οἱ ὑπὸ ἐκείνῳ,
ὅσοι ἔτλασαν ἀπῶσαι
τόδε ἄρθρον ἐμοῦ ποδός.
Ἀλλὰ, ὦ ξένοι,
ὀρέξατέ μοι
ἕν γε εὖχος.
ΧΟΡΟΣ. Ποῖον
ἐρεῖς τόδε ἔπος;
ΦΙΛΟΚΤΗΤΗΣ. Προπέμψατε
ξίφος, εἴ ποθεν,
ἢ γένυν,
ἤ τι βελέων.
ΧΟΡΟΣ. Ὡς ῥέξῃς
τίνα παλάμαν δή ποτε;
ΦΙΛΟΚΤΗΤΗΣ
Ἀποτέμω χερὶ
κρᾶτα πᾶν τε
καὶ ἄρθρα. Νόος
φονᾷ, φονᾷ
ἤδη.
ΧΟΡΟΣ. Τί ποτε;
ΦΙΛΟΚΤΗΤΗΣ.
Ματεύων πατέρα.

PHILOCTÈTE. Certes, *il n'est* pas
digne-de-reproche
même de parler
contre le bon-sens,
étant-(quand on est) égaré
par une douleur orageuse.
LE CHOEUR. O infortuné,
viens donc,
comme nous engageons toi.
PHILOCTÈTE.
Jamais, jamais,
sache cela fermement,
pas même si celui-qui-lance-la-foudre
qui-porte-le-feu,
vient brûlant moi
des éclats du tonnerre.
Puisse Troie périr
et tous ceux qui *sont* sous elle,
eux-tous-qui ont pu rejeter
cette articulation de mon pied.
Mais o étrangers,
accordez moi
au moins une demande.
LE CHOEUR. Quelle
diras-tu cette parole?
PHILOCTÈTE. Apportez
une épée, s'*il en est* quelque part,
ou une hache,
ou quelqu'une des armes.
LE CHOEUR. Afin que tu fasses
quel coup donc enfin ?
PHILOCTÈTE.
Que je coupe de *ma* main
et *ma* tête entière
et *mes* membres. *Mon* esprit
désire-la-mort, désire-la-mort,
maintenant.
LE CHOEUR. Pourquoi donc?
PHILOCTÈTE.
Cherchant *mon* père.

142 ΦΙΛΟΚΤΗΤΗΣ.

ΧΟΡΟΣ.

Ποῖ γᾶς;

ΦΙΛΟΚΤΗΤΗΣ.

Ἐς Ἅδου;
οὐ γὰρ ἐν φάει γ' ἔτι.
Ὦ πόλις, ὦ πόλις πατρία,
πῶς ἂν εἰσίδοιμί σ' ἄθλιός γ' ἀνὴρ,   1205
ὅς γε σὰν λιπὼν ἱερὰν λιβάδ' [1],
ἐχθροῖς ἔβαν Δαναοῖς
ἀρωγός· ἔτ' οὐδέν εἰμι.

ΧΟΡΟΣ.

Ἐγὼ μὲν ἤδη καὶ πάλαι νεὼς ὁμοῦ
στείχων ἂν ἦν [2] σοι τῆς ἐμῆς, εἰ μὴ πέλας   1210
Ὀδυσσέα στείχοντα, τόν τ' Ἀχιλλέως
γόνον πρὸς ἡμᾶς δεῦρ' ἰόντ' ἐλεύσσομεν.

ΟΔΥΣΣΕΥΣ.

Οὐκ ἂν φράσειας, ἥντιν' αὖ παλίντροπος
κέλευθον ἕρπεις ὧδε σὺν σπουδῇ ταχύς;

ΝΕΟΠΤΟΛΕΜΟΣ.

Λύσων ὅσ' ἐξήμαρτον ἐν τῷ πρὶν χρόνῳ.   1215

ΟΔΥΣΣΕΥΣ.

Δεινόν γε φωνεῖς. Ἡ δ' ἁμαρτία τίς ἦν;

ΝΕΟΠΤΟΛΕΜΟΣ.

Ἣν σοὶ πιθόμενος τῷ τε σύμπαντι στρατῷ

ΟΔΥΣΣΕΥΣ.

Ἔπραξας ἔργον ποῖον, ὧν οὔ σοι πρέπον;

ΝΕΟΠΤΟΛΕΜΟΣ.

ἀπάταισιν αἰσχραῖς ἄνδρα καὶ δόλοις ἑλών [3].

LE CHOEUR. En quels lieux ?
PHILOCTÈTE. Aux enfers ; car sans doute il n'est plus. O ma patrie, ô ma patrie! Que ne puis-je te revoir, hélas! moi qui abandonnai tes fontaines sacrées pour secourir les Grecs que j'abhorre ; et maintenant je me meurs!
LE CHOEUR. Nous t'aurions déjà quitté pour retourner au vaisseau, si nous n'apercevions Ulysse et le fils d'Achille qui s'avancent vers nous.
ULYSSE. Ne me diras-tu point quel motif te fait revenir si précipitamment sur tes pas ?
NÉOPTOLÈME. Je veux réparer la faute que j'ai commise.
ULYSSE. Quel surprenant langage! Cette faute quelle est-elle?
NÉOPTOLÈME. De t'avoir obéi à toi et à toute l'armée.
ULYSSE. Qu'as-tu fait qui soit indigne de toi ?
NÉOPTOLÈME. J'ai trompé un héros par la ruse et par un lâche artifice.

ΧΟΡΟΣ. Ποῖ γᾶς;

ΦΙΛΟΚΤΗΤΗΣ.

Ἐς Ἅδου·

οὐ γὰρ ἔτι

ἐν φάει γε. Ὦ πόλις,

πόλις πατρία,

πῶς ἂν εἰσίδοιμί σε,

ἀνὴρ ἄθλιός γε,

ὅς γε λιπὼν σὰν λιβάδα ἱερὰν,

ἔβαν ἀρωγὸς

Δαναοῖς ἐχθροῖς·

εἰμὶ ἔτι οὐδέν.

ΧΟΡΟΣ. Ἐγὼ μὲν

ἂν ἦν σοι

ἤδη καὶ πάλαι

στείχων ὁμοῦ νεὼς τῆς ἐμῆς,

εἰ μὴ ἐλεύσσομεν

Ὀδυσσέα στείχοντα πέλας,

γόνον τε τὸν Ἀχιλλέως

ἰόντα δεῦρο πρὸς ἡμᾶς.

ΟΔΥΣΣΕΥΣ. Οὐκ ἂν φράσειας

ἥντινα κέλευθον ἕρπεις

παλίντροπος αὖ

ταχὺς ὧδε σὺν σπουδῇ;

ΝΕΟΠΤΟΛΕΜΟΣ. Λύσων

ὅσα ἐξήμαρτον

ἐν χρόνῳ τῷ πρίν.

ΟΔΥΣΣΕΥΣ. Φωνεῖς

δεινόν γε.

Τίς δὲ ἦν

ἡ ἁμαρτία;

ΝΕΟΠΤΟΛΕΜΟΣ.

Ἦν πιθόμενος σοὶ

στρατῷ τε τῷ σύμπαντι

ΟΔΥΣΣΕΥΣ. Ἔπραξας

ποῖον ἔργον ὧν

οὐ πρέπον σοί.

ΝΕΟΠΤΟΛΕΜΟΣ. Ἑλὼν ἄνδρα

ἀπάταισιν αἰσχραῖς

καὶ δόλοις.

LE CHOEUR. Où sur la terre ?

PHILOCTÈTE.

Dans *la demeure* de Pluton ;

car il n'*est* plus

à la lumière certes. O ville ,

ville de-*mes*-pères,

comment pourrais-je-voir toi,

moi homme infortuné ,

qui ayant quitté ta source sacrée,

suis allé *comme* allié

aux Grecs odieux ?

je ne suis plus rien !

LE CHOEUR. Moi à la vérité

je serais pour toi

maintenant et depuis-long-temps,

marchant près du vaisseau mien,

si nous ne voyions pas

Ulysse marchant près,

et le fils d'Achille

venant ici vers nous.

ULYSSE. Ne diras-tu pas

quel chemin tu vas

rebroussant-chemin de nouveau

rapide ainsi avec hâte ?   [rer)

NÉOPTOLÈME. Devant délier (répa-

les choses dans lesquelles j'ai mal-agi

dans le temps d'auparavant.

ULYSSE. Tu dis

une chose extraordinaire.

Mais quelle était

cette mauvaise-action ?

NÉOPTOLÈME.

Celle que, obéissant à toi

et à l'armée toute entière......

ULYSSE. Tu as fait

quelle action d'entre celles que

il ne convient pas à toi *de faire ?*

NÉOPTOLÈME. Ayant pris un homme

par des tromperies honteuses

et par des ruses

ΟΔΥΣΣΕΥΣ.

Τὸν ποῖον; Ὦ μοι· μῶν τι βουλεύει νέον ;　　　1220

ΝΕΟΠΤΟΛΕΜΟΣ.

Νέον μὲν οὐδέν · τῷ δὲ Ποίαντος τόκῳ

ΟΔΥΣΣΕΥΣ.

Τί χρῆμα δράσεις; Ὥς μ' ὑπῆλθέ τις φόβος.

ΝΕΟΠΤΟΛΕΜΟΣ.

παρ' οὗπερ ἔλαβον τάδε τὰ τόξ', αὖθις πάλιν

ΟΔΥΣΣΕΥΣ.

Ὦ Ζεῦ, τί λέξεις; οὔ τί που δοῦναι νοεῖς ;

ΝΕΟΠΤΟΛΕΜΟΣ.

Αἰσχρῶς γὰρ αὐτὰ κοὐ δίκῃ λαβὼν ἔχω.　　　1225

ΟΔΥΣΣΕΥΣ.

Πρὸς θεῶν, πότερα δὴ κερτομῶν λέγεις τάδε ;

ΝΕΟΠΤΟΛΕΜΟΣ.

Εἰ κερτόμησίς ἐστι τἀληθῆ λέγειν.

ΟΔΥΣΣΕΥΣ.

Τί φῂς, Ἀχιλλέως παῖ ; τίν' εἴρηκας λόγον ;

ΝΕΟΠΤΟΛΕΜΟΣ.

Δὶς ταὐτὰ βούλει καὶ τρὶς ἀναπολεῖν μ' ἔπη;

ΟΔΥΣΣΕΥΣ.

Ἀρχὴν κλύειν ἂν οὐδ' ἅπαξ ἐβουλόμην.　　　1230

ΝΕΟΠΤΟΛΕΜΟΣ.

Εὖ νῦν ἐπίστω ¹ · πάντ' ἀκήκοας λόγον.

ΟΔΥΣΣΕΥΣ.

Ἔστιν τις, ἔστιν, ὅς σε κωλύσει τὸ δρᾶν.

ULYSSE. Qui donc? O ciel! Quel étrange projet médites-tu?

NÉOPTOLÈME. Rien d'étrange. Je vais au fils de Péan...

ULYSSE. Que prétends-tu faire? Je tremble.

NÉOPTOLÈME. J'ai reçu de lui ces armes, et je veux..

ULYSSE. O Jupiter! que vas-tu dire? Voudrais-tu les lui rendre?

NÉOPTOLÈME. Oui, car je les dois à une honteuse injustice.

ULYSSE. Au nom des dieux, veux-tu plaisanter?

NÉOPTOLÈME. Si c'est plaisanter que de dire la vérité.

ULYSSE. Que dis-tu, fils d'Achille? Quel mot t'est échappé?

NÉOPTOLÈME. Faut-il le redire cent fois?

ULYSSE. Je voudrais ne pas l'avoir entendu.

NÉOPTOLÈME. Grave-le donc dans ton esprit. Je n'ai rien à ajouter.

ULYSSE. Il est, il est quelqu'un qui pourra bien l'empêcher.

ΟΔΥΣΣΕΥΣ. Τὸν ποῖον;
Ὦ μοι; μῶν βουλεύει
τὶ νέον;
ΝΕΟΠΤΟΛΕΜΟΣ.
Οὐδὲν μὲν νέον·
τόκῳ δὲ τῷ Ποίαντος
ΟΔΥΣΣΕΥΣ. Τί χρῆμα
δράσεις; ὡς τις φόβος
ὑπῆλθέ με.
ΝΕΟΠΤΟΛΕΜΟΣ. παρὰ οὗπερ
ἔλαβον τάδε τὰ τόξα,
αὖθις πάλιν
ΟΔΥΣΣΕΥΣ. Ὦ Ζεῦ,
τί λέξεις;
οὔ τι νοεῖς που
δοῦναι;
ΝΕΟΠΤΟΛΕΜΟΣ. Ἔχω γὰρ
λαβὼν αὐτὰ
αἰσχρῶς καὶ οὐ δίκῃ.
ΟΔΥΣΣΕΥΣ. Πρὸς θεῶν,
πότερα δὴ λέγεις τάδε
κερτομῶν;
ΝΕΟΠΤΟΛΕΜΟΣ. Εἰ
ἐστὶ κερτόμησις
λέγειν τὰ ἀληθῆ.
ΟΔΥΣΣΕΥΣ. Τί φής,
παῖ Ἀχιλλέως;
τίνα λόγον εἴρηκας;
ΝΕΟΠΤΟΛΕΜΟΣ. Βούλει
μὲ ἀναπολεῖν δὶς καὶ τρὶς
τὰ αὐτὰ ἔπη;
ΟΔΥΣΣΕΥΣ. Ἐβουλόμην ἂν
ἀρχὴν κλύειν
οὐδὲ ἅπαξ.
ΝΕΟΠΤΟΛΕΜΟΣ.
Ἐπίστω εὖ νῦν·
ἀκήκοας πάντα λόγον.
ΟΔΥΣΣΕΥΣ. Ἔστιν,
ἔστι τις
ὃς κωλύσει σε τὸ δρᾶν.

ULYSSE. Quel *homme ?*
o ciel ! est-ce-que tu médites
quelque chose de nouveau?
NÉOPTOLÈME.
Rien de nouveau à-la-vérité ;
mais au fils de Péan...
ULYSSE. Quelle chose
feras-tu? comme une peur
est-entrée-dessous à moi !
NÉOPTOLÈME. de qui
j'ai reçu cet arc,
de nouveau en retour.. ..
ULYSSE. O Jupiter,
que vas-tu dire?
tu ne songes pas sans-doute,
à *le* rendre?
NÉOPTOLÈME. *Si*, car je *l*'ai
l'ayant reçu
honteusement et non par la justice.
ULYSSE. Au nom des Dieux
est-ce donc que tu dis ces choses
en raillant ?
NÉOPTOLÈME. *Oui*, si
c'est une raillerie
que de dire des choses vraies.
ULYSSE. Que dis-tu,
fils d'Achille?
quel discours as-tu dit ?
NÉOPTOLÈME. Veux-tu
moi répéter deux fois et trois fois
les mêmes paroles?
ULYSSE. J'aurais voulu
absolument *ne pas les* entendre
pas même une fois.
NÉOPTOLÈME.
Sache-*le* bien maintenant ;
tu as entendu tout le discours.
ULYSSE. Il est,
il est quelqu'un
qui empêchera toi de *le* faire.

ΝΕΟΠΤΟΛΕΜΟΣ.

Τί φής; τίς ἔσται μ' οὑπικωλύσων τάδε;

ΟΔΥΣΣΕΥΣ.

Ξύμπας Ἀχαιῶν λαὸς, ἐν δὲ τοῖσδ' ἐγώ.

ΝΕΟΠΤΟΛΕΜΟΣ.

Σοφὸς πεφυκὼς, οὐδὲν ἐξαυδᾷς σοφόν.　　1235

ΟΔΥΣΣΕΥΣ.

Σὺ δ' οὔτε φωνεῖς, οὔτε δρασείεις σοφά.

ΝΕΟΠΤΟΛΕΜΟΣ.

Ἀλλ' εἰ δίκαια, τῶν σοφῶν κρείσσω τάδε.

ΟΔΥΣΣΕΥΣ.

Καὶ πῶς δίκαιον, ἅ γ' ἔλαβες βουλαῖς ἐμαῖς,
πάλιν μεθεῖναι ταῦτα;

ΝΕΟΠΤΟΛΕΜΟΣ.

Τὴν ἁμαρτίαν
αἰσχρὰν ἁμαρτὼν, ἀναλαβεῖν πειράσομαι.　　1240

ΟΔΥΣΣΕΥΣ.

Στρατὸν δ' Ἀχαιῶν οὐ φοβεῖ, πράσσων τάδε;

ΝΕΟΠΤΟΛΕΜΟΣ.

Ξὺν τῷ δικαίῳ τὸν σὸν οὐ ταρβῶ φόβον [1].

ΟΔΥΣΣΕΥΣ.

. . . .

ΝΕΟΠΤΟΛΕΜΟΣ.

Ἀλλ' [2] οὐδέ τοι σῇ χειρὶ [3] πείθομαι τὸ δρᾶν.

ΟΔΥΣΣΕΥΣ.

Οὐτἄρα Τρωσὶν, ἀλλὰ σοὶ μαχούμεθα.　　1245

NÉOPTOLÈME. Que dis-tu ? Qui l'empêchera ?

ULYSSE. L'armée entière et moi.

NÉOPTOLÈME. Pour un homme sensé, ce discours ne l'est guère.

ULYSSE. Ce que tu dis, ce que tu vas faire n'est pas plus sage.

NÉOPTOLÈME. S'il est juste, la justice vaut mieux que la sagesse.

ULYSSE. Et quelle justice y a-t il à rendre ce que tu dois à mes conseils ?

NÉOPTOLÈME. J'ai commis une action honteuse ; je vais la réparer.

ULYSSE. Ne crains-tu pas l'armée des Grecs, en agissant ainsi ?

NÉOPTOLÈME. Quand j'ai pour moi la justice, que m'importe la crainte dont tu me parles ?

ULYSSE. ....

NÉOPTOLÈME. Je n'obéirai pas non plus à tes ordres.

ULYSSE. Ce ne sera donc plus contre les Troyens, mais contre toi que nous combattrons.

ΝΕΟΠΤΟΛΕΜΟΣ. Τί φής;	NÉOPTOLÈME. Que dis-tu ?
τίς ἔστιν	quel est
ὁ ἐπικωλύσων τάδε ;	celui qui doit empêcher ces choses ?
ΟΔΥΣΣΕΥΣ.	ULYSSE.
Ξύμπας λαὸς Ἀχαιῶν,	Toute l'armée des Achéens,
ἐν δὲ τοῖςδε ἐγώ.	et parmi ceux-ci moi.
ΝΕΟΠΤΟΛΕΜΟΣ.	NÉOPTOLÈME.
Πεφυκὼς σοφὸς,	Etant-naturellement sage
ἐξαυδᾷς οὐδὲν σοφόν.	tu ne dis rien de sage.
ΟΔΥΣΣΕΥΣ. Σὺ δὲ	ULYSSE. Et toi
οὔτε φωνεῖς	et tu ne dis pas
οὐδὲ δρασείεις σοφά.	ni ne feras pas des choses sages.
ΝΕΟΠΤΟΛΕΜΟΣ. Ἀλλὰ	NÉOPTOLÈME. Mais
εἰ τάδε δίκαια,	si ces choses *sont* justes,
κρείσσω	*elles sont* meilleures
τῶν σοφῶν.	que les choses sages.
ΟΔΥΣΣΕΥΣ.	ULYSSE.
Καὶ πῶς δίκαιον,	Et comment *est-il* juste,
ἅ γε ἔλαθες	*les choses* que tu as prises
βουλαῖς ἐμαῖς,	par des conseils miens
μεθεῖναι πάλιν ταῦτα;	rendre de nouveau ces choses?
ΝΕΟΠΤΟΛΕΜΟΣ.	NÉOPTOLÈME.
Ἁμαρτὼν	Ayant failli
τὴν ἁμαρτίαν αἰσχρὰν,	par une faute honteuse,
πειράσομαι ἀναλαβεῖν.	j'essaierai de *la* réparer
ΟΔΥΣΣΕΥΣ. Οὐ φοβεῖ δὲ	ULYSSE. Mais ne crains-tu pas
στρατὸν Ἀχαιῶν,	l'armée des Achéens,
πράσσων τάδε ;	en faisant ces choses?
ΝΕΟΠΤΟΛΕΜΟΣ.	NÉOPTOLÈME.
Ξὺν τῷ δικαίῳ	Avec la justice,
οὐ ταρβῶ	je ne redoute pas
φόβον τὸν σόν.	la crainte tienne.
ΟΔΥΣΣΕΥΣ. ***	ULYSSE. ***
Ἀλλά τοι	Mais assurément
ΝΕΟΠΤΟΛΕΜΟΣ.	NÉOPTOLÈME.
πείθομαι οὐδὲ σῇ χειρὶ	je n'obéis pas non plus à ta main
τὸ δρᾶν.	pour le agir.
ΟΔΥΣΣΕΥΣ.	ULYSSE.
Οὔτε ἄρα μαχούμεθα	Nous ne combattrons donc pas
Τρωσὶν, ἀλλὰ σοί.	les Troyens, mais toi.

148   ΦΙΛΟΚΤΗΤΗΣ.

ΝΕΟΠΤΟΛΕΜΟΣ.
Ἔστω τὸ μέλλον.

ΟΔΥΣΣΕΥΣ.
Χεῖρα δεξιὰν ὁρᾷς
κώπης ἐπιψαύουσαν;

ΝΕΟΠΤΟΛΕΜΟΣ.
Ἀλλὰ κἀμέ τοι
ταὐτὸν τόδ' ὄψει δρῶντα, κοὐ μέλλοντ' ἔτι.

ΟΔΥΣΣΕΥΣ.
Καίτοι σ' ἐάσω · τῷ δὲ σύμπαντι στρατῷ
λέξω τάδ' ἐλθών, ὅς σε τιμωρήσεται.   1250

ΝΕΟΠΤΟΛΕΜΟΣ.
Ἐσωφρόνησας · κἂν τὰ λοίφ' οὕτω φρονῇς,
ἴσως ἂν ἐκτὸς κλαυμάτων ἔχοις πόδα [1].
Σὺ δ', ὦ Ποίαντος παῖ (Φιλοκτήτην λέγω),
ἔξελθ' ἀμείψας τάσδε πετρήρεις στέγας.

ΦΙΛΟΚΤΗΤΗΣ.
Τίς αὖ παρ' ἄντροις θόρυβος ἵσταται βοῆς;   1255
Τί μ' ἐκκαλεῖσθε, τοῦ κεχρημένοι, ξένοι;
Ὦ μοι · κακὸν τὸ χρῆμα [2]. Μῶν τί μοι μέγα
πάρεστε πρὸς κακοῖσι πέμποντες κακόν;

ΝΕΟΠΤΟΛΕΜΟΣ.
Θάρσει · λόγους δ' ἄκουσον, οὓς ἥκω φέρων.

ΦΙΛΟΚΤΗΤΗΣ.
Δέδοιχ' ἔγωγε. Καὶ τὰ πρὶν γὰρ ἐκ λόγων   1260
καλῶν κακῶς ἔπραξα, σοῖς πεισθεὶς λόγοις.

NÉOPTOLÈME. Eh bien, advienne que pourra.
ULYSSE. Vois-tu cette main sur la garde de mon épée?
NÉOPTOLÈME. La mienne l'imitera bientôt, et ne se fera pas
attendre.
ULYSSE. Je te laisse; je vais instruire toute l'armée de ta conduite,
elle saura te punir.
NÉOPTOLÈME. Tu agis avec prudence; agis toujours de même, et
tes jours seront en sûreté. Mais toi, fils de Péan, Philoctète, viens,
sors de cette caverne.
PHILOCTÈTE. Quels cris viennent encore retentir dans ma grotte?
Pourquoi m'appelez-vous? Que voulez-vous de moi, étrangers? Hélas!
c'est sans doute pour mon malheur. Venez-vous ajouter encore à mes
maux?
NÉOPTOLÈME. Écoute avec confiance les paroles que je viens
t'apporter.
PHILOCTÈTE. Je tremble : c'est déjà ce doux langage, c'est ma
confiance en toi qui m'a perdu.

ΝΕΟΠΤΟΛΕΜΟΣ.	NÉOPTOLÈME.
Τὸ μέλλον ἔστω.	Que ce-qui-doit-être, soit.
ΟΔΥΣΣΕΥΣ. Ὁρᾷς	ULYSSE. Vois-tu
χεῖρα δεξιὰν	*ma* main droite
ἐπιψαύουσαν κώπης ;	touchant la garde.
ΝΕΟΠΤΟΛΕΜΟΣ. Ἀλλὰ ὄψει	NÉOPTOLÈME. Mais tu verras
καὶ ἐμέ τοι	moi aussi assurément
δρῶντα τόδε ταὐτὸν	faisant la même chose
καὶ οὐ μέλλοντα ἔτι.	et n'hésitant plus.
ΟΔΥΣΣΕΥΣ. Καίτοι	ULYSSE. Cependant
ἐάσω σε·	je laisserai toi ;
ἐλθὼν δὲ λέξω τάδε	mais étant allé je dirai ces choses
τῷ σύμπαντι στρατῷ,	à toute l'armées
ὃς τιμωρήσεταί σε.	laquelle punira toi.
ΝΕΟΠΤΟΛΕΜΟΣ.	NÉOPTOLÈME.
Ἐσωφρόνησας·	Tu as-été-prudent;
καὶ ἐὰν φρονῇς οὕτω	si tu es prudent ainsi
τὰ λοιπὰ,	dans la suite,
ἔχοις ἂν ἴσως πόδα	tu auras probablement le pied
ἐκτὸς κλαυμάτων.	hors des lamentations.
Σὺ δέ,	Mais toi,
ὦ παῖ Ποίαντος,	ô fils de Péan,
(λέγω Φιλοκτήτην),	(je dis Philoctète)
ἔξελθε ἀμείψας	sors ayant changé (quitté)
τάσδε στέγας πετρήρεις.	ces demeures de-pierre.
ΦΙΛΟΚΤΗΤΗΣ. Τίς	PHILOCTÈTE. Quel
θόρυβος βοῆς	tumulte de cris
ἵσταται αὖ παρὰ ἄντροις ;	s'élève de nouveau près de l'antre ?
Τί ἐκκαλεῖσθέ με ;	Pourquoi appelez-vous-dehors moi ?
τοῦ κεχρημένοι,	de quoi ayant-besoin,
ξένοι ;	o étrangers?
Ὦ μοι·	Hélas!
τὸ χρῆμα κακόν.	la chose est mauvaise.
Μῶν πάρεστε	Est-ce-que vous êtes-présents
πέμποντές μοι	envoyant à moi
τι μέγα κακὸν	quelque grand mal
πρὸς κακοῖσιν ;	outre les maux *antérieurs* ?
ΝΕΟΠΤΟΛΕΜΟΣ. Θάρσει·	NÉOPTOLÈME. Aie-courage ;
ἄκουσον δὲ λόγους,	mais écoute les discours
οὓς φέρων ἥκω.	qu'apportant je suis venu.

ΝΕΟΠΤΟΛΕΜΟΣ.

Οὔκουν ἔνεστι καὶ μεταγνῶναι πάλιν;

ΦΙΛΟΚΤΗΤΗΣ.

Τοιοῦτος ἦσθα τοῖς λόγοισι, χὤτε μου
τὰ τόξ᾽ ἔκλεπτες· πιστὸς, ἀτηρὸς λάθρα.

ΝΕΟΠΤΟΛΕΜΟΣ.

Ἀλλ᾽ οὔ τι μὴ νῦν ! · βούλομαι δέ σου κλύειν,   1265
πότερα δέδοκταί σοι μένοντι καρτερεῖν,
ἢ πλεῖν μεθ᾽ ἡμῶν.

ΦΙΛΟΚΤΗΤΗΣ.

　　　　Παῦε, μὴ λέξῃς πέρα.
Μάτην γὰρ, ἂν εἴπῃς γε, πάντ᾽ εἰρήσεται.

ΝΕΟΠΤΟΛΕΜΟΣ.

Οὕτω δέδοκται ;

ΦΙΛΟΚΤΗΤΗΣ.

　　　　Καὶ πέρα γ᾽ ἴσθ᾽ ἢ λέγω.

ΝΕΟΠΤΟΛΕΜΟΣ.

Ἀλλ᾽ ἤθελον μὲν ἄν σε πεισθῆναι λόγοις   1270
ἐμοῖσιν· εἰ δὲ μή τι πρὸς καιρὸν λέγων
κυρῶ, πέπαυμαι.

NÉOPTOLÈME. N'est-il pas permis de se repentir?

PHILOCTÈTE. Tu parlais ainsi quand tu me dérobais mes armes ; ta sincérité feinte cachait une perfidie.

NÉOPTOLÈME. Il n'en est plus de même. Je veux seulement savoir de toi si ta résolution est de rester ici ou de partir avec nous.

PHILOCTÈTE. Arrête, n'en dis pas davantage. Tous tes discours seraient inutiles.

NÉOPTOLÈME. Tu es bien déterminé?

PHILOCTÈTE. Oui, et plus encore que je ne puis le dire.

NÉOPTOLÈME. Je voudrais te persuader; mais si mes discours t'importunent, je me tais.

ΦΙΛΟΚΤΗΤΗΣ. Δέδοικα ἔγωγε.

PHILOCTÈTE. J'ai-peur moi :

Καὶ γὰρ τὰ πρὶν

car auparavant

ἔπραξα κακῶς

je me-suis-trouvé mal

ἐκ λόγων καλῶν,

de discours beaux,

πεισθεὶς

ayant été persuadé

σοῖς λόγοις.

par tes discours.

ΝΕΟΠΤΟΛΕΜΟΣ.

NÉOPTOLÈME.

Οὔκουν ἔνεστι

N'est-il-donc-pas-possible

καὶ μεταγνῶναι

aussi de changer-de-sentiment

πάλιν.

de nouveau.

ΦΙΛΟΚΤΗΤΗΣ. Ἦσθα

PHILOCTÈTE. Tu étais

τοιοῦτος τοῖς λόγοις

tel dans *tes* discours,

καὶ ὅτε ἔκλεπτες

même quand tu volais

τὰ τόξα μου ·

l'arc de moi ;

πιστὸς,

digne-de-confiance,

λάθρα ἀτηρός.

secrètement funeste.

ΝΕΟΠΤΟΛΕΜΟΣ.

NÉOPTOLÈME.

Ἀλλὰ οὔ τι

Mais *ne crains* en aucune façon

μὴ νῦν ·

que maintenant *cela soit ;*

βούλομαι δὲ κλύειν σου,

mais je veux entendre de toi,

πότερα δέδοκταί σοι

s'il a-été-résolu à toi,

καρτερεῖν μένοντι,

de persévérer en restant

ἢ πλεῖν μετὰ ἡμῶν.

ou de naviguer avec nous.

ΦΙΛΟΚΤΗΤΗΣ. Παῦε,

PHILOCTÈTE. Cesse,

μὴ λέξῃς πέρα.

ne parle pas au-delà.

Πάντα γὰρ,

Car toutes les choses,

ἃ ἂν εἴπῃς γε,

que tu pourrais dire,

εἰρήσεται μάτην.

seront dites vainement.

ΝΕΟΠΤΟΛΕΜΟΣ.

NÉOPTOLÈME.

Δέδοκται οὕτως;

A-t-il-été-résolu ainsi ?

ΦΙΛΟΚΤΗΤΗΣ.

PHILOCTÈTE.

Καὶ πέρα γε, ἴσθι,

Et certes plus-loin, sache-*le*,

ἢ λέγω.

que je *ne* dis.

ΝΕΟΠΤΟΛΕΜΟΣ.

NÉOPTOLÈME.

Ἀλλὰ ἤθελον μὲν ἂν

A la vérité, j'aurais voulu

σὲ πεισθῆναι

toi te laisser-persuader

λόγοις ἐμοῖσιν ·

par les-discours miens ;

εἰ δὲ μὴ κυρῶ

mais si je ne me trouve-pas

λέγων τι πρὸς καιρὸν,

disant quelque chose à-propos,

πέπαυμαι.

je me suis arrêté.

ΦΙΛΟΚΤΗΤΗΣ.

Πάντα γὰρ φράσεις μάτην.
Οὐ γάρ ποτ' εὔνουν τὴν ἐμὴν κτήσει φρένα,
ὅστις γ' ἐμοῦ δόλοισι τὸν βίον λαβὼν
ἀπεστέρηκας, κᾆτα νουθετεῖς ἐμὲ   1275
ἐλθὼν, ἀρίστου πατρὸς αἴσχιστος γεγώς.
Ὄλοισθ', Ἀτρεῖδαι μὲν μάλιστ', ἔπειτα δὲ
ὁ Λαερτίου παῖς, καὶ σύ.

ΝΕΟΠΤΟΛΕΜΟΣ.

                                Μὴ 'πεύξῃ[1] πέρα·
δέχου δὲ χειρὸς ἐξ ἐμῆς βέλη τάδε.

ΦΙΛΟΚΤΗΤΗΣ.

Πῶς εἶπας; ἆρα δεύτερον δολούμεθα;   1280

ΝΕΟΠΤΟΛΕΜΟΣ.

Ἀπώμοσ' ἁγνὸν Ζηνὸς ὑψίστου σέβας.

ΦΙΛΟΚΤΗΤΗΣ.

Ὦ φίλτατ' εἰπὼν, εἰ λέγεις ἐτήτυμα.

ΝΕΟΠΤΟΛΕΜΟΣ.

Τοὔργον παρέσται φανερόν. Ἀλλὰ δεξιὰν
πρότεινε χεῖρα, καὶ κράτει τῶν σῶν ὅπλων.

ΟΔΥΣΣΕΥΣ.

Ἐγὼ δ' ἀπαυδῶ γ', ὡς θεοὶ ξυνίστορες,   1285
ὑπέρ τ' Ἀτρειδῶν τοῦ τε σύμπαντος στρατοῦ.

ΦΙΛΟΚΤΗΤΗΣ.

Τέκνον, τίνος φώνημα; μῶν Ὀδυσσέως
ἐπῃσθόμην;

ΟΔΥΣΣΕΥΣ.

                Σάφ' ἴσθι· καὶ πέλας γ' ὁρᾷς,

PHILOCTÈTE. Tu fais bien; car tu parlerais vainement. Jamais tu
ne gagneras mon cœur, toi qui m'as trompé, qui m'as arraché la vie,
et qui viens me donner des conseils, fils indigne du plus généreux
père. Puissiez-vous tous périr, les Atrides, le fils de Laërte, et toi !

NÉOPTOLÈME. Cesse tes imprécations, et reçois tes armes de ma
main.

PHILOCTÈTE. Qu'as-tu dit? Ne me trompes-tu pas encore?

NÉOPTOLÈME. J'atteste la majesté sainte du grand Jupiter.

PHILOCTÈTE. O douces paroles, si elles sont sincères !

NÉOPTOLÈME. Les effets le prouveront. Tends la main et reprends
tes armes.

ULYSSE. Et moi, devant les dieux qui m'écoutent, je m'y oppose
au nom des Atrides et de toute l'armée.

PHILOCTÈTE. Mon fils, quelle est cette voix? N'est-ce pas Ulysse
que j'entends?

ULYSSE. Oui, moi-même, tu le vois, moi qui t'emmènerai de

ΦΙΛΟΚΤΗΤΗΣ. Φράσεις γὰρ
πάντα μάτην.
Οὐ γὰρ κτήσει ποτὲ
φρένα τὴν ἐμὴν εὔνουν,
ὅστις γε ἀπεστέρηκας
τὸν βίον ἐμοῦ
λαβὼν δόλοισι,
καὶ εἶτα ἐλθὼν,
νουθετεῖς ἐμὲ,
γεγὼς αἴσχιστος
πατρὸς ἀρίστου.
Ὄλοισθε,
μάλιστα μὲν Ἀτρεῖδαι,
ἔπειτα δὲ ὁ παῖς Λαερτίου καὶ σύ.
ΝΕΟΠΤΟΛΕΜΟΣ.
Μὴ ἐπεύξῃ πέρα·
δέχου δὲ ἐξ ἐμῆς χειρὸς
τάδε βέλη.
ΦΙΛΟΚΤΗΤΗΣ. Πῶς εἶπας;
ἆρα δολούμεθα
δεύτερον;
ΝΕΟΠΤΟΛΕΜΟΣ. Ἀπώμοσα
ἁγνὸν σέβας ὑψίστου Ζηνός.
ΦΙΛΟΚΤΗΤΗΣ. Ὦ εἰπὼν
φίλτατα,
εἰ λέγεις ἐτήτυμα.
ΝΕΟΠΤΟΛΕΜΟΣ. Τὸ ἔργον
παρέσται φανερόν.
Ἀλλὰ πρότεινε χεῖρα δεξιὰν,
καὶ κράτει τῶν σῶν ὅπλων.
ΟΔΥΣΣΕΥΣ. Ἐγὼ δὲ
ἀπαυδῶ γε,
ὡς θεοὶ ξυνίστορες,
ὑπέρ τε Ἀτρειδῶν
στρατοῦ τε τοῦ σύμπαντος.
ΦΙΛΟΚΤΗΤΗΣ. Τέκνον,
τίνος φώνημα;
μῶν ἐπῃσθόμην Ὀδυσσέως·
ΟΔΥΣΣΕΥΣ. Ἴσθι σάφα·
καὶ ὁρᾷς γε πέλας,

PHILOCTÈTE. Car tu diras
toutes choses vainement.
En effet, tu n'acquerras jamais
l'esprit mien bienveillant,
toi qui as privé *moi*
de la vie de moi,
*l'*ayant prise par des ruses,
et ensuite étant venu
tu exhortes moi,
étant-né très-infâme
d'un père excellent.
Puissiez-vous périr
d'une part surtout les Atrides,
de l'autre ensuite le fils de Laërte et toi.
NÉOPTOLÈME.
Ne maudis pas au-delà ;
mais reçois de ma main
ces flèches.
PHILOCTÈTE. Comment as-tu dit ?
est-ce que nous sommes trompés
une seconde fois ?
NÉOPTOLÈME. J'*en*-jure
le pur éclat du très-haut Jupiter.
PHILOCTÈTE. O ayant dit
des choses très-agréables,
si tu dis des choses vraies !
NÉOPTOLÈME. Le fait
sera-présent évident.
Mais étends la main droite,
et sois-maître de tes armes.
ULYSSE. Mais moi
certes je *le* défends,
comme les dieux *en sont* témoins,
et au nom des Atrides,
et de l'armée toute entière.
PHILOCTÈTE. *Mon* enfant,
de qui *est-ce* la voix ?
est-ce que j'ai reconnu Ulysse ?
ULYSSE. Sache-*le* clairement ;
et tu vois certes de près

ὅς σ᾽ ἐς τὰ Τροίας πεδί᾽ ἀποστελῶ βίᾳ,
ἐάν τ᾽ Ἀχιλλέως παῖς, ἐάν τε μὴ θέλῃ.　　　　1290
　　　　ΦΙΛΟΚΤΗΤΗΣ.
Ἀλλ᾽ οὔ τι χαίρων, ἢν τόδ᾽ ὀρθωθῇ βέλος.
　　　　ΝΕΟΠΤΟΛΕΜΟΣ.
Ἆ, μηδαμῶς· μὴ, πρὸς θεῶν, μεθῇς βέλος.
　　　　ΦΙΛΟΚΤΗΤΗΣ.
Μέθες με, πρὸς θεῶν, χεῖρα ¹, φίλτατον τέκνον.
　　　　ΝΕΟΠΤΟΛΕΜΟΣ.
Οὐκ ἂν μεθείην.
　　　　ΦΙΛΟΚΤΗΤΗΣ.
　　　　　　Φεῦ· τί μ᾽ ἄνδρα πολέμιον
ἐχθρόν τ᾽ ἀφείλου μὴ κτανεῖν τόξοις ἐμοῖς;　　　　1295
　　　　ΝΕΟΠΤΟΛΕΜΟΣ.
Ἀλλ᾽ οὔτ᾽ ἐμοὶ καλὸν τόδ᾽ ἐστὶν, οὔτε σοί.
　　　　ΦΙΛΟΚΤΗΤΗΣ.
Ἀλλ᾽ οὖν τοσοῦτόν γ᾽ ἴσθι, τοὺς πρώτους στρατοῦ,
τοὺς τῶν Ἀχαιῶν ψευδοκήρυκας ², κακοὺς
ὄντας πρὸς αἰχμήν, ἐν δὲ τοῖς λόγοις θρασεῖς.
　　　　ΝΕΟΠΤΟΛΕΜΟΣ.
Εἶεν. Τὰ μὲν δὴ τόξ᾽ ἔχεις, κοὐκ ἔσθ᾽ ὅτου　　　　1300
ὀργὴν ἔχοις ἂν οὐδὲ μέμψιν εἰς ἐμέ.
　　　　ΦΙΛΟΚΤΗΤΗΣ.
Ξύμφημι. Τὴν φύσιν δ᾽ ἔδειξας, ὦ τέκνον,
ἐξ ἧς ἔβλαστες· οὐχὶ Σισύφου πατρὸς,

---

force aux champs troyens, que le fils d'Achille s'y prête ou s'y refuse.

PHILOCTÈTE. Ce ne sera pas impunément, si cette flèche frappe au but.

NÉOPTOLÈME. Arrête, au nom des dieux, ne lance point cette flèche.

PHILOCTÈTE. Au nom des mêmes dieux, laisse-moi faire, mon fils.

NÉOPTOLÈME. Je ne le souffrirai pas.

PHILOCTÈTE. Ah! pourquoi m'empêcher de percer de mes flèches un ennemi, un être odieux?

NÉOPTOLÈME. Ce serait une honte et pour toi et pour moi.

PHILOCTÈTE. Connais au moins ces chefs de l'armée des Grecs, ces hérauts du mensonge, lâches au combat et braves en paroles.

NÉOPTOLÈME. Soit. Mais enfin tu possèdes tes armes, et tu n'as plus contre moi aucun sujet de colère ni de plainte.

PHILOCTÈTE. Je l'avoue, ô mon fils. Tu as montré de quel sang tu es sorti; tu n'es pas le fils de Sisyphe, mais d'Achille, qui fut du-

ὃς ἀποστελῶ σε βίᾳ	*moi* qui emmènerai toi de force,
ἐς τὰ Τροίας πεδία,	vers les plaines de Troie,
ἐάν τε παῖς Ἀχιλλέως θέλῃ	et si le fils d'Achille *le veut*
ἐάν τε μή.	et s'il ne le *veut* pas.
ΦΙΛΟΚΤΗΤΗΣ. Ἀλλὰ	PHILOCTÈTE. Mais
οὐ χαίρων τι,	non te réjouissant en quelque chose,
ἢν τόδε βέλος ὀρθωθῇ.	si cette flèche va-droit.
ΝΕΟΠΤΟΛΕΜΟΣ. Ἄ,	NÉOPTOLÈME. Ah!
μηδαμῶς·	en-aucune-façon ;
πρὸς θεῶν,	au nom des Dieux,
μὴ μεθῇς βέλος.	ne lance pas la flèche.
ΦΙΛΟΚΤΗΤΗΣ. Πρὸς θεῶν,	PHILOCTÈTE. Au nom des dieux,
μέθες με χεῖρα,	lâche moi la main,
τέκνον φίλτατον.	*mon* enfant très-cher.
ΝΕΟΠΤΟΛΕΜΟΣ.	NÉOPTOLÈME.
Οὐκ ἂν μεθείην.	Je ne lâcherai pas.
ΦΙΛΟΚΤΗΤΗΣ. Φεῦ ·	PHILOCTÈTE. Ah!
τί ἀφείλου με	pourquoi as-tu empêché moi
μὴ κτανεῖν τόξοις ἐμοῖς	de tuer avec les flèches miennes
ἄνδρα πολέμιον ἐχθρόν τε.	un homme ennemi et hostile.
ΝΕΟΠΤΟΛΕΜΟΣ. Ἀλλὰ	NÉOPTOLÈME. Mais
τόδε ἐστὶ καλὸν	cela *n*'est beau
οὔτε ἐμοὶ οὔτε σοι.	ni pour moi ni pour toi.
ΦΙΛΟΚΤΗΤΗΣ. Ἀλλὰ	PHILOCTÈTE. Mais
ἴσθι οὖν τοσοῦτόν γε,	sache donc autant *que cela:*
τοὺς πρώτους στρατοῦ,	les premiers de l'armée,
τοὺς ψευδοκήρυκας τῶν Ἀχαιῶν,	les faux-hérauts des Achéens,
ὄντας κακοὺς πρὸς αἰχμὴν,	étant lâches pour la lance,
θρασεῖς δὲ ἐν τοῖς λόγοις.	et courageux dans les paroles.
ΝΕΟΠΤΟΛΕΜΟΣ. Εἶεν.	NÉOPTOLÈME. Soit.
Ἔχεις μὲν δὴ τὰ τόξα,	Tu as donc d'une part *ton* arc,
καὶ οὐκ ἔστιν	et il n'y a pas *de motif*
ὅτου ἔχοις ἂν	pour lequel tu pourrais avoir
ὀργὴν οὐδὲ μέμψιν	colère ni sujet-de-reproches
εἰς ἐμέ.	contre moi.
ΦΙΛΟΚΤΗΤΗΣ. Ξύμφημι.	PHILOCTÈTE. J'*en* conviens.
Ἔδειξας δὲ τὴν φύσιν,	Et tu as montré la naissance,
ὦ τέκνον, ἐξ ἧς	o *mon* enfant, de laquelle
ἔβλαστες·	tu tires-*ton*-origine,
οὐχὶ πατρὸς Σισύφου	non pas d'un père *tel que* Sisyphe,

156 ΦΙΛΟΚΤΗΤΗΣ.

ἀλλ' ἐξ Ἀχιλλέως, ὃς μετὰ ζώντων θ' ὅτ' ἦν
ἤκου' ἄριστα, νῦν δὲ τῶν τεθνηκότων.　　　　　1305

ΝΕΟΠΤΟΛΕΜΟΣ.

Ἥσθην πατέρα τε τὸν ἐμὸν εὐλογοῦντά σε,
αὐτόν τέ μ'· ὧν δέ σου τυχεῖν ἐφίεμαι,
ἄκουσον. Ἀνθρώποισι τὰς μὲν ἐκ θεῶν
τύχας δοθείσας ἔστ' ἀναγκαῖον φέρειν·
ὅσοι δ' ἑκουσίοισιν ἔγκεινται βλάβαις,　　　　　1310
ὥσπερ σὺ, τούτοις οὔτε συγγνώμην ἔχειν
δίκαιόν ἐστιν, οὔτ' ἐποικτείρειν τινά.
Σὺ δ' ἠγρίωσαι, χοὔτε σύμβουλον δέχει,
ἐάν τε νουθετῇ τις εὐνοίᾳ λέγων,
στυγεῖς, πολέμιον δυσμενῆ θ' ἡγούμενος.　　　　1315
Ὅμως δὲ λέξω, Ζῆνα δ' Ὅρκιον καλῶ·
καὶ ταῦτ' ἐπίστω, καὶ γράφου φρενῶν ἔσω [1].
Σὺ γὰρ νοσεῖς τόδ' ἄλγος ἐκ θείας τύχης,
Χρύσης πελασθεὶς φύλακος, ὃς τὸν ἀκαλυφῆ
σηκὸν φυλάσσει κρύφιος οἰκουρῶν ὄφις.　　　　1320
Καὶ παῦλαν ἴσθι τῆσδε μή ποτ' ἐντυχεῖν
νόσου βαρείας, ὡς ἂν αὐτὸς [2] ἥλιος

raut sa vie le plus renommé des héros, et qui l'est encore aujourd'hui parmi les morts.

NÉOPTOLÈME. Il m'est doux de t'entendre louer et mon père et moi ; mais écoute ce que je voudrais obtenir de toi. Les hommes doivent se soumettre aux maux que les dieux leur envoient; se créer, comme toi, des maux volontaires, c'est se rendre indigne d'excuse et de pitié. Ton cœur aigri rejette les conseils ; et si quelqu'un par bienveillance veut te donner un avis , tu le hais, tu le regardes comme un ennemi. Je parlerai toutefois, en invoquant Jupiter qui préside aux serments. Écoute mes paroles, et grave-les dans ton esprit. Le mal que tu souffres est l'ouvrage des dieux. Ils te punissent d'avoir approché du serpent , gardien caché du temple de Chrysa. Sache que

ἀλλὰ ἐξ Ἀχιλλέως,	mais d'Achille
ὅς ἤκουεν	qui entendait *dire de lui*
ἄριστα,	les meilleures choses,
ὅτε τε ἦν μετὰ ζώντων,	et quand il était avec les-vivants,
νῦν δὲ τῶν τεθνηκότων.	et maintenant *avec* les morts.
ΝΕΟΠΤΟΛΕΜΟΣ. Ἥσθην	NÉOPTOLÈME. Je me réjouis
σὲ εὐλογοῦντα	de toi disant-du-bien
πατέρα τε τὸν ἐμὸν αὐτόν τέ με·	et du père mien et de moi-même ;
ἄκουσον δὲ,	mais écoute *les choses*
ὧν ἐφίεμαι τυχεῖν σου.	que je désire obtenir de toi.
Ἔστιν ἀναγκαῖον ἀνθρώποις	Il est nécessaire aux hommes
φέρειν τύχας μὲν	de supporter d'une part les destinées
τὰς δοθείσας ἐκ θεῶν·	données par les Dieux ;
ὅσοι δὲ ἔγκεινται	de l'autre tous-ceux-qui se trouvent
βλάβαις ἑκουσίοισιν,	dans des torts (maux) volontaires
ὥσπερ σὺ, τούτοις δίκαιόν ἐστι	comme toi, pour ceux-là il est juste,
ἔχειν τινὰ οὔτε συγγνώμην	ni quelqu'un avoir indulgence,
οὔτε ἐποικτείρειν.	ni *quelqu'un les* plaindre.
Σὺ δὲ ἠγρίωσαι,	Mais toi tu es-aigri,
καὶ οὔτε δέχει σύμβουλον,	et tu n'admets pas un conseiller,
ἐάν τε νουθετῇ τις	et si quelqu'un *t*'exhorte
λέγων εὐνοίᾳ,	en parlant avec bienveillance,
στυγεῖς, ἡγούμενος	tu te-fâches, *le* croyant
πολέμιον δυσμενῆ τε.	hostile et mal-intentionné.
Ὅμως δὲ λέξω,	Mais cependant je *le* dirai,
καλῶ δὲ Ζῆνα	et j'invoque Jupiter
ὅρκιον·	dieu-du-serment;
καὶ ἐπίστω ταῦτα, καὶ γράφου	et *toi* sache ces choses, et grave-*les*
ἔσω φρενῶν.	dans-l'intérieur de *ton* esprit.
Σὺ γὰρ νοσεῖς τόδε ἄλγος	Car tu es-malade de cette maladie
ἐκ τύχης θείας,	par suite d'une destinée divine,
πελασθεὶς	t'étant approché
φύλακος Χρύσης,	du gardien de Chrysa,
ὅς ὄφις φυλάσσει	lequel serpent garde
οἰκουρῶν κρύφιος	surveillant caché
σηκὸν τὸν ἀκαλυφῆ.	l'enclos non-couvert.
Καὶ ἴσθι παῦλαν	Et sache la cessation
τῆςδε νόσου βαρείας	de cette maladie grave
μήποτε ἐντυχεῖν,	ne devoir jamais arriver
ὡς ἂν ὁ αὐτὸς ἥλιος	tant que le même soleil

ταύτη μὲν αἴρῃ, τῇδε δ' αὖ δύνῃ πάλιν,
πρὶν ἂν τὰ Τροίας πεδί' ἑκὼν αὐτὸς μόλῃς,
καὶ, τῶν παρ' ἡμῖν ἐντυχὼν Ἀσκληπιδῶν [1],   1325
νόσου μαλαχθῆς τῆσδε, καὶ τὰ Πέργαμα
ξὺν τοῖσδε τόξοις, ξύν τ' ἐμοὶ πέρσας φανῆς.
Ὡς δ' οἶδα ταῦτα τῇδ' ἔχοντ', ἐγὼ φράσω·
ἀνὴρ γὰρ ἡμῖν ἐστιν ἐκ Τροίας ἁλούς,
Ἕλενος, ἀριστόμαντις, ὃς λέγει σαφῶς,   1330
ὡς δεῖ γενέσθαι ταῦτα, καὶ, πρὸς τοῖσδ' ἔτι,
ὡς ἔστ' ἀνάγκη τοῦ παρεστῶτος θέρους
Τροίαν ἁλῶναι πᾶσαν· ἢ δίδωσ' ἑκὼν
κτείνειν ἑαυτόν, ἢν τάδε ψευσθῇ λέγων.
Ταῦτ' οὖν ἐπεὶ κάτοισθα, συγχώρει θέλων [2].   1335
Καλὴ γὰρ ἡ 'πίκτησις, Ἑλλήνων ἕνα
κριθέντ' ἄριστον, τοῦτο μὲν παιωνίας
ἐς χεῖρας ἐλθεῖν, εἶτα τὴν πολύστονον
Τροίαν ἑλόντα, κλέος ὑπέρτατον λαβεῖν.

ΦΙΛΟΚΤΗΤΗΣ.

Ὦ στυγνὸς αἰών, τί με, τί δῆτ' ἔχεις ἄνω   1340

tant que le soleil parcourra les cieux de l'aurore au couchant, tu n'obtiendras aucun soulagement à ton mal, si tu ne vas volontairement aux champs troyens. Tu trouveras dans le camp les fils d'Escu lape, qui guériront ta blessure, et avec ces armes et le secours de mon bras, tu renverseras la citadelle de Troie. Comment suis-je instruit de ces décrets du sort, je vais te le dire. Un Troyen est captif au milieu de nous; c'est Hélénus, illustre devin, qui nous a dévoilé cet avenir; il ajoute que, cet été même, Troie doit succomber. Si ces oracles sont faux, il consent à périr. Puisqu'il en est ainsi, ne refuse plus de nous suivre. Quel avantage pour toi, après avoir été jugé le plus vaillant des Grecs, d'obtenir, avec ta guérison, la gloire insigne de prendre cette Troie qui a coûté tant de larmes!

PHILOCTÈTE. Vie odieuse, pourquoi me retiens-tu encore sur la

αἴρῃ μὲν ταύτῃ,	se lèvera d'un côté ici,
δύνῃ δὲ αὖ πάλιν τῇδε,	de l'autre côté se couchera ensuite là ;
πρὶν μόλῃς ἂν	avant que tu n'ailles
αὐτὸς ἑκὼν	toi-même volontairement
πεδία τὰ Τροίας,	aux plaines de Troie,
καὶ ἐντυχὼν Ἀσκληπιδῶν	et l'ayant obtenu des Asclépiades,
τῶν παρὰ ἡμῖν,	*qui sont* près de nous,
μαλαχθῆς τῆςδε νόσου,	tu sois délivré de cette maladie,
καὶ φανῆς	et tu sois-évident
πέρσας τὰ Πέργαμα	ayant dévasté Pergame
ξὺν τοῖςδε τόξοις ξύν τ' ἐμοί.	avec cet arc et avec moi.
Ἐγὼ δὲ φράσω,	Et moi je dirai,
ὡς οἶδα ταῦτα ἔχοντα τῇδε.	comment je sais ces choses étant ainsi.
Ἀνὴρ γάρ ἐστιν ἡμῖν	Car un homme est à nous
ἁλοὺς ἐκ Τροίας,	captif de Troie
Ἕλενος, ἀριστόμαντις,	Hélenus, illustre-devin,
ὃς λέγει σαφῶς,	qui dit clairement,
ὡς δεῖ ταῦτα γενέσθαι,	qu'il faut ces choses arriver,
καὶ πρὸς τοῖςδε ἔτι,	et outre ces choses encore,
ὡς ἔστιν ἀνάγκη,	qu'il est nécessaire,
Τροίαν ἁλῶναι πᾶσαν	Troie être prise tout entière
τοῦ παρεστῶτος θέρους·	dans le présent été ;
ἢ δίδωσιν ἑαυτὸν κτείνειν	ou bien il donne lui-même à tuer
ἑκὼν,	volontairement,
ἢν ψευσθῇ	s'il s'est trompé
λέγων τάδε.	en disant ces choses.
Ἐπεὶ οὖν κάτοισθα ταῦτα,	Puisque donc tu sais ces choses,
συγχώρει θέλων.	cède *le* voulant.
Ἡ γὰρ ἐπίκτησις καλὴ,	Car c'*est* une acquisition belle,
κριθέντα ἕνα	ayant été jugé seul
ἄριστον Ἑλλήνων,	le plus brave des Grecs,
τοῦτο μὲν ἐλθεῖν	d'une part venir
ἐς χεῖρας παιωνίας,	vers des mains qui-guérissent,
εἶτα λαβεῖν κλέος ὑπέρτατον,	puis obtenir la gloire la plus élevée
ἑλόντα Τροίαν	ayant pris Troie
τὴν πολύστονον.	aux-nombreux-gémissements.
ΦΙΛΟΚΤΗΤΗΣ. Ὦ αἰὼν στυγνὸς,	PHILOCTÈTE. O vie odieuse,
τί, τί δῆτα	pourquoi, pourquoi donc
ἔχεις με	tiens-tu moi
βλέποντα ἄνω,	voyant (vivant) en haut,

βλέποντα, χοὺκ ἀφῆκας εἰς Ἅδου μολεῖν;
Οἴ μοι, τί δράσω; πῶς ἀπιστήσω λόγοις
τοῖς τοῦδ', ὃς εὔνους ὢν ἐμοὶ παρήνεσεν;
Ἀλλ' εἰκάθω δῆτ'; εἶτα πῶς ὁ δύσμορος
εἰς φῶς [1], τάδ' ἔρξας, εἶμι; τῷ προσήγορος [2];   1345
Πῶς, ὦ τὰ πάντ' ἰδόντες ἀμφ' ἐμοῦ κύκλοι [3],
ταῦτ' [4] ἐξανασχήσεσθε, τοῖσιν Ἀτρέως
ἐμὲ ξυνόντα παισὶν, οἵ μ' ἀπώλεσαν;
πῶς τῷ πανώλει παιδὶ τῷ Λαερτίου;
Οὐ γάρ με τἄλγος τῶν παρελθόντων δάκνει·   1350
ἀλλ' οἷα χρὴ παθεῖν με πρὸς τούτων ἔτι
δοκῶ προλεύσσειν. Οἷς γὰρ ἡ γνώμη κακῶν
μήτηρ γένηται, τἄλλα [5] παιδεύει κακά.
Καὶ σοῦ δ' ἔγωγε θαυμάσας ἔχω τόδε·
χρῆν γάρ σε μήτ' αὐτόν ποτ' ἐς Τροίαν μολεῖν,   1355
ἡμᾶς τ' ἀπείργειν, οἵ γέ σου καθύβρισαν,
πατρὸς γέρας συλῶντες [6], εἶτα τοῖσδε σὺ
εἶ ξυμμαχήσων, χἄμ' ἀναγκάζεις τάδε;

terre, et né me laisses-tu pas descendre chez les morts? Hélas! que
faire? Comment résister aux conseils d'une amitié si tendre? Mais si
je cède, comment me montrer au jour après une telle faiblesse? A
qui oserai-je parler? O mes yeux, qui avez vu tous mes maux, comment pourriez-vous me voir vivre avec ces Atrides qui m'ont perdu,
et avec l'exécrable fils de Laërte? Ce n'est pas le souvenir de mes
maux passés qui me tourmente, c'est la crainte de ceux qui m'atten-
dent encore, et que je ne prévois que trop. Car un cœur que la nature
a instruit au crime en produit toujours de nouveaux. Mais toi-même,
ta conduite m'étonne. Loin d'aller à Troie, tu devrais m'éloigner de ces
perfides qui t'ont outragé, qui avaient ravi à ton père le prix de sa valeur;
et tu vas les secourir, et tu veux me forcer à te suivre! Non, mon fils,

καὶ οὐκ ἀφῆκας	et ne *m*'as-tu pas laissé
μολεῖν εἰς Ἅδου ;	aller dans *la demeure* de Pluton ?
Οἴμοι, τί δράσω ;	Hélas, que ferai-je ?
πῶς ἀπιστήσω	Comment désobéirai-je
λόγοις τοῖς τοῦδε,	aux discours de celui-ci,
ὃς παρήνεσεν ἐμοὶ	qui conseille à moi
ὢν εὔνους ;	étant bienveillant ?
Ἀλλὰ εἰκάθω δῆτα ;	Mais je cèderai donc ?
εἶτα πῶς εἶμι εἰς φῶς	puis comment irai-je à la lumière
ὁ δύσμορος, ἔρξας τάδε ;	infortuné, ayant fait ces choses ?
τῷ προςήγορος ;	à-qui *serai-je* adressant la parole ?
Πῶς, ὦ κύκλοι	Comment, ô cercles *de mes yeux,*
ἰδόντες πάντα	ayant vu toutes
τὰ ἀμφὶ ἐμοῦ,	les choses autour de moi,
ἐξανασχήσεσθε ταῦτα,	endurerez-vous cela :
ἐμὲ ξυνόντα	moi étant-avec
τοῖσιν παισὶν Ἀτρέως,	les fils d'Atrée,
οἳ ἀπώλεσάν με ;	qui ont perdu moi ?
πῶς	comment
τῷ πανώλει	*étant avec* le tout-pernicieux
παιδὶ τῷ Λαερτίου ;	enfant de Laerte ?
Τὸ γὰρ ἄλγος τῶν παρελθόντων	Car la douleur des choses passées
οὐ δάκνει με·	ne mord pas moi ;
ἀλλὰ δοκῶ προλεύσσειν,	mais je crois voir-d'avance,
οἷα χρή με ἔτι	quelles choses il faut moi encore
παθεῖν πρὸς τούτων.	souffrir de ceux-là.
Οἷς γὰρ ἡ γνώμη	Car *ceux* à qui l'intention
γένηται μήτηρ κακῶν,	a été mère de maux,
παιδεύει	*à ceux*-la elle élève (rend)
κακὰ τὰ ἄλλα.	mauvaises les autres choses.
Καὶ ἔγωγε δὲ ἔχω	Et moi d'un autre côté j'ai
θαυμάσας τόδε σοῦ·	ayant admiré cela de toi :
χρῆν γάρ σε μήτε μολεῖν ποτε	car il fallait toi et ne venir jamais
αὐτὸν ἐς Τροίαν	*toi*-même à Troie
ἀπείργειν τε ἡμᾶς,	et en éloigner nous ;
οἵ γε καθύβρισάν σου	*eux* qui insultèrent toi
συλῶντες γέρας πατρὸς,	en volant la récompense de *ton* père,
εἶτα σὺ εἶ	et toi, tu es
ξυμμαχήσων τοῖςδε	devant être-auxiliaire à ceux-là,
καὶ ἀναγκάζεις ἐμὲ τάδε ;	et tu forces moi à *faire* cela !

Μὴ δῆτα, τέκνον· ἀλλ᾽, ἅ μοι ξυνώμοσας,
πέμψον πρὸς οἴκους· χαὐτὸς ἐν Σχύρῳ μένων   1360
ἔα κακῶς αὐτοὺς ἀπόλλυσθαι κακούς.
Χοὕτω διπλῆν [1] μὲν ἐξ ἐμοῦ κτήσει χάριν,
διπλῆν δὲ πατρός· κοὐ, κακοὺς ἐπωφελῶν,
δόξεις ὅμοιος τοῖς κακοῖς πεφυκέναι.

ΝΕΟΠΤΟΛΕΜΟΣ.

Λέγεις μὲν εἰκότ᾽· ἀλλ᾽ ὅμως σε βούλομαι   1365
θεοῖς τε πιστεύσαντα, τοῖς τ᾽ ἐμοῖς λόγοις,
φίλου μετ᾽ ἀνδρὸς τοῦδε τῆσδ᾽ ἐκπλεῖν χθονός.

ΦΙΛΟΚΤΗΤΗΣ.

Ἦ πρὸς τὰ Τροίας πεδία, καὶ τὸν Ἀτρέως
ἔχθιστον υἱὸν, τῷδε δυστήνῳ ποδί ;

ΝΕΟΠΤΟΛΕΜΟΣ.

Πρὸς τοὺς μὲν οὖν σε τήνδε τ᾽ ἔμπυον βάσιν   1370
παύσοντας ἄλγους κἀποσώζοντας νόσου.

ΦΙΛΟΚΤΗΤΗΣ.

Ὦ δεινὸν αἶνον αἰνέσας, τί φῄς ποτε ;

ΝΕΟΠΤΟΛΕΜΟΣ.

Ὁ σοί τε κἀμοὶ καλὸν ὁρῶ τελούμενον.

ΦΙΛΟΚΤΗΤΗΣ.

Καὶ ταῦτα λέξας, οὐ καταισχύνει θεούς ;

non. Sois plutôt fidèle à tes serments, ramène-moi dans ma patrie, et, demeurant toi-même à Scyros, laisse ces ingrats périr comme ils le méritent. Par là tu mériteras à la fois ma reconnaissance et celle d'Achille, et en refusant ton secours à des méchants, tu t'épargneras la honte de paraître leur ressembler.

NÉOPTOLÈME. Tu dis vrai ; cependant je voudrais te voir céder aux dieux et à mes conseils, et quitter ce rivage avec un ami.

PHILOCTÈTE. Quoi ! avec ce pied malheureux aller aux champs troyens et vers l'odieux fils d'Atrée ?

NÉOPTOLÈME. Vers ceux qui calmeront les douleurs de ton ulcère, et qui te guériront.

PHILOCTÈTE. Cruel conseil ! Ah ! que me proposes-tu ?

NÉOPTOLÈME. Ce dont l'accomplissement sera heureux pour toi et pour moi.

PHILOCTÈTE. Et en parlant ainsi tu ne rougis pas devant les dieux ?

Μὴ δῆτα,	Ne *fais* donc pas *cela*,
τέκνον·	*mon* enfant,
ἀλλὰ πέμψον πρὸς οἴκους,	mais conduis *moi* vers *mes* demeures,
ἃ ξυνώμοσάς μοι·	ce que tu as juré à moi ;
καὶ ἕα ἀπόλλυσθαι αὐτοὺς	et laisse périr eux
κακοὺς κακῶς,	misérables misérablement,
αὐτὸς μένων ἐν Σκύρῳ.	*toi*-même restant à Scyros.
Καὶ οὕτω	Et ainsi
κτήσει χάριν	tu acquerras une reconnaissance
διπλῆν μὲν ἐξ ἐμοῦ	double d'un côté de moi,
διπλῆν δὲ πατρός·	double de l'autre côté de *ton* père ;
καὶ οὐ δόξεις πεφυκέναι	et tu ne paraîtras pas être-né
ὅμοιος τοῖς κακοῖς,	semblable aux méchants,
ἐπωφελῶν κακούς.	en aidant des méchants.
ΝΕΟΠΤΟΛΕΜΟΣ. Λέγεις μὲν	NÉOPTOLÈME. Tu dis à la vérité
εἰκότα·	des choses convenables ;
ἀλλὰ ὅμως βούλομαί σε	mais cependant je veux toi
ἐκπλεῖν τῆσδε χθονὸς	naviguer-loin de cette terre,
μετὰ τοῦδε ἀνδρὸς φίλου,	avec cet homme (moi) ami,
πιστεύσαντά τε θεοῖς	ayant confiance et aux Dieux
τοῖς τε ἐμοῖς λόγοις.	et à mes paroles.
ΦΙΛΟΚΤΗΤΗΣ. Ἦ πρὸς	PHILOCTÈTE. Est-ce *pour aller* vers
πεδία τὰ Τροίας,	les plaines de Troie,
καὶ τὸν ἔχθιστον υἱὸν Ἀτρέως,	et le très-odieux fils d'Atrée,
τῷδε ποδὶ δυστήνῳ ;	avec ce pied infortuné.
ΝΕΟΠΤΟΛΕΜΟΣ.	NÉOPTOLÈME.
Πρὸς τοὺς μὲν οὖν	Sans doute vers ceux
παύσοντας	qui doivent délivrer
ἄλγους	de la souffrance
σὲ τήνδε τε βάσιν ἔμπυον	toi et ce pied purulent
καὶ ἀποσώζοντας νόσου.	et qui *te* sauvent de la maladie.
ΦΙΛΟΚΤΗΤΗΣ. Ὦ αἰνέσας	PHILOCTÈTE. O toi qui conseilles
αἶνον δεινόν,	un conseil terrible,
τί φῄς ποτε ;	que dis-tu donc?
ΝΕΟΠΤΟΛΕΜΟΣ. Ὃ ὁρῶ	NÉOPTOLÈME. Ce que je vois
καλὸν σοί τε καὶ ἐμοὶ	avantageux et à toi et à moi
τελούμενον.	en s'accomplissant.
ΦΙΛΟΚΤΗΤΗΣ.	PHILOCTÈTE.
Καὶ λέξας ταῦτα,	Et ayant dit ces choses,
οὐ καταισχύνει θεούς ;	ne rougis-tu pas devant les dieux ?

ΝΕΟΠΤΟΛΕΜΟΣ.

Πῶς γάρ τις αἰσχύνοιτ᾽ ἂν ¹ ὠφελούμενος ;   1375

ΦΙΛΟΚΤΗΤΗΣ.

Λέγεις δ᾽ Ἀτρείδαις ὄφελος ἢ ᾽π ² ἐμοὶ τόδε ;

ΝΕΟΠΤΟΛΕΜΟΣ.

Σοί που, φίλος γ᾽ ὢν, χὠ λόγος τοιόσδ᾽ ἐμοῦ.

ΦΙΛΟΚΤΗΤΗΣ.

Πῶς, ὅς γε τοῖς ἐχθροῖσί μ᾽ ἐκδοῦναι θέλεις ;

ΝΕΟΠΤΟΛΕΜΟΣ.

Ὦ 'τᾶν, διδάσκου μὴ θρασύνεσθαι κακοῖς.

ΦΙΛΟΚΤΗΤΗΣ.

Ὀλεῖς με, γιγνώσκω σε, τοῖσδε τοῖς λόγοις.   1380

ΝΕΟΠΤΟΛΕΜΟΣ.

Οὔκουν ἔγωγε· φημὶ δ᾽ οὔ σε μανθάνειν.

ΦΙΛΟΚΤΗΤΗΣ.

Ἔγωγ᾽ Ἀτρείδας ἐκβαλόντας οἶδά με.

ΝΕΟΠΤΟΛΕΜΟΣ.

Ἀλλ᾽ ἐκβαλόντες εἰ πάλιν σώσουσ᾽, ὅρα.

ΦΙΛΟΚΤΗΤΗΣ.

Οὐδέ ποθ᾽ ἑκόντα γ᾽ ὥστε τὴν Τροίαν ἰδεῖν.

ΝΕΟΠΤΟΛΕΜΟΣ.

Τί δῆτ᾽ ἂν ἡμεῖς δρῷμεν, εἰ σέ γ᾽ ἐν λόγοις   1385
πείσειν δυνησόμεσθα μηδὲν, ὧν λέγω ;
Ὡς ῥᾷστ᾽ ἐμοὶ μὲν τῶν λόγων λῆξαι, σὲ δὲ
ζῆν, ὥσπερ ἤδη ζῇς, ἄνευ σωτηρίας.

NÉOPTOLÈME. Comment rougir de ce qui sert nos intérêts ?

PHILOCTÈTE. Parles-tu des intérêts des Atrides ou des miens ?

NÉOPTOLÈME. Des tiens : je suis ton ami, et mes paroles sont celles d'un ami.

PHILOCTÈTE. D'un ami? Comment! Toi qui veux me livrer à mes ennemis ?

NÉOPTOLÈME. Cher Philoctète, apprends à ne pas être intraitable dans le malheur.

PHILOCTÈTE. Tu me perdras, je le vois, avec de tels discours.

NÉOPTOLÈME. Non, sans doute ; mais tu ne me comprends pas.

PHILOCTÈTE. Les Atrides m'ont banni ; voilà ce que je sais.

NÉOPTOLÈME. Mais ceux qui t'ont banni te sauveront maintenant, songes-y.

PHILOCTÈTE. Jamais à cette condition je n'irai volontairement à Troie.

NÉOPTOLÈME. Que faire, si mes paroles ne peuvent rien sur toi? Le plus aisé est de me taire, et de te laisser vivre, comme tu vis maintenant, sans guérison.

ΝΕΟΠΤΟΛΕΜΟΣ. Πῶς γὰρ
αἰσχύνοιτο ἄν τις,
ὠφελούμενος;
ΦΙΛΟΚΤΗΤΗΣ.
Λέγεις δὲ τόδε ὄφελος
Ἀτρείδαις ἢ ἐπὶ ἐμοί;
ΝΕΟΠΤΟΛΕΜΟΣ.
Ὧν φίλος γε σοί που,
καὶ ὁ λόγος ἐμοῦ τοιόσδε.
ΦΙΛΟΚΤΗΤΗΣ. Πῶς,
ὅς γε θέλεις ἐκδοῦναί με
τοῖς ἐχθροῖσιν;
ΝΕΟΠΤΟΛΕΜΟΣ. Ὦ 'τᾶν,
διδάσκου μὴ θρασύνεσθαι
κακοῖς.
ΦΙΛΟΚΤΗΤΗΣ. Ὀλεῖς με,
τοῖσδε τοῖς λόγοις,
γιγνώσκω σε.
ΝΕΟΠΤΟΛΕΜΟΣ. Οὔκουν
ἔγωγε· φημὶ δὲ
σὲ οὐ μανθάνειν.
ΦΙΛΟΚΤΗΤΗΣ. Ἔγωγε οἶδα
Ἀτρείδας ἐκβαλόντας με.
ΝΕΟΠΤΟΛΕΜΟΣ. Ἀλλὰ ὅρα,
εἰ ἐκβαλόντες
σώσουσι πάλιν.
ΦΙΛΟΚΤΗΤΗΣ.
Οὐδέποτε ὥστε ἰδεῖν
τὴν Τροίαν
ἑκόντα γε.
ΝΕΟΠΤΟΛΕΜΟΣ.
Τί δῆτα δρῶμεν ἂν ἡμεῖς,
εἰ δυνησόμεσθα πείσειν
ἐν λόγοις σέ γε μηδὲν,
ὧν λέγω;
Ὡς ῥᾷστα
ἐμοὶ μὲν
λῆξαι τῶν λόγων
σὲ δὲ ζῆν,
ὥσπερ ζῇς ἤδη, ἄνευ σωτηρίας

NÉOPTOLÈME. Comment donc
quelqu'un rougirait-il
obtenant-un-avantage ?
PHILOCTÈTE.
Mais dis-tu cet avantage
pour les Atrides ou pour moi ?
NÉOPTOLÈME.
Etant ami certes à toi, il-me-semble,
le discours aussi de moi *est* tel.
PHILOCTÈTE. Comment,
toi qui veux livrer moi
à *mes* ennemis ?
NÉOPTOLÈME. O *mon* cher,
apprends à ne pas t'enorgueillir
dans les maux.
PHILOCTÈTE. Tu perdras moi,
par ces discours,
je connais toi.
NÉOPTOLÈME. Ce n'est certes pas
moi *qui te perdrai ;* mais je dis
toi ne pas comprendre.
PHILOCTÈTE. Moi je sais
les Atrides ayant rejeté moi.
NÉOPTOLÈME. Mais vois,
si ayant rejeté
ils sauveront *toi* en-revanche.
PHILOCTÈTE.
Jamais de manière à voir
Troie,
moi le voulant au moins.
NÉOPTOLÈME.
Quoi donc ferons-nous, nous,
si nous ne pouvons persuader
par des paroles à toi aucune
des choses que je dis?
Car *il est* très-facile
à moi d'une part,
cesser *mes* discours,
à toi de l'autre, vivre,
comme tu vis déjà sans salut

ΦΙΛΟΚΤΗΤΗΣ.

Ἔα με πάσχειν ταῦθ', ἅπερ παθεῖν με δεῖ·
ἃ δ' ᾔνεσάς μοι, δεξιᾶς ἐμῆς θιγὼν,   1390
πέμπειν πρὸς οἴκους, ταῦτά μοι πρᾶξον, τέκνον.
Καὶ μὴ βράδυνε, μηδ' ἐπιμνησθῇς ἔτι
Τροίας· ἅλις γάρ μοι τεθρήνηται γόοις.

ΝΕΟΠΤΟΛΕΜΟΣ.

Εἰ δοκεῖ, στείχωμεν.

ΦΙΛΟΚΤΗΤΗΣ.

                    Ὦ γενναῖον εἰρηκὼς ἔπος.

ΝΕΟΠΤΟΛΕΜΟΣ.

Ἀντέρειδε νῦν βάσιν σήν.

ΦΙΛΟΚΤΗΤΗΣ.

                    Εἰς ὅσον γ' ἐγὼ σθένω.   1395

ΝΕΟΠΤΟΛΕΜΟΣ.

Αἰτίαν δὲ πῶς Ἀχαιῶν φεύξομαι;

ΦΙΛΟΚΤΗΤΗΣ.

                    Μὴ φροντίσῃς.

ΝΕΟΠΤΟΛΕΜΟΣ.

Τί γὰρ, ἐὰν πορθῶσι χώραν τὴν ἐμήν;

ΦΙΛΟΚΤΗΤΗΣ.

                    Ἐγὼ παρὼν

ΝΕΟΠΤΟΛΕΜΟΣ.

Τίνα προσωφέλησιν ἔρξεις;

ΦΙΛΟΚΤΗΤΗΣ.

                    βέλεσι τοῖς Ἡρακλέους

ΝΕΟΠΤΟΛΕΜΟΣ.

Πῶς λέγεις;

PHILOCTÈTE. Laisse-moi souffrir ce qu'il faut que je souffre; mais la promesse que tu m'as faite, en saisissant ma main droite, de me conduire dans ma patrie, accomplis-la, mon fils. Ne tarde pas, ne me parle plus de Troie ; elle m'a coûté assez de larmes.

NÉOPTOLÈME. Si tu le veux, partons.

PHILOCTÈTE. O généreuse parole!

NÉOPTOLÈME. Affermis tes pas.

PHILOCTÈTE. Autant que je le puis.

NÉOPTOLÈME. Mais comment échapperai-je aux reproches des Grecs ?

PHILOCTÈTE. Ne t'en inquiète point.

NÉOPTOLÈME. Et, s'ils ravagent mes États?

PHILOCTÈTE. Je serai près de toi, et.....

NÉOPTOLÈME. Que feras-tu pour ma défense ?

PHILOCTÈTE. avec les flèches d'Hercule ....

NÉOPTOLÈME. Eh bien !

ΦΙΛΟΚΤΗΤΗΣ.	PHILOCTÈTE.
Ἔα με πάσχειν ταῦτα	Laisse moi souffrir ces choses
ἅπερ δεῖ με παθεῖν·	qu'il faut moi souffrir ;
ἃ δὲ ᾔνεσάς μοι,	mais celles que tu as approuvées à moi,
θιγὼν ἐμῆς δεξιᾶς,	ayant touché ma *main* droite,
πέμπειν πρὸς οἴκους,	de *me* conduire à *mes* demeures,
πρᾶξόν μοι ταῦτα,	accomplis pour moi ces choses,
τέκνον.	*mon* enfant.
Καὶ μὴ βράδυνε	Et ne tarde pas
μηδὲ ἐπιμνησθῇς ἔτι Τροίας·	et ne te souviens-plus de Troie ;
ἅλις γὰρ	car suffisamment
τεθρήνηται	elle a été déplorée
μοὶ λόγοις.	par moi dans *mes* discours.
ΝΕΟΠΤΟΛΕΜΟΣ.	NÉOPTOLÈME.
Εἰ δοκεῖ,	S'il est décidé,
στείχωμεν.	partons.
ΦΙΛΟΚΤΗΤΗΣ.	PHILOCTÈTE.
Ὦ εἰρηκὼς	O ayant dit
ἔπος γενναῖον.	une parole généreuse !
ΝΕΟΠΤΟΛΕΜΟΣ.	NÉOPTOLÈME.
Ἀντέρειδε νῦν	Fortifie maintenant
βάσιν σήν.	la démarche tienne.
ΦΙΛΟΚΤΗΤΗΣ.	PHILOCTÈTE.
Εἰς ὅσον γε	Én tant certes
ἐγὼ σθένω.	*que* moi j'ai de force.
ΝΕΟΠΤΟΛΕΜΟΣ.	NÉOPTOLÈME.
Πῶς δὲ	Mais comment
φεύξομαι αἰτίαν Ἀχαιῶν;	éviterai-je l'accusation des Achéens ?
ΦΙΛΟΚΤΗΤΗΣ.	PHILOCTÈTE.
Μὴ φροντίσῃς.	Ne t'*en* inquiète pas.
ΝΕΟΠΤΟΛΕΜΟΣ.	NÉOPTOLÈME.
Τί γάρ,	Comment donc,
ἐὰν πορθῶσι τὴν ἐμήν χώραν;	s'ils dévastent mon pays?
ΦΙΛΟΚΤΗΤΗΣ. Ἐγὼ παρὼν	PHILOCTÈTE. Moi étant-présent...
ΝΕΟΠΤΟΛΕΜΟΣ.	NÉOPTOLÈME.
Τίνα προςωφέλησιν ἔρξεις;	Quel utilité feras-tu ?
ΦΙΛΟΚΤΗΤΗΣ.	PHILOCTÈTE.
Βέλεσι τοῖς Ἡρακλέους	Avec les flèches d'Hercule...
ΝΕΟΠΤΟΛΕΜΟΣ.	NÉOPTOLÈME.
Πῶς λέγεις;	Comment dis-tu ?

ΦΙΛΟΚΤΗΤΗΣ.

εἴρξω πελάζειν [1].

ΝΕΟΠΤΟΛΕΜΟΣ.

Στεῖχε προσκύσας χθόνα.

ΗΡΑΚΛΗΣ.

Μήπω γε, πρὶν ἂν τῶν ἡμετέρων   1400
ἀΐῃς μύθων, παῖ Ποίαντος·
φάσκειν [2] δ' αὐὸὴν τὴν Ἡρακλέους
ἀκοῇ τε κλύειν, λεύσσειν τ' ὄψιν.
Τὴν σὴν δ' ἥκω χάριν, οὐρανίας
ἕδρας προλιπών,   1405
τὰ Διός τε φράσων βουλεύματά σοι,
κατερητύσων θ' ὁδὸν, ἣν στέλλει.
Σὺ δ' ἐμῶν μύθων ἐπάκουσον.
Καὶ πρῶτα μέν σοι τὰς ἐμὰς λέξω τύχας,
ὅσους πονήσας καὶ διεξελθὼν πόνους,   1410
ἀθάνατον ἀρετὴν ἔσχον, ὡς πάρεσθ' ὁρᾷν.
Καὶ σοὶ, σάφ' ἴσθι, τοῦτ' ὀφείλεται παθεῖν,
ἐκ τῶν πόνων τῶνδ' εὐκλεᾶ θέσθαι βίον.
Ἐλθὼν δὲ σὺν τῷδ' ἀνδρὶ πρὸς τὸ Τρωϊκὸν
πόλισμα, πρῶτον μὲν νόσου παύσει λυγρᾶς,   1415

PHILOCTÈTE. je les empêcherai d'approcher.

NÉOPTOLÈME. Salue cette terre et suis-moi.

HERCULE. Auparavant, écoute-moi, fils de Péan, et sache que c'est Hercule que tu entends et que tu vois. C'est pour toi que je viens : j'ai quitté les demeures célestes pour te faire connaître les ordres de Jupiter et t'arrêter dans la route que tu veux suivre. Prête l'oreille à mes paroles. Je te rappellerai d'abord par quelles infortunes, par combien de rudes épreuves j'ai acquis l'immortalité dont tu me vois jouir ; apprends que ta destinée est la même et que c'est par de semblables travaux que tu dois illustrer ta vie. Va donc à Troie avec ce guerrier : tu y trouveras la guérison de ta blessure, et après avoir

ΦΙΛΟΚΤΗΤΗΣ.	PHILOCTÈTE.
Εἴρξω πελάζειν.	Je *les* empêcherai d'approcher.
ΝΕΟΠΤΟΛΕΜΟΣ. Στεῖχε,	NÉOPTOLÈME. Marche,
προσκύσας χθόνα.	ayant adoré *cette* terre.
ΗΡΑΚΛΗΣ. Μήπω γε,	HERCULE. Pas encore, du moins,
πρὶν ἂν ἀΐης	avant que tu entendes
τῶν ἡμετέρων μύθων	nos paroles,
παῖ Ποίαντος·	fils de Péan ;
φάσκειν δὲ	et crois
κλύειν τε ἀκοῇ	et entendre avec l'ouïe
αὐδὴν τὴν Ἡρακλέους,	a voix d'Hercule
λεύσσειν τε ὄψιν.	et voir *son* visage.
Ἥκω δὲ	Or j'arrive
χάριν τὴν σὴν	à-cause de-toi
προλιπὼν	ayant abandonné
ἕδρας οὐρανίας,	les demeures célestes,
φράσων τέ σοι	et devant dire à toi
βουλεύματα τὰ Διὸς,	les volontés de Jupiter,
κατερητύσων τε ὁδὸν,	et devant empêcher le voyage
ἣν στέλλει.	que tu prépares.
Σὺ δὲ ἐπάκουσον	Mais toi écoute
μύθων ἐμῶν.	les paroles miennes.
Καὶ πρῶτα μὲν	Et d'abord d'un côté
λέξω σοι	je dirai à toi
τύχας τὰς ἐμὰς	les destinées miennes,
ὅσους πόνους	combien de labeurs
πονήσας	ayant enduré
καὶ διεξελθὼν,	et traversé
ἔσχον ἀρετὴν ἀθάνατον,	j'ai obtenu une gloire immortelle,
ὡς πάρεστιν ὁρᾶν.	comme il est-loisible de voir.
Ὀφείλεται καὶ σοί,	Il est destiné aussi à toi,
ἴσθι σάφα,	sache-*le* clairement,
παθεῖν τοῦτο,	d'éprouver cela,
θέσθαι βίον εὐκλεᾶ	de rendre *ta* vie célèbre,
ἐκ τῶνδε τῶν πόνων.	après ces labeurs.
Ἐλθὼν δὲ	Et étant allé
σὺν τῷδε ἀνδρὶ	avec cet homme
πρὸς πόλισμα τὸ Τρωϊκὸν,	à la ville de-Troie,
παύσει μὲν πρῶτον	tu seras délivré d'abord d'un côté
νόσου λυγρᾶς,	d'une maladie funeste,

ἀρετῇ τε πρῶτος ἐκκριθεὶς στρατεύματος,
Πάριν μὲν, ὃς τῶνδ' αἴτιος κακῶν ἔφυ,
τόξοισι τοῖς ἐμοῖσι νοσφιεῖς βίου,
πέρσεις τε Τροίαν, σκῦλά τ' ἐς μέλαθρα σὰ
πέμψεις, ἀριστεῖ' ἐκλαβὼν στρατεύματος,   1420
Ποίαντι πατρὶ πρὸς πάτρας Οἴτης πλάκα [1].
Ἃ δ' ἂν λάβῃς σὺ σκῦλα [2] τοῦδε τοῦ στρατοῦ,
τόξων ἐμῶν μνημεῖα, πρὸς πυρὰν ἐμὴν
κόμιζε. Καὶ σοὶ ταῦτ' [3], Ἀχιλλέως τέκνον,
παρήνεσ'· οὔτε γὰρ σὺ τοῦδ' ἄτερ σθένεις   1425
ἑλεῖν τὸ Τροίας πεδίον, οὔθ' οὗτος σέθεν.
Ἀλλ' ὡς λέοντε συννόμω φυλάσσετον,
οὗτος σὲ, καὶ σὺ τόνδ'. Ἐγὼ δ' Ἀσκληπιὸν [4]
παυστῆρα πέμψω σῆς νόσου πρὸς Ἴλιον.
Τὸ δεύτερον γὰρ τοῖς ἐμοῖς αὐτὴν χρεὼν   1430
τόξοις ἁλῶναι. Τοῦτο δ' ἐννοεῖσθ', ὅταν
πορθῆτε γαῖαν, εὐσεβεῖν τὰ πρὸς θεούς [5].
Ὡς τἄλλα πάντα δεύτερ' ἡγεῖται πατὴρ

été jugé le plus vaillant des Grecs, tu perceras de mes flèches Pâris, auteur de tous ces maux. Tu renverseras Troie, et recevras de riches dépouilles, prix de la valeur ; tu les enverras dans ton palais à Péan ton père, dans les champs de l'OEta qui t'ont vu naître. Ensuite, ces dépouilles que tu auras reçues de l'armée, tu les porteras sur mon tombeau, comme un monument de la victoire due à mes flèches. Et toi, fils d'Achille, je te déclare que tu ne peux prendre Troie sans le secours de Philoctète, ni Philoctète sans le tien. Allez donc, comme deux lions nourris ensemble, pour vous défendre l'un l'autre. J'enverrai Esculape à Troie pour guérir Philoctète. Les destins veulent que mes armes prennent Ilion une seconde fois. Mais quand vous ravagerez cette ville, songez à respecter les dieux. Le puissant Jupiter

ἐκκριθείς τε	et ayant été jugé
πρῶτος στρατεύματος ἀρετῇ,	le premier de l'armée par *ta* valeur,
νοσφιεῖς βίου	tu priveras de la vie
τόξοισι τοῖς ἐμοῖσι,	avec les flèches miennes
Πάριν μὲν,	Pàris d'un côté,
ὃς ἔφυ αἴτιος	qui fut cause
τῶνδε κακῶν,	de ces maux,
πέρσεις τε Τροίαν,	et tu renverseras Troie,
πέμψεις τε σκῦλα	et tu enverras les dépouilles
εἰς μέλαθρα σὰ,	dans le palais tien,
ἐκλαβὼν στρατεύματος	*les* ayant reçues de l'armée
ἀριστεῖα,	*comme* prix-de-*ta*-valeur,
πατρὶ Ποίαντι,	à *ton* père Péan,
πρὸς πλάκα Οἴτης πάτρας.	vers la plaine de l'Oéta *ta* patrie.
Ἃ δὲ σκῦλα σὺ λάβῃς ἂν	Mais les dépouilles que tu recevras
τοῦδε τοῦ στρατοῦ,	de cette armée
κόμιζε πρὸς πυρὰν ἐμὴν	porte-*les* au bûcher mien
μνημεῖα	comme monuments
τόξων ἐμῶν.	des flèches miennes.
Τέκνον Ἀχιλλέως,	O fils d'Achille,
παρήνεσα καὶ σοὶ ταῦτα·	j'ai averti toi aussi de ces choses ;
οὔτε γὰρ σὺ σθένεις ἑλεῖν	car et toi tu ne peux prendre
πεδίον τὸ Τροίας ἄτερ τοῦδε,	la plaine de Troie sans celui-ci,
οὔτε οὗτος σέθεν.	ni celui-ci *sans* toi.
Ἀλλὰ, ὡς λέοντε	Mais, comme deux lions
συννόμω,	nourris-ensemble,
φυλάσσετον	gardez
οὗτος σὲ καὶ σὺ τόνδε.	celui-ci toi et toi celui-là ;
Ἐγὼ δὲ πέμψω	mais moi j'enverrai
Ἀσκληπιὸν πρὸς Ἴλιον	Esculape à Ilion
παυστῆρα σῆς νόσου.	devant-faire-cesser ta maladie.
Χρεὼν γὰρ αὐτὴν ἁλῶναι	Car il est nécessaire elle être-prise
τὸ δεύτερον τοῖς ἐμοῖς τόξοις.	une seconde fois par mes flèches.
Ἐννοεῖσθε δὲ τοῦτο,	Mais considérez ceci,
ὅταν πορθῆτε γαῖαν	quand vous dévasterez la terre
εὐσεβεῖν	d'être-pieux ;
τὰ πρὸς θεούς.	dans les choses envers les dieux.
Ὡς Ζεὺς πατὴρ	Car Jupiter, *mon* père
ἡγεῖται δεύτερα	regarde comme en-second-lieu
τὰ ἄλλα πάντα.	toutes les autres choses.

Ζεύς. Ἡ γὰρ εὐσέβεια [1] συνθνήσκει βροτοῖς,
κἂν ζῶσι, κἂν θάνωσιν, οὐκ ἀπόλλυται.   1435

ΦΙΛΟΚΤΗΤΗΣ.

Ὦ φθέγμα ποθεινὸν ἐμοὶ πέμψας,
    χρόνιός τε φανεὶς
οὐκ ἀπιθήσω τοῖς σοῖς μύθοις.

ΝΕΟΠΤΟΛΕΜΟΣ.

Κἀγὼ γνώμῃ ταύτῃ τίθεμαι [2].

ΗΡΑΚΛΗΣ.

Μή νυν χρόνιοι μέλλετε πράσσειν.   1440
    Καιρὸς, καὶ πλοῦς
ὅδ' ἐπείγει γὰρ κατὰ πρύμναν.

ΦΙΛΟΚΤΗΤΗΣ.

Φέρε νυν στείχων, χώραν καλέσω.
Χαῖρ', ὦ μέλαθρον ξύμφρουρον ἐμοὶ [3],
Νύμφαι τ' ἔνυδροι λειμωνιάδες,   1445
καὶ κτύπος ἄρσην πόντου, προβλὴς [4],
οὗ [5] πολλάκι δὴ τοὐμὸν ἐτέγχθη
χρᾶτ' ἐνδόμυχον πληγῇσι νότου,
πολλὰ δὲ φωνῆς τῆς ἡμέτερας
Ἑρμαιον [6] ὄρος παρέπεμψεν ἐμοὶ   1450
στόνον ἀντίτυπον χειμαζομένῳ.
Νῦν δ', ὦ κρῆναι, Λύκιόν τε ποτὸν,

préfère la piété à tout le reste. La piété suit les hommes même dans le tombeau ; qu'ils vivent ou qu'ils meurent, elle ne périt jamais.

PHILOCTÈTE. O toi dont j'entends la voix chérie, et que je revois après tant d'années, je ne désobéirai point à tes ordres.

NÉOPTOLÈME. Et moi aussi je suis prêt à obéir.

HERCULE. Ne différez donc plus : l'occasion et les vents favorables vous appellent.

PHILOCTÈTE. Allons, et en partant saluons cette terre. Adieu, rocher qui me servit d'asile! Adieu, nymphes de ces prairies humides! Adieu, vagues bruyantes, qui vous brisez avec fracas contre les bords escarpés de la mer, et qui, poussées par le notus, veniez jusque dans ma grotte mouiller ma tête de votre écume! Adieu, mont Herméum, dont les échos ont tant de fois répété les gémissements que m'arrachait la douleur! Adieu, source Lycienne, je vous quitte enfin,

Ἡ γὰρ εὐσέβεια
συνθνήσκει βροτοῖς,
καὶ ἂν ζῶσι
καὶ ἂν θάνωσιν,
οὐκ ἀπόλλυται.

ΦΙΛΟΚΤΗΤΗΣ.

Ὦ πέμψας ἐμοὶ
φθέγμα ποθεινὸν
φανείς τε χρόνιος
οὐκ ἀπιθήσω
τοῖς σοῖς μύθοις.

ΝΕΟΠΤΟΛΕΜΟΣ.

Καὶ ἐγὼ τίθεμαι
ταύτῃ γνώμῃ.

ΗΡΑΚΛΗΣ. Μή νυν μέλλετε
χρόνιοι πράσσειν.

Καιρὸς
καὶ πλοῦς ὅδε
ἐπείγει κατὰ πρύμναν.

ΦΙΛΟΚΤΗΤΗΣ. Φέρε νυν
καλέσω χώραν,
στείχων. Χαῖρε,
ὦ μέλαθρον ξύμφρουρον ἐμοὶ,
Νύμφαι τε ἔνυδροι
λειμωνιάδες,
καὶ κτύπος ἄρσην
προβλὴς πόντου,
οὗ πολλάκι δὴ
κρᾶτα τὸ ἐμὸν
ἐνδόμυχον
ἐτέγχθη πληγῇσι
νότου,
Ὄρος δὲ Ἕρμαιον
πολλὰ παρέπεμψεν
ἐμοὶ χειμαζομένῳ
στόνον ἀντίτυπον
τῆς ἡμετέρας φωνῆς.
Νῦν δὲ, ὦ κρῆναι,
ποτόν τε Λύκιον,
λείπομεν ὑμᾶς,

Car la piété
accompagne-à-la-mort les mortels ;
et soit qu'ils vivent,
soit qu'ils meurent,
elle ne périt pas.

PHILOCTÈTE.

O toi qui as envoyé à moi
une voix désirée
et qui as paru après-un-long-temps,
je ne désobéirai pas
à tes paroles.

NÉOPTOLÈME.

Moi aussi je me range
au même avis.

HERCULE. Ne tardez donc pas
lents à agir.

L'opportunité
et la navigation que voici
pousse par la poupe.

PHILOCTÈTE. Eh bien donc
je saluerai *cette* terre,
en marchant. Adieu,
o habitation protectrice à moi,
et Nymphes humides
de-la-prairie,
et bruit violent
saillant de la mer,
où souvent en-effet
la tête mienne
dans-l'intérieur-de-l'antre
fut humectée par les coups
du vent-du-midi :
et *où* la montagne Herméenne
souvent renvoyait
à moi agité-*par-la-souffrance*
le gémissement répercuté
de notre voix.
Et maintenant, ô fontaines,
et boisson Lycienne
nous quittons vous

λείπομεν ὑμᾶς, λείπομεν ἤδη,
δόξης οὔποτε τῆσδ᾽ ἐπιβάντες.
Χαῖρ᾽, ὦ Λήμνου πέδον ἀμφίαλον,   1455
καί μ᾽ εὐπλοίᾳ πέμψον ἀμέμπτως,
ἔνθ᾽ ἡ μεγάλη μοῖρα κομίζει
γνώμη τε φίλων [1], χὠ πανδαμάτωρ
    δαίμων [2], ὃς ταῦτ᾽ ἐπέκρανεν.
                ΧΟΡΟΣ.
Χωρῶμεν δὴ πάντες ἀολλεῖς,   1460
Νύμφαις ἁλίαισιν ἐπευξάμενοι,
    νόστου σωτῆρας ἱκέσθαι.

vous que j'avais cru ne jamais quitter. Adieu, terre de Lemnos, que
la mer environne; permets qu'une heureuse navigation me conduise
aux lieux où m'appellent une impérieuse destinée, le vœu de mes amis,
et la volonté du dieu tout-puissant qui a réglé tous ces événements.

    LE CHOEUR. Partons tous ensemble, après avoir prié les nymphes
de la mer de nous accorder une heureuse navigation.

λείπομεν ἤδη,	nous quittons *vous* maintenant,
ἐπιβάντες οὔποτε	ne nous étant avancés jamais
τῆςδε δόξης.	jusqu'a cette opinion.
Χαῖρε, ὦ πέδον	Adieu, ô plaine
ἀμφίαλον Λήμνου,	entourée-de-la-mer de Lemnos
καὶ πέμψον με	et envoie moi
ἀμέμπτως	sans-dommage
εὐπλοίᾳ,	par-une-heureuse-navigation
ἔνθα κομίζει	là où *nous* porte
ἡ μεγάλη μοῖρα,	la grande destinée,
γνώμη τε φίλων,	et le conseil des amis,
καὶ δαίμων	et la divinité
ὁ πανδαμάτωρ,	qui-dompte-tout,
ὅς ἐπέκρανε ταῦτα.	qui a accompli ces choses.
ΧΟΡΟΣ. Χωρῶμεν δὴ	LE CHOEUR. Allons donc
πάντες ἀολλεῖς,	tous ensemble
ἐπευξάμενοι	ayant prié
Νύμφαις ἁλίαισιν, ἱκέσθαι	les Nymphes marines de venir
σωτῆρας νόστου.	*comme* protectrices du retour.

NOTES

SUR PHILOCTÈTE.

—

Page 4.— 1. La particule μέν se rapporte à ἀλλά qui se trouve au
v. 15. Le poëte veut dire : *Nous voici à la vérité arrivés sur la
côte de Lemnos ; mais ce n'est pas tout : il s'agit maintenant de
découvrir l'endroit où se trouve Philoctète.*

— 2. Λήμνου est une apposition à τῆς περιρρύτου χθονός.

— 3. Βροτοῖς ἄστειπτος, οὐδ' οἰκουμένη. Cp. *Œd. Col.* 39 : ἄθικτος,
οὐδ' οἰκητός. Du reste, le poëte ne veut pas représenter l'île entière
comme étant inhabitée (les traditions homériques disaient le contraire); il ne parle que de la côte où Philoctète a été abandonné.

— 4. Πατρός est une prolepse motivée par τραφείς. On se serait
attendu à ἀνδρός.

— 5. Τραφείς est ici substantif, et, comme tel, il gouverne le génitif. Cp. *Œd. Col.* 1312 : μητρὸς λοχευθείς, et Eur. *Orest.* 491 :
πληγεὶς θυγατρός.

— 6. Νεοπτόλεμος se prononce ici comme s'il ne formait que quatre
syllabes. On sait que Néoptolème avait été élevé à Scyros par son
aieul Lycomède.

— 7. Μηλιᾶ. Le poëte a préféré la forme ionique de ce nom, parce
que, les Maliens étant Doriens, Μαλιᾶ aurait été la forme vulgaire.

— 8. Νόσῳ καταστάζοντα. La maladie de Philoctète était une espèce de cancer (φαγέδαινα).

— 9. Λοιβή se dit des libations, θῦμα, de l'action de brûler des
parfums. Les sacrifices dont il est ici question, se composaient de
ces deux choses réunies.

Page 6. — 1. Les deux καί (καὶ μάθῃ, κἀκχέω) sont coordonnés.

— 2. Ἐκχέω, métaphore tirée de ceux qui en trayant laissent
échapper une partie du lait.

— 3. Ἔργον est opposé à λόγων; *conseiller*, était l'affaire d'Ulysse,
agir, celle de Néoptolème.

— 4. Ὑπηρετεῖν est intransitif; τὰ λοιπά est ce qu'on appelle *l'accusatif grec.*

— 5. Πέτρα a souvent, chez les poëtes tragiques, la signification de ἄντρον. La grotte de Philoctète avait une ouverture à l'orient et une autre à l'occident; de sorte que, quand il faisait froid, il pouvait se réchauffer au soleil, le matin et le soir; tandis que, pendant l'été, un courant d'air maintenait la fraîcheur dans son habitation.

— 6. Βαιὸν δ᾽ ἔνερθεν, c'est-à-dire, τοῦ ἄντρου.

— 2. Le pronom ἅ est le sujet du verbe ἔχει. Ulysse dit à Néoptolème de s'approcher sans bruit, et de lui faire savoir si la caverne qu'il vient de décrire se trouve à l'endroit où ils sont, ou s'il faut la chercher ailleurs.

Page 8.—1. Στίβου οὐδεὶς τύπος signifient bien, suivant l'explication de Wunder : *aucun bruit de pas qui approchent;* mais ce critique n'aurait pas dû changer τύπος en κτύπος, qui n'en est évidemment que l'explication. Cp. v. 48, καὶ φυλάξεται στίϐος.

— 2. Ὅρα μὴ κυρῇ a le sens de *cave ne, vereor ne;* ὅρα μὴ κυρεῖ devrait se traduire : *vide num,* etc.

— 3. Ἐναυλίζοντι : *stratum facienti.* Ἐναυλιζομένῳ serait : *stationem* ou *stratum habenti.*

— 4. Dans Ἄλλα ῥάκη, ἄλλα se rapporte à ἔκπωμα et à πυρεῖα, qui, ainsi que τὰ ῥάκη, forment ce qu'Ulysse appelle κείνου τὸ θησαύρισμα.

Page 10.—1. Τὸν οὖν παρόντα. Ulysse parle de l'un de ces domestiques qui sur le théâtre des anciens, accompagnaient toujours les rois et les grands personnages.

— 2. Voici comment Hermann explique la nuance exprimée par καί : *Ne qui nunc ubi sit nescio, lateat etiam me, quum accedet.* Cp. *Antig.* v. 277 : μή τι καὶ θεήλατον τοὐργὸν τόδ᾽ ἡ ξύννοια βουλεύει πάλαι. Καί ajouté à l'impératif en adoucit le sens et donne au commandement une forme moins impérieuse. Voyez la note sur le vers 807 (page 54, n. 1).

— 3. Ἔρχεται se trouve encore avec la signification de *s'en aller,* au vs. 1183 : μὴ ἔλθῃς. Φυλάξεται, futur moyen, est pour φυλαχθήσεται. Στίϐος, *l'approche de Philoctète.*

— 4. Δευτέρῳ λόγῳ se rapporte aux projets d'Ulysse sur la personne même de Philoctète. Dans le πρῶτος λόγος, il n'avait été question que de l'habitation de ce héros.

— 5. Δεῖ σ᾽ ὅπως. Cette construction anormale est motivée par la signification de ἐπιμελεῖσθαι ou σκοπεῖν, que renferme δεῖ. Cp. *Aj.* 556 :

Δεῖ σ᾽ ὅπως πατρὸς
δείξεις ἐν ἐχθροῖς, οἷος ἐξ οἵου᾽τράφης.

8.

— 6. Λέγειν est régi par δεῖ.

Page 12.— 1. Ἔχθος ἐχθήρας μέγα, sous-entendu αὐτούς.

— 2. Après ἠξίωσαν, sous-entendez σέ. L'infinitif δοῦναι est explicatif, absolument comme s'il était précédé de ὥστε.

— 3. Dardanus, fils de Jupiter et d'Électre, était considéré comme le chef de la dynastie des princes troyens. Il avait, suivant Homère, fondé, au pied de l'Ida, une ville à laquelle il avait donné son nom.

—4. Ἔνορκος οὐδενί. On sait que tous les princes de la Grèce avaient juré à Tyndare de porter secours à l'époux qu'il donnerait à Hélène, dans le cas où un ravisseur attenterait à ses droits. Voy. Eur., *Iphig. Aul.* v. 57 et suiv.

— 5. Ovid., *Mélam.*, XIII, 34 :

> Au quod in arma prior, nulloque sub indice veni,
> arma neganda mihi? potiorque videbitur ille,
> ultima qui cepit, detrectavitque furore
> militiam ficto, donec sollertior isto,
> sed sibi inutilior, timidi commenta retexit
> Naupliades animi, vitataque traxit in arma?

— 6. Ξυνών. En prose, il faudrait ξυνόντα.

Page 14.—1. Κτῆμα λαβεῖν est une périphrase assez usitée chez les poëtes tragiques, pour κτᾶσθαι. C'est ainsi qu'il y a, au v. 536, θέαν λαβεῖν pour θεᾶσθαι.

— 2. Il ne faut pas prendre Λαερτίου, pour un adjectif; Eustathe l'a déjà remarqué : διφορεῖται γὰρ τοῦτο· καὶ οὐ μόνον Λαέρτης λέγεται, ἀλλὰ καὶ Λαέρτιος, ὡς δηλοῖ καὶ Σοφοκλῆς.

— 3. Τοσούσδε se rapporte au nombreux cortége d'Ulysse et de Néoptolème.

Page 16. — 1. Τὰ ψεύδη, *ea quæ falsa sunt.*

Page 18.— 1. Τροία désigne ici non-seulement la ville, mais aussi le territoire de Troie. Il en est de même au v. 940; et dans l'*Aj.*, v. 994 :

> Ἐν Τροίᾳ δέ μοι
> πολλοὶ μὲν ἐχθροὶ, παῦρα δ' ὠφελήσιμα.

— 2. Ἴτω est impersonnel chez les Attiques, et équivaut à ἔστω; il peut se traduire par *allons.*

— 3. Σάφ' ἴσθι. Néoptolème, poussé par son amour de la gloire, a cédé aux séductions d'Ulysse. Mais il regrette bientôt la promesse qu'il a faite de commettre une action honteuse, et il se fâche quand Ulysse la lui rappelle.

— 4. Τὸν σκοπόν. C'est le même homme dont il a été question au v. 45 : τὸν οὖν παρόντα πέμψον εἰς κατασκοπήν.

Page 20.— 1. Cp. Plaut. *Asin.* I, 1, 54; *Mil. Glor.* IV, 4, 41, et Virg., dans ce passage si connu :

.Tu faciem illius noctem non amplius unam
falle dolo, et notos pueri puer indue vultus.

(*Æn.* I, 683)

— 2. Le temple de *Minerve victorieuse* se trouvait sur l'acropole à Athènes. Cette déesse n'était adorée sous ce nom que dans l'Attique, tandis que le surnom de Πολιάς lui était donné aussi à Sparte et en Crète. Jupiter était aussi regardé comme protecteur des villes, et on lui donnait également le nom de Πολιεύς.

— 3. Τέχνα γὰρ τέχνας ἑτέρας προὔχει. Ces mots peuvent servir à expliquer le v. 380, de l'*Œd. R.* : ὦ πλοῦτε καὶ τυραννὶ καὶ τέχνη τέχνης ὑπερφέρουσα, lequel a été jusqu'à présent assez mal compris par les commentateurs.

— 4. Παρ' ὅτῳ—ἀνάσσεται. Il y a ici un changement de construction ; le poëte semble avoir d'abord voulu mettre παρ' ὅτῳ—ἔστιν. Cp. *Œd. Col.* v. 1111.

— 5. Τό pour διό, ainsi qu'on le trouve souvent chez les poëtes épiques.

— 6. Δεινὸς ὁδίτης τῶνδ' ἐκ μελάθρων, ne veut pas dire : *metuendus vir qui ex hoc antro abiit*, comme le prétend Hermann, ni : *metuendus viator qui est ex hoc antro*, comme le soutient Wunder ; mais bien : *metuendus viator, qui ex hoc antro commeat.* En prose il faudrait : ὁ δεινῶς ὁδεύων ἐκ τῶνδε μελάθρων; car δεινὸς se rapporte à la marche pénible de Philoctète, et ὁδίτης τῶνδ' ἐκ μελάθρων à ses fréquentes allées et venues. Μέλαθρα est son point de départ et l'endroit où il revient. Cp. pour la signification de ὁδίτης (qui, du reste, était originairement adjectif, puisqu'on trouve chez Homère : ἀνὴρ ὁδίτης), *Œd. Col.*, v. 1016 : τὰ γὰρ δόλῳ τῷ μὴ δικαίῳ κτήματ' (pour κτηθέντα) οὐχὶ σώζεται; *Philoct.*, v. 677 : τὸν πελάταν ποτέ (pour τὸν πελάσαντά ποτε).

Page 22.—1. Φρουρεῖν ὄμμα (*avoir l'œil attentif, vigilant*), est une tournure propre à Sophocle; cp. *Trach.* 914 : κἀγὼ λαθραῖον ὄμμ' ἐπεσκιασμένη 'φρούρουν; *ibid.* 225 : οὐδέ μ.' ὄμματος φρουρὰ παρῆλθε.

— 2. Matthiæ remarque avec raison que αὐλὰς et ἕδρα désignent la demeure de Philoctète, et χῶρος ou τόπος l'endroit où il se trouve dans le moment.

— 3. Πετρίνης se rapporte par le sens à οἴκου. C'est ainsi qu'il y a au v. 1121 : πολιᾶς πόντου θινὸς ἐφήμενος, pour πολιοῦ πόντου, etc.

— 4. Ἐπινωμᾶν, *approcher*, comme προσενώμα, au vers 717.

Page 24.— 1. Τηλεφανής. Cp. v. 202 : προὐφάνη κτύπος; v. 216 : τηλωπὸν ἰωάν; *Œd. R.* v. 186 : παιὰν δὲ λάμπει.

— 2. Ὑπόκειται, mot à mot : *gît sous lui*, c'est-à-dire, est attaché à lui, à ses paroles, les recueille, les reproduit. Τηλεφανής doit se construire avec ὑπόκειται; mais πικρᾶς οἰμωγᾶς est si singulièrement enclavé entre ces deux mots, qu'il me paraît impossible de le faire rapporter à ἠχώ seul. Je proposerais donc de construire : ἠχὼ τηλεφανὴς οἰμωγᾶς πικρᾶς. Τηλεφανής aurait alors la signification passive, comme s'il y avait : ἠχὼ τηλόθεν φαινομένη (ἐκκαλουμένη) τῇ οἰμωγῇ. On pourrait encore construire : ὑπόκειται οἰμωγᾶς πικρᾶς, en supposant que ὑπόκειμαι puisse régir le génitif, comme ἔχεσθαι ou ἅπτεσθαι; mais je crains que cela ne soit trop hardi.

Page 26.— 1. Παθήματα Χρύσης, la blessure faite à Philoctète, par le serpent caché près de l'autel de la nymphe Chrysa, autel que les Grecs avaient vainement cherché, et qu'il venait de découvrir.

— 2. Τοῦ μή, sous-entendu ἕνεκα.

— 3. Τεῖναι βέλη, licence poétique; c'est l'arc et non les flèches que l'on tend. Cp. cependant Horat. *Od.* I, 29, 9 : *Doctus sagittas tendere Sericas arcu paterno.*

Page 28.— 1. Στολῆς Ἑλλάδος, pour Ἑλληνικῆς, comme au v. 256 : γῆς Ἑλλάδος; le substantif pour l'adjectif, tournure d'un usage fréquent chez les poëtes.

— 2. Ἀπηγριωμένον. Attius dit, dans un des fragments qui nous sont restés de son Philoctète :

> Quod ted obsecro, ne istæc adspernabilem
> tetritudo mea me inculta faxit.

— 3. La conjecture κακούμενον est aussi inutile, qu'elle est faible après les mots : ἔρημον κἄφιλον. Il faut évidemment mettre une virgule après κἄφιλον, et traduire καλούμενον par : *qui vous appelle, qui invoque votre secours*. Car ce n'est pas un passif, comme l'ont cru quelques commentateurs, mais un moyen.

Page 30.— 1. Φεῦ est ici une exclamation de plaisir, comme dans ces beaux vers du fragment 563 de Sophocle (éd. Dindorf) :

> Φεῦ, φεῦ, τί τούτου χάρμα μεῖζον ἂν λάβοις,
> τοῦ γῆς ἐπιψαύσαντα κᾆθ' ὑπὸ στέγῃ
> πυκνῆς ἀκοῦσαι ψακάδος εὑδούσῃ φρενί;

L'article τό, devant l'infinitif s'explique par l'omission d'une phrase comme celle-ci : *qu'il est doux*, dont le sens, du reste, est renfermé dans l'interjection φεῦ; τό a donc presque la valeur d'un adjectif démonstratif.

— 2. Γένος est un accusatif; c'est une tournure homérique; Virgile l'a imitée, *Æn*, I, 378 :

Sum pius Æneas ... genus ab Jove summo.

Achille, caché à Scyros, sous des habits de femme, avait rendu mère Deïdamie, fille de Lycomède ; le fils que cette princesse mit au monde fut Néoptolème.

Page 32.— 1. Μηδέ, *pas même*, se rapporte seulement à κληδών, tandis que μήτε, devant Ἑλλάδος γῆς, réclame un autre μήτε devant οἰκάδε ; mais les poëtes omettent souvent ce second terme, surtout quand la phrase est déjà négative.

—2. Il résulte, d'un passage d'Homère (*Il.* β′, 631), que l'on comprenait de son temps, sous le nom de Céphalléniens, tous les habitants des îles situées vis-à-vis de l'Acarnanie et de l'Élide. La plus grande de ces îles était *Samos* ou Same, qui ne reçut que plus tard le nom de *Céphallénie*. Il s'y faisait un commerce considérable, et les habitants se livraient à la piraterie ; ceux des *Taphies* surtout passaient pour les pirates les plus redoutables de la Grèce. On concevra maintenant la portée des mots : ὦ ξένε Κεφαλλήν, par lesquels Philoctète désigne Ulysse, roi des Céphalléniens.

Page 34.— 1. Ξὺν ᾗ, sous-entendu νόσῳ.

— 2. Chrysa, petite île voisine de Lemnos. Voy. Pausan. 8, 33.

— 3. Terent. *Heaut.* V, 4, 17 :

Au, obsecro te , istuc nostris inimicis siet.

Page 36.— 1. Horat. II, *serm.* V, 69 :

Invenietque
nil sibi legatum, præter plorare, suisque.

— 2. Χρόνος διὰ χρόνου : *die diem excipiente*. Cp. Eur., *Androm.* 1251

βασιλέα δ' ἐκ τοῦδε χρὴ
ἄλλον δι' ἄλλου διαπερᾶν Μολοσσίαν.

— 3. Διακονεῖσθαι est le terme propre pour exprimer le service de la table et de tout ce qui regarde la préparation des mets.

— 4. Αὐτός. Philoctète n'avait pas de chien comme les autres chasseurs.

— 5. Virg. *Georg*. I, 135

    Et silicis venis abstrusum excuderet ignem.

Page 38.— 1. Τάχ' οὖν τις ἄκων, est bien expliqué par Wunder : *Itaque, si quis forte appulit, invitus appulit*. Avec ἔσχε, qui est dit pour προσέσχε, il faut sous-entendre πλοῦν.

— 2. Οἷς — αὐτοῖς Les anacoluthies de ce genre ne sont pas rares chez les Grecs. Hermann compare à ce passage , *Œd. R.*, 246 : κατεύχομαι δὲ τὸν δεδρακότα—κακὸν κακῶς νιν ἄμορον ἐκτρῖψαι βίον, et Plaut. *Trinum*. : *Quorum eorum unus surripuit currenti cursori solum*. Wunder en rapproche ce passage de Cicéron, *Philipp*. II, c. 8 : *Quem, quia jure ei inimicus fui, doleo a te omnibus vitiis eum esse superatum*.

— 3. Le chœur parle obscurément ; Philoctète croit qu'il a pitié de ses malheurs ; mais les spectateurs comprennent qu'il veut agir comme tous ceux qui ont précédemment abordé dans l'île , lesquels, tout en plaignant l'infortuné, ont refusé de le secourir.

Page 40.— 1. Τοξευτὸς ἐκ Φοίβου δαμείς. Le participe τοξευτός est ici subordonné au participe δαμείς, à l'égard duquel il forme une espèce d'apposition. Le sens est le même que s'il y avait τόξοις Φοίβου δαμείς.

Page 42.— 1. Δῖος, à cause de la dignité royale dont Ulysse était revêtu. Phénix avait élevé Achille (Hom. *Il*. X, 481-490). Suivant une autre tradition, ce n'était pas lui, mais Diomède, qui était allé avec Ulysse, chercher Néoptolème.

— 2. Εἴτε—εἴτ' ἄρ' οὖν. La particule οὖν se joint souvent à εἴτε : Plat. *Apolog. Socrat*., c. 15 : Οὐκοῦν δαιμόνια μὲν φής με καὶ νομίζειν καὶ διδάσκειν, εἴτ' οὖν καινὰ εἴτε παλαιά; *ibid*., c. 23 : Εἴτ' οὖν ἀληθὲς εἴτ' οὖν ψεῦδος. Ἄρα peut se rendre par *peut-être* ; ἄρ' οὖν, par *peut-être bien*.

—3. Πέργαμα est dit pour Τροίας πέργαμα. Cp. v. 353 et 1326.

—4. Εἰδόμην est pour εἶδον ; Sophocle emploie souvent le moyen pour l'actif ; c'est ainsi qu'il dit αὐδᾶσθαι pour αὐδᾶν, etc.

Page 44. — 1. Ἔκειτο. Le corps d'Achille était exposé aux regards des Grecs ; il n'était pas encore enseveli.

—2. Ὦ σχέτλιε. Néoptolème apostrophe Agamemnon seul, qui, comme chef des Grecs, était plus coupable à ses yeux que son frère Ménélas.

Page 46.— 1. Ovid. *Met*. XIII, 284 :

    His humeris, his, inquam, humeris ego corpus Achillis
    et simul arma tuli.

— 2. Κἀκ κακῶν, sous-entendu ὄντος; parce qu'on croyait Ulysse fils de Sisyphe. Cp. pour la tournure de la phrase v. 873 : Εὐγενὴς κἀξ εὐγενῶν.

Page 48.—1. Ὀρεστέρα. Cette invocation s'adresse à la Terre, ou à Cybèle, ou à Rhéa, trois noms qui désignent la même déesse. Le scholiaste rapporte qu'on célébrait ses mystères sur les montagnes. Son culte était surtout répandu en Phrygie, et par conséquent chez les Troyens; mais on l'adorait aussi à Lemnos, où on lui sacrifiait même de jeunes filles.

— 2. On sait que le Pactole avait la réputation de rouler du sable d'or.

— 3. Κἀκεῖ, c'est-à-dire, en Phrygie.

— 4. Σέβας ὑπέρτατον, les armes d'Achille, que les Atrides avaient données à Ulysse.

— 5. Ὥστε γιγνώσκειν ne se rapporte pas à προςᾴξετε, mais à πεπλεύκατε σύμβολον ἔχοντες.

— 6. Αἴας ὁ μείζων. On appelait ainsi Ajax fils de Télamon, pour le distinguer d'Ajax fils d'Oïlée. Le premier était parent d'Achille.

Page 50.— 1. On a reproché avec raison à Sophocle d'avoir suivi en cet endroit d'anciennes traditions, plutôt que le plan de sa tragédie, d'après lequel il pouvait mettre dans la bouche de Philoctète des invectives contre les Atrides, mais non pas contre Diomède, qui, d'après la tradition, sur laquelle ce plan est basé, n'était pour rien dans les malheurs du héros. Du reste, Wunder a très-bien vu que Σισύφου devait se construire avec οὑμπολητός, et qu'avec Λαερτίου il fallait sous-entendre γόνος. Voici ce que dit le scholiaste sur la naissance d'Ulysse : ἐκ Σισύφου γὰρ κύουσα ἡ Ἀντίκλεια ἐγαμήθη Λαέρτῃ καὶ διὰ τοῦτό φησιν αὐτὸν ὥσπερ πεπρᾶσθαι, ἐπειδὴ Λαέρτης πολλὰ δοὺς χρήματα ἠγάγετο τὴν Ἀντίκλειαν.

— 2. Antiloque, suivant Homère (Od. δ', 188, γ', 111), avait été tué par Memnon en défendant son père. Wunder a fait observer, avec raison, qu'on devait appuyer sur les mots ὅςπερ ἦν γόνος, le fils qu'il avait autrefois est mort.

Page 52.— 1. Αὖ κἀνταῦθα est une belle paronomase qui rend bien l'indignation qu'éprouve Philoctète en apprenant la mort des guerriers les plus braves de l'armée, tandis que ses ennemis mortels sont heureux et tout-puissants.

— 2. Εἶπον exprime ici une intention qui n'a pas été remplie. Ce n'est pas lui que je voulais nommer.

— 3. Le scholiaste rapporte, d'après Arctinus, que Thersite ayant outragé le cadavre de Penthésilée, tuée par Achille, celui-ci, qui

s'était épris de la belle Amazone, après lui avoir donné la mort (ἐλέ-
γετο γὰρ, ὅτι καὶ μετὰ θάνατον ἐρασθεὶς αὐτῆς συνεληλυθέναι), la ven-
gea aussitôt en assommant Thersite à coups de poings. Néoptolème
fait preuve de piété filiale en faisant cette action peu honorable pour
son père.

Page 54.—1. Ἀναστρέφοντες. C'est une allusion à Sisyphe qui, suivant une tradition, était parvenu à s'échapper des enfers, et à revenir à la vie; voy. plus loin, la note sur le v. 621 (page 42, 2).

— 2. Ἡ πετραία Σκῦρος. L'exiguïté du royaume de Néoptolème
était passée en proverbe, et l'on disait ἀρχὴ Σκυρία de toute possession sans rapport et sans importance.

Page 58. — 1. *Il.* β′, 536, sq. :

> Οἳ δ᾽ Εὔβοιαν ἔχον μένεα πνείοντες Ἄβαντες,
> Χαλκίδα τ᾽, Εἰρέτριάν τε, ...
> τῶν αὖθ᾽ ἡγεμόνευ᾽ Ἐλεφήνωρ, ὄζος Ἄρηος,
> Χαλκωδοντιάδης, μεγαθύμων ἀρχὸς Ἀβάντων.

Le tombeau de Chalcodon existait encore du temps de Pausanias
(IX, 19). Εὐβοίας σταθμά est pour Εὐβοϊκὰ σταθμά; comme, au v. 1421,
πάτρας Οἴτης πλάκα est pour Οἰταίαν πλάκα πάτρας. Voyez , sur
l'emploi de l'adjectif ethnique et du génitif du nom de lieu , chez les
tragiques grecs, une savante note de M. Théobald Fix (Euripid. Didot,
Bacch. v. 1).

— 2. Τὰ τῶν διακόνων et οἱ διάκονοι ne signifient pas tout à fait la
même chose. L'article, placé devant le génitif du substantif, donne à
ce dernier un sens plus général ; il en fait une sorte de nom abstrait.
Ainsi, dans Plat. *Alcib.* II, c 21 (p. 149, e) : Τοιοῦτόν ἐστι τὸ τῶν θεῶν
ὥστε ὑπὸ δώρων παράγεσθαι; les mots τὸ τῶν θεῶν veulent dire : *la
race des dieux*. Τὰ τῶν διακόνων serait, en allemand : *Das Volk der
Boten*.

Page 60. — 1. Τὸ κείνων κακόν, *l'injustice des Atrides*. Ἔνθαπερ
ἐπιμέμονεν se rapporte à ἐς δόμους. Cp. Horat. I, *Epist.* I, 14, 8 :
Istuc mens animusque fert.

Page 62. — 1. Αἰσχρά, attique, pour αἰσχρόν ; de même, v. 493,
παλαιά pour παλαιόν.

Page 64.—1. Le personnage qui se présente comme ἔμπορος, est le
même qui avait joué le rôle d'espion au commencement de la pièce
(Cp. v. 127).

— 2. Péparèthe est une île de la mer Égée, très-fertile, et célèbre
dans l'antiquité, pour la bonté de son vin, d'où son ancien nom :

Evœnus. Elle est située non loin de Scyros, et vis-à-vis du pays des
Magnètes. Ovide vante ses oliviers ; *Met.* VII, 470 :

Et Gyaros, nitidæque ferax Peparethos olivæ.

— 3. Οἱ νεναυστοληκότες a été changé par Dindorf en συννεναυστο-
ληκότες. Si l'on adoptait cette conjecture, le sens serait : *Ubi audivi
nautas omnes tecum esse profectos.* Mais l'article se justifie aisément
si l'on pense que le sens est : *Quand j'ai appris que tous les marins
qui avaient fait le trajet étaient sous tes ordres.*

Page 66.— 1. Θησέως κόροι, *Acamas* et *Démophon.* Homère, dans
son catalogue, nomme à leur place Mnesthée.

Page 68. — 1. Κατὰ σκότον est opposé à λέγειν εἰς φῶς dans la réponse de Néoptolème. Διεμπολᾷ, en latin, *vendit.* Plaut. *Bacch.* 766 :

CHRYS. O stulte, stulte, nescis nunc *venire* te ;
  atque in eo ipso adstas lapide, ubi præco prædicat.
NICOB. Responde : *quis me vendit.*

Page 70.— 1. Ποιοῦ λέγων, c'est-à-dire, ποιοῦ με αἴτιον, μόνον λέγε.
Cp. *Œd. Col.*, v. 1038 : Χωρῶν ἀπείλει νῦν.

Page 72. — 1. Dans la petite Iliade de Leschès, c'est encore Ulysse
qui fait prisonnier Hélénus ; mais quand celui-ci a indiqué les moyens
par lesquels seuls Troie pourra être prise, c'est Diomède, et non pas
Ulysse, qui va chercher Philoctète à Lemnos. D'après Tryphiodore,
Hélénus se serait rendu volontairement et comme transfuge, au
camp des Grecs.

— 2. Wunder explique très-bien l'optatif οἴοιτο, par l'ellipse des
mots ἔλεγεν, ὅτι, dont l'idée est, du reste, contenue dans le verbe
ὑπέσχετο qui précède.

Page 74.— 1. Ὥςπερ οὑκείνου πατήρ, c'est-à-dire, *comme Sisyphe.*
D'après une ancienne tradition, Sisyphe, étant sur le point de mourir, avait ordonné à sa femme de le laisser sans sépulture. Puis, en
arrivant chez Pluton, il l'avait accusée de lui avoir refusé les derniers honneurs, et avait demandé la permission de revenir sur la
terre pour la punir. Cette permission lui avait été accordée ; mais
une fois sorti des enfers, il n'avait plus voulu y retourner, et il avait
fallu l'y contraindre par la force. Ἐκ πατρὸς οὖν πανοῦργος Ὀδυσσεύς, ajoute le scholiaste. Voici donc le sens de ce que dit Philoc
tète : *Il n'est pas plus probable qu'Ulysse me conduise à Troie,
qu'il n'est probable que je revienne à la vie après ma mort
comme cela est arrivé à son père.*

— 2. Συμφέρειν a ici la signification de, *être d'accord avec quelqu'un, concourir au même résultat*; cp. *Electr.*, v. 1465 : συμφέρειν τοῖς κρείσσοσιν.

— 3. Νεὼς ἄγοντ' ἐν Ἀργείοις μέσοις. Hermann a très-bien vu que νεώς ne peut avoir ici la signification de ἐν νηΐ; mais il se trompe lorsqu'il traduit *a navi*, en comparant à ce passage le v. 613 : ἄγοιντο νήσου τῆσδε, qui a peu d'analogie avec celui qui nous occupe. Comment, en effet, Philoctète aurait-il pu dire : *Jamais Ulysse ne me fera descendre du vaisseau pour me montrer aux Grecs?* Mais avant de descendre du vaisseau, il fallait y monter, et c'était cette idée qui devait se présenter d'abord à son esprit. La phrase, telle qu'Hermann l'entend, ne serait nullement dans l'esprit du rôle de Philoctète; car elle supposerait que ce personnage pourrait entreprendre sans répugnance un voyage avec Ulysse, et n'en éprouverait que pour se voir conduit par ce chef au camp des Grecs. Ou je me trompe fort, ou voici la véritable manière d'expliquer ce passage : Δεῖξαι ἄγοντα forment une seule idée; au lieu de dire ensuite ἐν μέσῳ Ἀχαϊκῆς νεώς, ou ἐν μέσοις ναύταις Ἀχαϊκῆς νεώς, Philoctète, emporté par sa colère contre les Grecs, qu'il déteste tous également, s'écrie : *Comment espère-t-il me conduire au milieu des Grecs de son vaisseau?* Remarquez qu'il ne dit pas *au milieu de ses gens, de ses soldats, de ses matelots*, mais *au milieu des Grecs.* La beauté de ce mouvement a échappé aux commentateurs. Wunder change ἐν en ἔπ', et ce changement pourrait être admis, s'il n'y avait pas ensuite Ἀργείοις μέσοις. Toutefois, si l'on voulait faire un changement, ce serait sur νεώς qu'il devrait porter; on pourrait écrire λεὼς ἄγοντα, tournure homérique, qui donnerait le sens que voici : *Jamais il ne me montrera conduisant au milieu des Grecs nos soldats.* Mais il n'y a besoin de recourir à aucune conjecture.

Page 76.—1. Χωρῶμεν, ἔνδοθεν λαβών est pour χώρει σὺν ἐμοὶ λαβών.

— 2. Ὁ μὴ νεώς γε τῆς ἐμῆς ἔνι s'expliquent par un changement de construction; le poëte voulait dire sans doute : ὃ μὴ νεώς γε τῆς ἐμῆς ἐστι καὶ νηὶ τῇ ἐμῇ ἔνεστιν.

— 3. Τόξα signifie ici, comme presque partout dans cette tragédie, *l'arc, les flèches, et tout ce qui se rapporte à l'arc.*

Page 78.—1. Ὥστε a ici la signification du latin *vel, adeo.* Hermann compare Euripid., *Iphig. Taur.* 1379 :

Δεινὸς γὰρ κλύδων ὤκειλε ναῦν
πρὸς γῆν, φόβος δ' ἦν ὥστε μὴ τέγξαι πόδα.

— 2. On sait quelle vénération les peuples barbares ont pour leurs armes; Virgile fait dire à Mezence (*Æn.*, X, 773) :

> Dextra mihi deus, et telum quod missile libro,
> nunc adsint, etc.

Cp. Apollon. Rhod. I, 466 : Ἴστω νῦν δόρυ θοῦρον. Clément d'Alexandrie rapporte que les Sauromates adoraient une grande épée (ἀκινάκην), et, suivant Ammien Marcellin, les Quades juraient en invoquant leurs poignards.

— 3. Δόντι δοῦναι. Le sens de cette tournure singulière est : *Je te donnerai mon arc toutes les fois que tu le voudras; tu ne me le rendras que pour le recevoir de nouveau, aussitôt que tu en auras envie.* Δόντι δοῦναι se rapportent à παρέσται, par zeugma. Cp. v. 774 : οὐ δοθήσεται πλὴν σοί τε κἀμοί, dont le sens est évidemment, *l'arc n'appartiendra qu'à nous deux.*

Page 80.—1. Nous avons changé l'ordre des vers 669-671, qui ont eu beaucoup à souffrir de la main des interprètes et des commentateurs. Le poëte, arrivé à κἀξεπεύξασθαι βροτῶν, a oublié παρέσται; et il donne un nouveau sujet à la phrase, en mettant οὐκ ἄχθομαι, qui n'en est que l'équivalent. Les interprètes qui n'ont pas compris cette construction, ont déplacé les vers; peut-être même ont-ils forgé celui-ci :

> Εὐεργετῶν γὰρ καὐτὸς αὔτ' ἐκτησάμην,

car il nous semble difficile que ce vers ainsi isolé, et rappelant un fait qui n'est pas mentionné ailleurs dans cette pièce, puisse être attribué à Sophocle; c'est pourquoi nous l'avons mis entre parenthèse. Nous ajouterons d'ailleurs que la comparaison est fausse : Néoptolème ne doit pas posséder (κεκτῆσθαι) les armes d'Hercule, mais seulement s'en servir. Σ' ἰδών τε καὶ λαβὼν φίλον est pour ὃν ἅμα τῷ ἰδεῖν φίλον ἔλαβον. Τὲ — καὶ indiquent la presque simultanéité des deux actions.

— 2. Καὶ σέ γ' εἰςάξω. Wunder traduit : *Intrabo, et tu quidem me comitaberis.*

— 3. Ὃς οὔτ' ἔρξας τιν' οὔτε νοσφίσας. Ce passage se traduit ordinairement : *qui nec malo affecit, nec privavit quemquam.* Les verbes ἔρδειν et νοσφίζειν ont tous deux la signification de *mal faire;* mais ils diffèrent en ceci, que le premier veut dire, *mal faire en faisant ce qu'il ne faut pas,* et le second, *mal faire en ne faisant pas ce qu'il faut.* Cp. *Antig.* v. 40 : λύουσ' ἂν ἢ 'φάπτουσα προςθείμην πλέον. et *Electr.* v. 993 : λύει γὰρ ἡμᾶς οὐδὲν οὐδ' ἐπωφελεῖ Il vaut donc

mieux prendre, comme nous l'avons fait, τινά pour un pluriel
neutre. Sur νοσφίζω, voy. *Œd. R.*, 480, τὰ μεσόμφαλα γᾶς ἀπονοσφίζων
μαντεῖα, où ἀπονοσφίζω veut dire, *ne pas se soumettre à, ne pas
donner satisfaction à.*

Page 82. — 1. Βάσιν est la *faculté de marcher, facultas eundi,*
comme, au v. 61, ἅλωσιν est la *faculté de prendre* la ville, *facultas
expugnandi.*

— 2. Στόνος signifie tantôt *un gémissement,* tantôt *une chose dont
on gémit*; le poëte commence (παρ' ᾧ στόνον ἀντίτυπον) comme s'il
voulait ajouter μέγαν, δεινὸν, στεναχίσειε. Jusque-là στόνον n'est qu'un
substantif verbal; seulement son adjectif ἀντίτυπον se rapporte
plutôt, comme adverbe, à ἀποκλαύσειεν. Mais bientôt, confondant
l'action avec son objet, le poëte ajoute βαρυβρῶτα et αἱματηρόν, comme
si στόνον avait la signification de *res gemenda*, et devait s'entendre
de la blessure de Philoctète; et alors, il change le verbe στεναχίσειε,
ou quelque autre de même signification, qu'il allait mettre, en ἀποκλαύσειεν. Hermann ajoute κάματον, ce qui ôterait toute difficulté
au passage. Du reste, pour ἀντίτυπον, cp. v. 1450 : ὅρος παρέπεμψεν
ἐμοὶ στόνον ἀντίτυπον.

— 3. Φορβάδος ἔκ τε γᾶς ἑλεῖν. Le poëte change encore ici de
construction ; car, comme il a dit παρ' ᾧ — ἀποκλαύσειεν, il devait
après κατευνάσειεν, continuer par φορβάδος ἔκ τε γᾶς ἕλοι; mais ce
changement est justifié, parce que, d'un côté, ce nouvel optatif se
rapporterait nécessairement à αἱμάδα, et que de l'autre, le poëte pouvait, plus haut, au lieu de παρ' ᾧ — ἀποκλαύσειεν, mettre tout simplement, ἀποκλαῦσαι.

— 4. La conjecture de Hermann, εἷρπε δ' ἄλλον ἄλλοτε, est inad-
missible, parce qu'on ne peut faire rapporter ἄλλον à πόρον, qui en est
séparé par deux phrases et douze mots. Les manuscrits donnent :
ἕρπει γὰρ ἄλλοτ' ἄλλα. Nous croyons que γάρ est de la main d'un
correcteur peu habile et ἄλλα une explication de ἀλλαγῇ, qui se trouve
plus rarement, et que nous croyons être la véritable leçon. Nous avons
adopté la construction de Dindorf, qui, au lieu de πόρον, écrit πόρου
(◡◡ à cause de ἀνίκα; cp. Bœckh. *de metr. Pind.* p. 102.) Ἄλλοτε—τοτέ
ont à peu près la même signification que τοτὲ μέν, τοτὲ δέ; mais ἄν
ne peut se rapporter qu'à εἱλυόμενος, avec lequel en effet il faut sous-
entendre εἷρπε ; car le sens est évidemment : *Il marchait comme
il pouvait, d'autres fois d'une autre manière, quelquefois peut-
être en rampant.* Εὐμάρεια πόρου est fort bien expliqué par le scholiaste : ὅπου εὐμαρές ἐστιν αὐτῷ ἀπιέναι; et c'est ainsi que s'explique

aussi le verbe ἐξανείη, qui a ici sa signification ordinaire, *surgir*. Philoctète choisissait pour ses promenades des lieux d'où il pouvait aisément regagner la grotte, quand l'accès du mal venait à le surprendre.

—5. Φορϐάν est d'abord une apposition à σπόρον γᾶς, puis, comme si le poëte avait dit φορϐὰν σπόρου, il continue par ἄλλων, en sous-entendant φορϐάν.

— 6. Ἀνέρες ἀλφησταί, expression homérique; voy. *Od.* α′, 349, ζ′, 8.

Page 84.— 1. Ὅς, comme si, au lieu de ψυχά, il y avait Φιλοκτήτης; c'est la figure que les grammairiens appellent πρὸς τὸ σημαινόμενον.

— 2. Μηδέ exprime l'opinion du chœur : *Qui peut-être n'a pas même joui*, etc. Cp. v. 1058, μηδ' (pour οὐδ') ἐπιθύνειν χερί.

— 3. Avec εἴ που γνοίη, il faut sous-entendre τί. Sur λεύσσειν dans le sens de *circumspicere*, voy. *Œd. Col.*, v. 121.

— 4. Ὑπαντᾶν gouverne ordinairement le datif; mais le génitif s'explique ici par l'idée de τυχών, qui est renfermée dans ὑπαντήσας. Voy. v. 190, ὑπόκειται; v. 321, συντυχών, et notre note sur l'*Œd. Col.*, v. 1472.

— 5. Les *Maliens* habitaient dans le voisinage de Trachine, ville située elle-même sur le mont OEta. Le Sperchius est un fleuve qui se jette dans le golfe Maliaque. Cp. v. 492.

— 6. Hermann explique χάλκασπις par *bellicosus*. Suivant le même critique, il n'y a là aucune allusion au bouclier d'Hercule d'Hésiode.

— 7. Παμφαὴς θείῳ πυρί est expliqué par ce passage d'Apollod. lib. II, c. 7, n. 7 : καιομένης τῆς πυρᾶς, λέγεται νέφος ὑποστὰν μετὰ βροντῆς τὸν Ἡρακλέα εἰς οὐρανὸν ἀναπέμψαι.

Page 86.— 1. Après cette question, τί ποτε πέπονθας, Néoptolème s'arrête pour attendre la réponse de Philoctète, que la douleur empêche de parler.

—2. Quelques manuscrits ont βρύχομαι; mais, suivant Hermann, βρύχειν veut dire *frendere*, et βρύχειν, *mandere*. Nous n'avons pas besoin d'ajouter que cette dernière signification est la seule qui convienne ici. Cp. le fragment d'Accius, cité par Cicéron, *Tusc.* II, 7 :

> *Jamjam absumor; conficit animam*
> *vis vulneris, ulceris æstus.*

Page 88.—1. Ὅτου τοσήνδ' ἰυγὴν καὶ στόνον σαυτοῦ ποιεῖς. Ces deux génitifs (ὅτου et σαυτοῦ sont ce que les grammairiens appellent *genitivi objectivi*, que l'on rend ordinairement à l'aide de la préposition *sur*. Le sens de la phrase est le même que s'il y avait τί στένεις σαυτόν.

— 2. La vive émotion de Philoctète le fait parler un peu confusément. Si la phrase était complète et régulière, il faudrait : ἥκει γὰρ αὕτη διὰ χρόνου πλάνοις ἴσως (ἐκπλησθησομένη), ὡς (ἧκε καὶ) ἐξεπλήσθη. Mais effrayé de la consternation qui se peint sur les traits de Néoptolème, il se hâte de lui dire que ces accès sont rares (διὰ χρόνου), et qu'ils sont de courte durée; ἴσως se rapporte donc moins à ἥκει, qu'à ἐκπλησθησομένη qu'il faut sous-entendre, de même que les mots ὡς ἐξεπλήσθη, présupposent la venue de la maladie. Pour πλάνοις ἥκει, cp. *Œd. R.* 67, ἀλλ' ἴστε με — πολλὰς ὁδοὺς ἐλθόντα φροντίδος πλάνοις. Le sens du passage entier est reproduit plus clairement et presque intégralement, v. 806-807 :

> Ἀλλ', ὦ τέκνον, καὶ θάρσος ἴσχ'. Ὡς ἥδε μοι
> ὀξεῖα φοιτᾷ καὶ ταχεῖ' ἀπέρχεται.

Là aussi il y a, après ἥδε, comme dans notre passage après αὕτη, ellipse de νόσος.

— 3. Nous avons attribué le v. 760 à Philoctète, à cause de la particule δῆτα, que l'on emploie surtout dans les réponses où l'on approuve une affirmation précédente, en ajoutant quelque nouveau fait qui en résulte ou qui vient à l'appui. Néoptolème répond de même à Philoctète, qui implore sa pitié (ἀλλ' οἴκτειρέ με) : Τί δῆτα δράσω, c'est-à-dire, οἰκτείρων σε. Ainsi, quand Néoptolème voit Philoctète en proie à des douleurs effroyables, quand il voit les convulsions dont il est saisi, et s'écrie : ἰὼ, ἰὼ δύστηνε σύ, Philoctète, qui approuve cette exclamation, répond : δύστηνε δῆτα διὰ πόνων πάντων φανείς. Il est vrai que, logiquement, il faudrait δύστηνος ; mais les cas d'attractions semblables ne sont pas rares chez les auteurs grecs ; v. Hermann, *ad Viger.*, p. 892. On pourrait d'ailleurs supposer que Philoctète se parle à lui-même. Le δῆτα du vers suivant, qui était insupportable, quand on attribuait les trois vers à Néoptolème, n'offre plus maintenant de difficulté. Le fils d'Achille avoue, en se servant de cette particule, que les malheurs de Philoctète sont grands, et il lui offre en conséquence son secours.

Page 90.— 1. Ἑκόντα μήτ' ἄκοντα. Dans les phrases semblables, les poëtes et les prosateurs ioniens omettent souvent la négation du premier membre; il faut alors la suppléer mentalement avec celle du deuxième ou du troisième membre.

— 2. On reconnaît ici facilement l'amphibologie tant aimée des tragiques Grecs. Philoctète doit croire que Néoptolème parle du grand soin qu'il aura de l'arc; tandis que les spectateurs comprennent que le fils d'Achille n'exprime que sa joie de posséder enfin les flèches d'Hercule, et la résolution de ne s'en plus dessaisir.

— 3. Philoctète conseille à Néoptolème d'adorer l'Envie, parce que les armes d'Hercule, étant chose précieuse et redoutable, pouvaient facilement exciter contre celui qui les possédait l'envie des dieux. Il faut d'ailleurs suppléer γενέσθαι après μηδέ.

Page 92.— 1. Γένοιτο ταῦτα νῶν. Autre amphibologie; Néoptolème approuve le vœu que Philoctète vient de former pour lui, mais en même temps ταῦτα se rapporte aux armes d'Hercule (τόξα); le sens caché de la phrase devient alors : *O dieux, ces armes puissent-elles m'appartenir !* Νῶν ne devrait être placé qu'après le second γένοιτο, car le premier vœu de Néoptolème ne regarde nullement Philoctète.

— 2. Après y avoir mûrement réfléchi, nous croyons avec Hermann que δέδοικα n'est qu'une explication de δέος. Du reste, nous n'adhérons ni à la conjecture de Wunder, τύχη, verbe impropre ici, ni à celle de Hermann, πέλῃ, expression trop recherchée, et nous écrivons φανῇ. Quant au reproche que Wunder fait à Hermann, d'avoir donné au vers rétabli par lui, un rhythme peu classique et contraire aux habitudes des poëtes tragiques, ce reproche tombe de lui-même, si on réfléchit à l'état d'angoisse et de détresse où se trouve Philoctète, et surtout si l'on compare les v. 791, 795, 797, etc.

— 3. Τρέφοιτε pour ἔχοιτε, tournure fréquente chez Sophocle. Cp. *Antig.*, v. 1088, etc.

— 4. L'île de Lemnos était regardée comme renfermant les forges de Vulcain. C'est évidemment aux traces de volcans que contenait cette île, que cette légende doit son origine.

Page 94.— 1. Hermann avait déjà vu que rien n'était plus faible qu'une phrase comme celle-ci : *At* (præter dolorem) *etiam fiduciam habe.* En effet, ici comme dans d'autres passages, la particule καὶ répond moins au latin *etiam*, qu'à l'allemand *auch*, et loin d'apporter à la phrase plus d'énergie, elle lui donne un caractère d'incertitude et adoucit ce qu'il pourrait y avoir de trop absolu dans l'expression; elle peut très-bien se traduire par *un peu.* Cp. v. 960 : Ὄλοιο μή πω, πρὶν μάθοιμ' εἰ καὶ πάλιν γνώμην μετοίσεις.

— 2. Autre amphibologie : Néoptolème parle de l'oracle qui lui

enjoint de ramener Philoctète à Troie, et celui-ci pense que Néoptolème parle de la conduite qu'un honnête homme doit tenir.

— 3. Par ἐκεῖσε, Philoctète désigne sa grotte où il désire être conduit avant que le sommeil ne s'empare de lui. Il ajoute ἄνω, parce que
cette grotte est sur une hauteur; voy. v. 20. Mais quand Néoptolème veut prendre son autre main (il y a longtemps qu'il tient sa
main droite) pour l'aider et le conduire, il déclare ne plus avoir assez
de force pour marcher, et prie le fils d'Achille de ne pas le toucher, de
peur de heurter son pied malade et de lui causer ainsi de nouvelles
douleurs; puis, il s'endort immédiatement.

Page 96.— 1. Ἱδρώς γέ τοι, etc. Ces paroles sont prononcées après
une certaine pause, pendant laquelle Néoptolème s'est convaincu que
Philoctète est tombé dans un profond sommeil. Hermann, *Ad Viger.*,
p. 826, traduit bien ce passage : *Si non recte conjeci, at sudor certe
facit, ut ita censeam;* car γέ τοι signifie *certe tamen.*

Page 98.— 1. Τάνδ' αἴγλαν. Il est incroyable dans quelles extravagan-
ces les philologues sont tombés pour expliquer ces deux mots. Hermann, suivi du grand nombre des commentateurs, traduit : *Præten-
das eam, quæ nunc expansa est, lucem* i. e. *caliginem.* Buttmann
a fait observer avec raison que pour qu'on pût admettre ce sens, il
faudrait qu'il y eût μέλαινα αἴγλα. Welcker traduit αἴγλαν par *fas-
ciam,* d'après un fragment du *Terée* de Sophocle. Mais le poëte n'a
probablement voulu exprimer ici qu'une image poétique, et il ne faut
point voir dans αἴγλα, un équivalent des mots ψέλλιον, πέδη, ou
χλιδών, que le scholiaste leur donne pour synonymes; c'est propre-
ment : *salutaris ac vix spirans nitor,* l'éclat doux et calme, que
répand sur la figure du malade un sommeil salutaire.

— 2. Ποῦ στάσει, ποῦ δὲ βάσει est une tournure proverbiale ; cp.
Aj. 1237 : ποῖ βάντος ἢ ποῦ στάντος οὖπερ οὐκ ἐγώ.

— 3. Ὁρᾷς ἤδη, *tu vois maintenant* ce qu'il faut faire : t'en aller en abandonnant Philoctète, et en gardant son arc.

— 4. Ἀτελῆ ξὺν ψεύδεσιν, des choses qui n'ont pas pu être effectuées, ou qui, effectuées, l'ont été par le mensonge.

Page 100.— 1. Τάδε, *cela,* c'est-à-dire, comment il faudra emmener
Philoctète.

— 2. Πάντων, d'après Schæfer, se rapporterait à ἐν νόσῳ; Hermann et les autres traduisent : *Omnium hominum somnus;* mais
avec ce sens, πάντων serait faible et même superflu. Il est évident
que ce mot se rapporte à εὐδραχής, et que la construction est : ὕπνος,
ἐν νόσῳ ἄϋπνος (ὤν), εὐδραχὴς πάντων, λεύσσειν (αὐτά).

— 3. On désirerait τὰν αὐτὰν pour ταύταν, qui cependant, suivi d'un datif, paraît grec. Τούτῳ et ὃν αὐδῶμαι désignent Philoctète, qui, comme on le sait, veut être ramené dans sa patrie par Néoptolème. Le chœur avertit ce dernier que, s'il se prête à ce désir, il pourra en résulter de grands maux, des difficultés, embarrassantes même pour des hommes habiles.

Page 102.—1. Ὁρᾷ, employé comme verbe intransitif, comme l'anglais *to look* (avoir l'air), n'est pas rare chez les poëtes ; cp. v. 934 : ἀλλ᾽, ὡς μεθήσων μήποθ᾽, ὧδ᾽ ὁρᾷ πάλιν. Βλέπ᾽ εἰ est une conjecture ingénieuse de Hermann, pour βλέπει. Mais j'ai toujours pensé que ce βλέπει pourrait bien n'être qu'une glose de ὁρᾷ, insérée dans le texte par les copistes. Il faudrait alors φθέγγου, qui se trouve dans le manuscrit florentin et a été adopté par Brunck.

— 2. Hermann prend τό pour l'article, et il traduit : *Quod ego deliberatione assequi possum, illud est*, etc. Je crois que τὸ δ᾽ ἀλώσιμον est plutôt un nominatif absolu ; le sens de la phrase sera alors : *Autant que je puis en juger, le travail sans danger est le meilleur.* Cp. *El.* 466 : τὸ γὰρ δίκαιον.

— 3. Εὐπόρως signifie *large* ; ἐνεγκεῖν renferme l'idée de ἐπαρκεῖν.

Page 104.—1. Les Grecs disaient : αἰνῶ, ἐπαινῶ, ἔχει κάλλιστα, πάνυ καλῶς, quand ils adressaient des remercîments pour une chose qu'ils n'acceptaient pas, ou quand ils priaient quelqu'un de cesser ses instances.

Page 106.— 1. Πάθους κυρῶ. Schol. : πάθους λέγει τῆς ἀπορίας, ἀντὶ τοῦ ἀπορῶν τυγχάνω.

— 2. Néoptolème s'est déjà reproché d'avoir, pour se rendre maître des flèches d'Hercule, trompé Philoctète, en lui promettant de le ramener dans sa patrie. Maintenant il hésite à se rendre coupable d'une seconde tromperie (δεύτερον), en le faisant monter sur son vaisseau pour le conduire à Troie, au lieu de le mener dans sa patrie.

Page 108. — 1. Πέμπων. Sous-entendez στείλω avec πέμπων, et στελῶ avec λιπών.

Page 110.—1. Ὦ πῦρ σύ. Le feu chez les Grecs était le symbole de l'audace et de l'impudence. Cp. Euripid., *Hec.* 607 : ναυτική τ᾽ ἀναρχία κρείσσων πυρός ; *Androm.* 271 : ἐχίδνης καὶ πυρὸς περαιτέρω.

— 2. Τοῖς εἰωθόσιν. Schol. : λείπει τὸ κλύειν ἐμοῦ.

Page 112.— 1. Ἱερὰ Ἡρακλέους, sous-entendu ὄντα.

— 2. Ἐναίρειν νεκρόν et καπνοῦ σκία étaient des phrases proverbiales ; cp. *Antig.* 1164 : τἄλλ᾽ ἐγὼ καπνοῦ σκιᾶς οὐκ ἂν πριαίμην.

PHILOCTÈTE. 9

— 3. Πρὸς σέ. C'est avec intention que le poëte n'a pas mis εἰς σέ; Philoctète parle à sa caverne comme à une personne.

— 4. Ὑπό se rapporte à θανών, de sorte que la construction de la phrase serait : θανὼν ὑπὸ τούτων οἷς (ou plutôt ἃ) ἐφερβόμην, δαῖτα παρέξω αὐτοῖς.

Page 114.— 1. Σαυτοῦ ὄνειδος. Cp. v. 751.

Page 116.—1. Τολμήστατε, forme contractée de τολμηέστατε, superlatif de τολμήεις.

— 2. Τὸ παγκρατὲς σέλας. Le nominatif joint à l'article a souvent la valeur du vocatif; cp. Theocr., *Idyll.* IV, 45 : σίτθ' ὁ λέπαργος, comme qui dirait en français : *holà, l'abbé !*

Page 118.—1. Γῆς τόδ' αἰπεινὸν βάθρον n'est pas dit pour γῆς τῆσδε αἰπεινὸν βάθρον, mais bien pour τόδε αἰπεινὸν βάθρον χθόνιον. Βάθρον γῆς doivent être considérés comme un seul mot.

Page 120.— 1. Συνθηρώμεναι veut dire tout simplement : *prises, saisies*, sans qu'il faille penser à des fers.

— 2. Συνδήσας est une exagération, pour συλλαβών.

Page 122.—1. Le fait était, suivant Proclus, raconté dans les Κύπρια ἔπη. Ulysse, pour ne pas suivre les autres chefs des Grecs dans leur expédition contre Troie, feignait d'être fou et attelait à sa charrue, un cheval à côté d'un bœuf. Palamède, pour convaincre sa folie de fausseté, jeta Télémaque, âgé de trois ans, dans le sillon à tracer. Le père alors s'arrêta et souleva la charrue; mais c'était faire preuve de bon sens, et il lui fut désormais impossible de refuser son secours aux chefs alliés.

— 2. Ὡς σὺ φῄς· κεῖνοι δὲ σέ. Schol. : ὡς σὺ φῄς, οἱ Ἀτρεῖδαί με ἐξέβαλον· ὡς δὲ φασὶν ἐκεῖνοι, σύ. Un exemple d'une semblable brachylogie se trouve, *Œd. Col.*, v. 1182 : ἀλλ' αὐτόν, où il faut sous-entendre δρῴης ἂν κακά.

Page 124.— 1. Cp. Hom. *Il.* ζ', v. 284 :

Εἰ κεῖνόν γε ἴδοιμι κατελθόντ' Ἄϊδος εἴσω,
φαίην κε φρέν' ἀτέρπου ὀϊζύος ἐκλελαθέσθαι.

— 2. Κρατῶ s'explique par παρείκοι, qui précède, et par les v. 408, 409 de l'*Œd. R.* :

Εἰ καὶ τυραννεῖς, ἐξισωτέον τὸ γοῦν
ἴσ' ἀντιλέξαι· τοῦδε γὰρ κἀγὼ κρατῶ,

c'est-à-dire : *Hujus rei faciendæ habeo potestatem.*

— 3. Voici l'ordre des idées : *Quand il faut de la ruse, je suis rusé, mais je suis franc et ouvert avec les braves gens. Car ainsi suis-je fait: avant tout il me faut vaincre mes adversaires. Mais toi tu fais exception: je ne veux pas te vaincre.* Pour γὲ μέντοι, cp. v. 93.

Page 126.—1. Remarquez la singulière prolepse πλὴν εἰς σέ. Les mots νῦν δὲ σοί γ᾽ ἑκὼν ἐκστήσομαι semblent faire suite à χρῄζων ἔφυν; sans cela la particule δέ serait inexplicable. Cp. *Œd. Col.* 513 : ἤνεγκον κακότατα, ἀέκων μὲν, θεὸς ἴστω· τούτων δ᾽ αὐθαίρετον οὐδέν.

— 2. Πάρεστι παρ᾽ ἡμῖν. Παρεῖναί τινι signifie *paratum esse alicui, adjuvare aliquem;* mais Ulysse, voulant appuyer sur la présence de Teucer au milieu des Grecs, et l'opposer plus fortement à l'absence de Philoctète, change de construction, et dit παρ᾽ ἡμῖν au lieu du simple ἡμῖν. Le sens du passage est donc : *Adest nobis* (adjuvat nos) *qui apud nos est Teucer.*

— 3. Ἐγώ τε est plus modeste que πάρειμι δὲ ἐγὼ, expression dont Ulysse aurait dû se servir, s'il avait tenu à ne pas changer la construction de sa phrase. Du reste, le roi d'Ithaque avoue lui-même, chez Homère, qu'il n'est pas de la force de Philoctète dans l'art de tirer de l'arc; *Od.* θ´, 219 :

Οἷος δή με Φιλοκτήτης ἀπεκαίνυτο τόξῳ,
δήμῳ ἔνι Τρώων, ὅτε τοξαζοίμεθ᾽ Ἀχαιοί·
τῶν δ᾽ ἄλλων ἐμέ φημι πολὺ προφερέστερον εἶναι.

— 4. Γενναῖος a ici la signification de *sensible, accessible à la pitié.* Ulysse engage Néoptolème à ne pas regarder en arrière, dans la crainte qu'un semblable témoignage de compassion ne nuise au succès de leur entreprise.

Page 128.—1. Τὰ ἐκ νεώς; les objets qu'en arrivant on avait portés sur le rivage, et qu'on devait reporter sur le vaisseau avant de remettre à la voile.

Page 130.— 1. Εἴθε αἰθέρος ἄνω était une leçon inexplicable: nous l'avons remplacée par εἰ δέ; puis, changeant le point-et-virgule en une simple virgule, nous avons écrit avec Hermann, οὐκ ἔτ᾽ ἴσχω. Des recherches récentes ont prouvé que εἰ, avec le subjonctif, n'est pas rare chez les poëtes tragiques athéniens; on a même établi en règle, que cette construction est employée par eux toutes les fois que l'idée de la réalisation de la condition prédomine, tandis qu'ils mettent ἐάν, lorsqu'ils veulent indiquer seulement la possibilité de cette réalisation, tout en admettant une décision prochaine.

— 2. Ἀπὸ μείζονος est l'explication de ἄλλοθεν.

— 3. Εὖτέ γε est bien expliqué par Wunder : *Quum quidem.*
Cp. *Aj.* 716.

Page 132. — 1. Ἴσχων (φορϐάν).

—2. Πότμος δαιμόνων équivaut à ᾽θεία μοῖρα. Cp. Virg. *Æn.* II, 257 :

> *Fatis*que deum defensus *iniquis,*
> inclusos utero Danaos, et pinea furtim
> laxat claustra Sinon.

— 3. Ἐλεινόν n'est pas adverbe, mais adjectif; il faut sous-enten·
dre ὄν.

— 4. Τὸν Ἡράκλειον, *le compagnon d'Hercule;* c'est ainsi que
Xénophon (*Anab.*, III, 2, 17) appelle τοὺς Κυρείους, les Perses qui
avaient fait partie de l'armée du jeune Cyrus.

Page 134.— 1. Au lieu de ἀλλ' ἐν μεταλλαγᾷ, leçon des manuscrits,
Dindorf propose pour rétablir le mètre, ἔτ', ἀλλ' ἐν μεταλλαγᾷ, et il
supprime le point-en-haut après μεθύστερον. Cette conjecture est
adoptée par Hermann dans sa seconde édition.

— 2. Les commentateurs n'ont pas vu que les mots τὸ εὖ δίκαιον
ne pouvaient se séparer, et devaient se traduire, *vere* ou *bene ju-
stum.* Le chœur blâme doucement Philoctète d'avoir éclaté en injures
contre Ulysse. Il convient que ce dernier peut avoir eu des torts envers le fils de Péan; mais il ne faut pas, dit-il, à de justes reproches
joindre des injures inutiles. Par une prolepse assez familière aux
poëtes tragiques, Sophocle exprime déjà implicitement par les mots
τὸ εὖ δίκαιον, l'idée qu'il va immédiatement développer dans une
phrase entière (Cp. v. 1052). Εἰπόντος est un génitif absolu.

— 3. On fait généralement rapporter κεῖνος à Néoptolème, et
τοῦδε à Ulysse; mais Wunder a fait observer qu'Ulysse ayant été
surtout attaqué par Philoctète dans les vers précédents, c'était lui
que le chœur devait s'efforcer de justifier. Τοῦδε se rapporterait donc
à Néoptolème, et ἐφημοσύνα qui prendrait une signification objective,
devrait signifier *exécution d'un ordre*, aussi bien que, *ordre.* Cp. le
v. 53, où Ulysse dit à Néoptolème : ὡς ὑπηρέτης πάρει, et le v. 93.
Mais cette explication ne nous paraît pas encore satisfaisante. Ne pour-
rait-on pas supposer que les matelots ignorants qui composent le
chœur, croient que les injures proférées par Philoctète s'adressent à
Néoptolème, leur chef (car malgré la surveillance qu'Ulysse pouvait
exercer, c'était bien Néoptolème qui commandait le vaisseau; voy.
les v. 550 et 1071, ὅδ' ἐστὶν ἡμῶν ναυκράτωρ ὁ παῖς)? Ils ne pouvaient,
en effet, connaître tous les motifs de haine que Philoctète avait contre

Ulysse; ils ne savaient qu'une chose, c'est que Néoptolème avait arraché par la ruse et la fraude au fils de Péan, l'arc et les flèches d'Hercule. Si l'on admet cette explication, τοῦδε se rapportera au chœur même, et la prétendue obscurité du pronom démonstratif disparaîtra entièrement; mais ἐφημοσύνα aura toujours le sens d'*exécution d'un ordre*.

— 4. Πελᾶτε régit l'accusatif με. Le datif φυγῇ tient ici la place du participe φεύγοντες; c'est une construction assez familière aux poëtes tragiques. Cp. 758.

Page 136. — 1. Σαρκός est régi par κορέσαι.

— 2. Ἐν αὔραις est pour le simple datif αὔραις. Cp. v. 60, ἐν λιταῖς στείλαντες.

— 3. Ξένον et πελάταν se rapportent à Néoptolème; voy. sur l'adjectif πελάταν, notre note sur le v. 147 (pag. 14, n. 2).

— 4. Quoi qu'en disent Hermann et Wunder, la particule ἀλλά est ici parfaitement à sa place. En entendant les deux premiers vers par lesquels le chœur veut l'amener à des sentiments moins hostiles à Néoptolème, Philoctète exprime par un geste l'indignation que lui inspire une pareille insinuation; c'est à ce geste que répond le chœur, et c'est pour cela qu'il commence sa seconde phrase par une particule adversative.

— 5. Après le datif σοί, il faut suppléer le verbe ἐστίν, tout à fait comme après πυκινοῖς, dans le v. 854 : ἄπορα πυκινοῖς ἐνιδεῖν πάθη.

Page 138.— 1. Le génitif ναός est régi par l'adverbe de lieu ἵνα; τέτακται ἡμῖν est ici impersonnel.

— 2. Hermann traduit bien ἐπήλυδες αὖθις par *revertentes;* le chœur est, en effet, sur le point de se diriger vers le vaisseau.

— 3. Wunder explique ainsi ce passage : *Nullo alio consilio revertemus, nisi ut iterum a te abire jubeamus.* Προὔφαινες se rapporte au v. 1175, où Philoctète à ordonné au chœur de le laisser.

Page 140. — 1. Εἴ ποθεν, sous-entendez λαβεῖν δύνασθε. Le terme propre et usité serait ὁποθενδή.

— 2. On lit πάντα dans les anciennes éditions. Κρᾶτα, suivant Hermann, est masculin, et c'est à ce mot qu'il faut faire rapporter πάντα. Mais cette supposition pourrait être admise, qu'on serait encore tenté de joindre cet adjectif à ἄρθρα, qui cependant, pour qu'on pût le faire régulièrement, devrait être accompagné de son article. Notre conjecture lève toutes les difficultés. D'abord, κρᾶτα reste ce qu'il doit être, un substantif neutre; πᾶν est pris adverbialement pour πάντως, et ainsi, se rapporte aussi bien à κρᾶτα qu'à ἄρθρα; enfin ces deux derniers mots sont étroitement liés ensemble, et forment, ainsi combinés, une expression proverbiale comme l'allemand : *Haupt und Glieder*. Cp. *Œd. R.* v. 706, πᾶν ἐλευθεροῖ στόμα.

Page 142. — 1. Λιβάδα, le fleuve Sperchius.

— 2. Στείχων ἂν ἦν. Hermann traduit ces mots par : *Abiens* (i. e. *abeundo*) *essem apud navem* ; Wunder les rend beaucoup plus exactement par : *In itinere essem ad navem meam*.

— 3. Sous-entendez ἔπραξα.

Page 144.— 1. Εὖ νῦν ἐπίστω, c'est-à-dire, δώσειν με τὸ τόξον.

Page 146.—1. Τὸν σὸν φόβον signifient, suivant Wunder, *la crainte que tu veux m'inspirer, tes menaces ;* mais Ulysse ne profère pas de menaces en son nom, il ne parle encore que de la vengeance des Grecs. Le pronom possessif a donc ici évidemment le même sens que dans le v. 571 de l'*Antigone* : Ἄγαν γε λυπεῖς καὶ σὺ καὶ τὸ σὸν λέχος. On traduirait en latin : *Nihil moror, quem tu mihi narras, metum, si juste ago.*

— 2. Dindorf a vu qu'il manquait ici un vers où, après avoir essayé dans les précédents, de faire craindre à Néoptolème la vengeance des Grecs, Ulysse le menaçait de sa propre colère, s'il rendait à Philoctète l'arc d'Hercule.

— 3. Σῇ χειρί ne peut être ici entendu de voies de fait, ou de quelque violence brutale, sans quoi πείθομαι serait par trop absurde. Χείρ signifie ici *pouvoir* ou *puissance* (copia faciendi), comme dans *Électre*, v. 1080 :

> Ζώῃς μοι καθύπερθεν
> χειρὶ καὶ πλούτῳ τεῶν ἐχθρῶν ὅσον
> νῦν ὑπόχειρ ναίεις.

Πείθεσθαί τινι τὸ δρᾶν; *obtemperare alicui quod ad faciendum attinet* (i. e. *in eo, quod ille fieri vult*).

Page 148. — 1. Ἐκτὸς κλαυμάτων ἔχοις πόδα. Cp. Æsch. *Prom.* 267 : ὅστις πημάτων ἔξω πόδα ἔχει.

— 2. Χρῆμα est une allusion au verbe κεχρημένοι, du v. précédent.

Page 150.— 1. Ἀλλ' οὔ τι μὴ νῦν, sous-entendu ἔσομαι.

Page 152.—1. Ἐπεύχεσθαι a ici la signification de *maudire* (en allemand, *anwünschen*). Cp. Esch. *Sept.* 452, ὄλοιθ' ὃς πόλει μεγάλ' ἐπεύχεται. Εὐχάς se trouve de même pour ἀράς, dans *les Phéniciennes* d'Euripide, v. 67 ; on sait d'ailleurs que les Grecs employaient aussi ἐλπίς et ἐλπίζω, pour δέος et δέδοικα.

Page 154.—1. Μέθες με χεῖρα; c'est la figure que les grammairiens appellent καθ' ὅλον καὶ μέρος ; elle consiste à joindre à un verbe actif, indépendamment de l'objet propre (χεῖρα), un autre accusatif, qui est ordinairement celui d'un pronom (μέ), et qui exprime *le tout*, dont cet objet n'est que *la partie*.

— 2. Philoctète appelle les chefs des Grecs, et surtout Ulysse, ψευδοκήρυκας, parce que ce dernier avait cherché, en contrefaisant l'insensé, à échapper à la nécessité de prendre part à la guerre de Troie.

Page 156.— 1. Καὶ γράφου φρενῶν ἔσω. Cp. Soph. *Triptol.*, fragm. III (ed. Boisson.)

Θὲς δ' ἐν φρενὸς δέλτοισι τοὺς ἐμοὺς λόγους.

—2. Ὡς ἂν αὐτὸς ἥλιος... Cp. Herodot. VIII, 143 : Νῦν δὲ ἀπάγγελλε Μαρδονίῳ , ὡς Ἀθηναῖοι λέγουσι, ἔστ' ἂν ὁ ἥλιος τὴν αὐτὴν ὁδὸν ἴῃ, τῇπερ καὶ νῦν ἔρχεται, μήκοτε ὁμολογήσειν ἡμέας Ξέρξῃ. C'est à cause de ce passage que nous avons, avec Dindorf, écrit αὐτός au lieu de οὗτος ou αὑτός.

Page 158.— 1. La forme Ἀσκληπιδῶν est défendue par d'assez nombreuses analogies; ainsi, Χαλκωδοντιάδης (*Il.* β', 541) est devenu Χαλ-κωδοντίδης chez Euripide, *Ion*, 59; et l'on disait de même Ἐριχθονί-δης, Τελαμωνίδης pour Ἐριχθονιάδης, Τελαμωνιάδης.

— 2. Θέλων a ici la signification de πεισθείς commę dans *Œd. Col.*, v. 580 et 757.

Page 160. — 1. Εἰς φῶς εἶμι. Cp. Cicéron, *De Senect.*, IV (12) : *Nec vero ille in luce modo atque in oculis civium magnus, sed intus domique præstantior.*

— 2. Τῷ προςήγορος équivaut à la fois à τίς με προςαγορεύσει et à τίνα προςαγορεύσω.

— 3. Κύκλοι, *les yeux* de Philoctète. Remarquez la force du membre de phrase, τὰ πάντα ἀμφ' ἐμοῦ ἰδόντες ; *comment*, dit-il, *mes yeux qui ont vu tant de maux, pourront-ils*, etc.

— 4. Ταῦτα, suivi d'un seul fait ou d'un singulier; cp. Eurip. *Androm.* 370 : μεγάλα γὰρ κρίνω τάδε, λέχους στέρεσθαι, *Œd. Col.* 1118.

— 5. Ce ne sont pas γνώμη et τἄλλα qui sont opposés l'un à l'autre; mais μήτηρ γένηται et παιδεύει. Le sens de la phrase est en effet : *Quibus mens mater malorum est, cætera quoque ita instituit, ut fiant mala.* Mais Hermann, après avoir donné cette traduction, qui est exacte, en tire de fausses conséquences, lors-

qu'il ajoute : *Aperte quæ sequuntur ostendunt hoc dicere Phi-
loctetam, qui ipsi mala mente sint, facere ut quidquid aliorum
hominum circa se habeant non minus ad pravitatem consiliorum
instituant : exemplo ipsum esse Neoptolemum*, etc. Philoctète ne
dit qu'une chose : « il hait les Atrides, moins encore à cause du mal
qu'ils lui ont fait, qu'à cause de celui qu'il est persuadé qu'ils lui
feront encore ; car, ayant tant de torts à se reprocher envers lui, ils
ne manqueront pas de le haïr encore davantage. D'ailleurs le mal
qu'ils lui ont fait n'est l'effet ni d'une circonstance fortuite, ni de la
colère ; il a été prémédité, et on ne peut l'attribuer qu'à la méchan-
ceté du cœur ; ils persévéreront donc dans cette voie. » Voilà le sens de
τἄλλα παιδεύει κακά. La phrase qui commence par καὶ σοῦ δέ n'a
aucune relation avec la précédente ; mais elle se rapporte directe-
ment à Philoctète lui-même, qui ajoute : « Toi aussi tu te trouves
dans le même cas que moi, tu as été insulté par eux. Tu devrais donc
t'unir à moi pour les abandonner ; mais, ce qui m'étonne, c'est que
tu fais le contraire. » Philoctète emploie καί pour mettre sa situation
en regard de celle de Néoptolème ; mais il modifie cette particule par
δέ, parce que le fils d'Achille agit d'une manière tout opposée à celle
que semblait lui imposer sa situation vis-à-vis des Grecs.

— 6. Après συλῶντες, on lit dans tous les manuscrits :

οἳ τὸν ἄθλιον
Αἴανθ' ὅπλων σοῦ πατρὸς ὕστερον δίκῃ
Ὀδυσσέως ἔκριναν.

Brunck a démontré que ces deux vers ne pouvaient être de Sophocle,
et qu'ils étaient en contradiction manifeste avec le plan de la tragédie ; nous les avons retranchés avec tous les éditeurs qui sont venus
après le philologue de Strasbourg.

Page 162.— 1. Χάριν διπλῆν, une double reconnaissance : 1° pour
l'avoir ramené dans sa patrie ; 2° pour avoir abandonné les Atrides.

Page 164. — 1. Après αἰσχύνοιτ' ἄν, sous-entendez ταῦτα λέξαι ;
après ὠφελούμενος, τούτοις.

— 2. Ἐπί se rapporte aussi bien à Ἀτρείδαις qu'à ἐμοί.

Page 168. — 1. Après πελάζειν, on trouve dans les manuscrits :

σῆς πάτρας
ΝΕΟΠΤΟΛΕΜΟΣ.
Ἀλλ' εἰ δρᾷς ταῦθ' ὥσπερ αὐδᾷς,
κ. τ. λ.

Dindorf a prouvé que c'était une interpolation des copistes.

— 2. Φάσκειν. Remarquez cet emploi homérique de l'infinitif pour l'impératif, emploi que l'on trouve rarement chez les prosateurs. Cp. du reste, v. 1079, ὁρμᾶσθαι ταχεῖς.

Page 170. — 1. Πάτρας Οἴτης πλάκα est pour Οἰταίαν πλάκα πάτρας ; cp. v. 489, et notre note sur ce vers (pag. 34, n. 1).

— 2. Σκῦλα. Wunder distingue ici deux espèces de dépouilles ; les premières que l'armée accordera à Philoctète, comme prix de sa valeur, seront envoyées par lui à son père ; les autres, que l'armée lui donnera à cause de l'arc d'Hercule, il devra les porter au bûcher du demi-dieu. Wunder se trompe ; Hercule dit seulement : *On t'accordera des dépouilles comme prix de ta valeur ; mais comme ce sera mon arc qui te les procurera, tu dois les envoyer chez ton père Péan, et de là à mon bûcher.*

— 3. C'est la phrase commençant par ἀλλ' ὡς λέοντε qui est annoncée par ταῦτα, et Wunder construit bien : καὶ ἐπεὶ οὔτε σὺ, Ἀχιλλέως τέχνον, ἄτερ τοῦδε σθένεις ἑλεῖν τὸ Τροίας πεδίον, οὔθ' οὗτος σέθεν, σοὶ ταῦτα παρήνεσα, ὡς λέοντε, κ. τ. λ.

— 4. Suivant l'auteur de la *petite Iliade*, ce fut Machaon, fils d'Esculape, qui guérit Philoctète.

— 5. Εὐσεβεῖν τὰ πρὸς θεούς. C'est une allusion au crime que Néoptolème devait commettre en tuant Priam au pied de l'autel de Jupiter Hercéus ; ce crime ne devait pas être impuni ; car Néoptolème fut tué lui-même plus tard au pied de l'autel d'Apollon, et l'expression Νεοπτολέμειος τίσις, devenue proverbiale dans la Grèce, servit à désigner le sort d'un coupable victime à son tour d'un crime semblable à celui qu'il avait commis ; voy. Pausan. IV, 17, 3.

Page 172. — 1. Εὐσέβεια signifie quelquefois, comme ici et dans *Électre*, v. 968 : *Laus pietatis*, et δυςσέβεια, *crimen impietatis*, comme dans *Antig.* 924 : τὴν δυςσέβειαν εὐσεβοῦσ' ἐκτησάμην.

— 2. Avec τίθεμαι, sous-entendez ψῆφον.

— 3. Ξύμφρουρον ἐμοί pour φρουρὸν συνὸν ἐμοί.

— 4. Ellend explique très-bien προβλής, en le rendant comme s'il y avait κτύπος προβλήτων πόντου : *sonitus maris saxis littoralibus illisi.*

— 5. Οὗ se rapporte à la contrée en général, et non pas seulement à μέλαθρον. Avec ἐνδόμυχον, sous-entendez ὄν.

— 6. Le scholiaste fait observer que toutes les montagnes étaient consacrées à Mercure, ὅτι νόμιος ὁ θεὸς καὶ ὄρειος ὁ Ἑρμῆς ; mais il y avait réellement à Lemnos une montagne qui portait le nom d'Ἑρμαιον, de même qu'une source appelée Λύκιον.

Page 174.—1. Φίλων, Néoptolème, et Hercule qui avait été homme et dont Philoctète avait été le compagnon. Philoctète peut d'ailleurs, par ses actions, parvenir aussi à une gloire immortelle ; voy. v. 1417 : καὶ σοὶ ὀφείλεται εὐκλεᾶ θέσθαι βίον.

— 2. Δαίμων πανδαμάτωρ, Jupiter. Hercule lui-même n'était venu que par l'ordre de ce dieu.

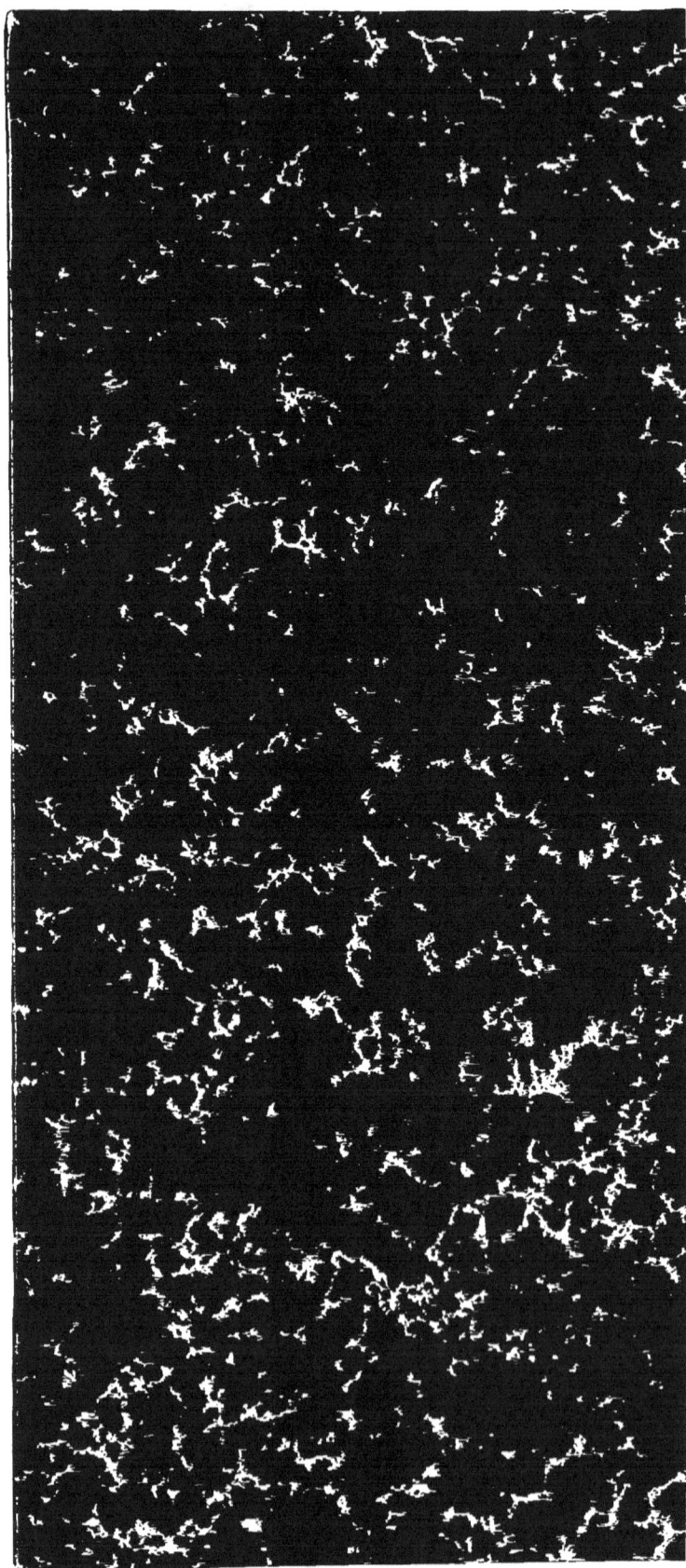

www.ingramcontent.com/pod-product-compliance
Lightning Source LLC
Chambersburg PA
CBHW070612100426
42744CB00006B/462